필 박사의

富者兵法

부자병법

필 박사의
부자병법 富者兵法

초판 1쇄 발행 • 2025년 4월 28일

지은이 • 최재필

펴낸이 • 최성훈

펴낸곳 • 작품미디어

신고번호 • 제2020-000047호

주소 • 서울시 동작구 상도로 62가길 15-5(상도동)

메일 • jakpoommedia@gmail.com

블로그 • https://blog.naver.com/cshbulldog

전화 • 010-8991-1060

ISBN • 979-11-991417-1-1 (03320)

ⓒ 최재필, 2025

필 박사의

富者兵法

최재필 지음

작품미디어

부자의 길을 찾아서

대한민국 제일의 번화가인 강남에서 고객 영업을 관리하는 영업본부장으로 근무하면서 수많은 부자를 만날 수 있었던 건 지금 생각해 보아도 나에게는 정말 크나큰 행운이었다.

"본부장님, 제가 지금 하는 투자가 맞는 걸까요?"

강남 영업본부장으로 근무하면서 나는 이런 질문을 수없이 들어왔다. 때로는 젊은 직장인으로부터, 때로는 은퇴를 앞둔 장년의 고객으로부터, 그리고 때로는 이미 상당한 자산을 보유한 자산가로부터 말이다. 매번 이런 질문을 받을 때마다 나는 한 가지 안타까운 사실을 깨달았다. 우리는 그 누구도 '부자가 되는 방법'을 제대로 배우지 못했다는 점이다. 학창 시절, 우리는 수학 공식을 외우고, 영어 문법을 익히고, 역사적 사실들을 암기했다. 하지만 정작 우리의 삶에 가장 큰 영향을 미치는 '돈'에 대해서는 체계적으로 배울 기회가 없었다.

내가 이 책을 쓰려고 결심한 것은 2023년 초였다. 당시 한 젊은 부부가 사무실을 찾아왔다. 신혼집 마련을 위해 무리한 대출을 받았다가 이자 부담에 허덕이고 있었다. 그들의 이야기를 들으면서 나는 깊은 책임감을 느꼈다. 그러면서 30년간 강남에서 수많은 자산가를 만나며 얻은 통찰과 경험들을 이제는 나누어야 할 때라고 생각했다.

이 책에서 여러분은 이제 '부자병법'이라는 독특한 관점을 만나게 될 것이다. 전쟁에서 승리하기 위해서는 전략과 전술이 필요하듯, 부자가 되기 위해서도 체계적인 전략과 실천이 필요하기 때문이다. 예를 들어, 내가 관리하던 한 고객은 작은 카페로 시작해 현재 20여 개 이상의 프랜차이즈 점포를 운영하고 있다. 그의 성공 비결은 매일 아침 4시 30분에 일어나 그날의 전략을 세우고, 전날의 실적을 분석하는 철저한 루틴에 있었다. 마치 전장에서 매일 전황을 분석하고 다음 전투를 준비하는 장군과도 같았다. 또 다른 고객은 40대 중반의 IT 기업가다. 그는 '리치네트워킹 기술Rich-Networking Skill'의 중요성을 일찍이 깨달았다. 매주 토요일 아침, 같은 업계의 동료들과 조찬 모임을 가지며 정보를 교환하고 협력 기회를 모색했다. 이는 마치 동맹군을 만들어 전쟁에서 승리하는 전략과도 같았다.

이 책은 크게 네 가지 영역에서 여러분에게 실질적인 전략을 제시한다.

첫째, 부자가 되기 위한 공부. 누구나 아는 평범한 진리에 관해 이야기한다. 창의력을 키우는 방법, 효율적인 아침 루틴, 독서의 중요성, 메모의 기술 등 평범해 보이지만 실천하는 사람은 극히 드문 진리들을 다룬다.

둘째, 부를 부르는 '리치네트워킹 기술'이라는 새로운 개념을 소개한다. 이는 내가 30년간의 현장 경험을 통해 발견한, 부자들만이 가지고 있는 특별한 네트워킹 기술이다.

셋째, 인생의 생애 주기별로 최적화된 '리치테크Rich-Tech' 전략을 소개한다. 재테크가 아니라 '리치테크' 개념을 제시해, 사회 초년생부터 은퇴 시까지 각자의 상황에 맞는 맞춤형 '리치테크' 전략을 상세히 설명한다.

필 박사의 부자병법

마지막으로, 실전적인 투자 전략과 상품 분석법을 다룬다. 예금과 적금부터 시작해서 주식, 부동산에 이르기까지, 각각의 투자 수단의 특징과 활용법을 현장의 사례와 함께 설명한다.

이처럼 이 책은 단순한 재테크 가이드가 아니라 부자가 되기 위한 리치테크의 총체적인 전략서이면서, 내가 30년간 현장에서 직접 보고 경험한 성공과 실패의 기록이다. 부자가 되는 것은 전쟁터에서 승리하는 것만큼이나 어려운 일이다. 하지만 올바른 전략과 끈기만 있다면 누구나 이 전쟁에서 승리할 수 있다. 이 책이 여러분의 승리를 위한 든든한 전략서가 되기를 희망한다.

내가 힘들고 흔들릴 때마다 많은 깨달음과 영감을 준 선후배 동료들과 고객들, 그리고 우리, KB, 하나 금융그룹의 경영연구소에서 보고서를 작성한 연구원들에게 깊은 감사를 드린다. 글을 마무리하는 데 많은 도움을 받았다. 그리고 부족한 내용을 꼼꼼한 교정과 멋진 디자인으로 책으로 엮어 준 작품미디어 관계자들에게도 고마움을 전한다. 끝으로, 이 책을 통해 내 삶의 일부로 당신을 응원할 수 있는 영광을 준 독자들에게 다시 한 번 깊은 감사의 말을 전한다.

Chapter 02
부자가 되기 위한 공부, 누구나 아는 평범한 진리의 실천

Chapter 03
부자가 되기 위한 리치네트워킹 기술

Chapter 04
부자가 되기 위한 부자병법의 기본 전략

Chapter 05
부자 유형별 부의 포트폴리오

"같은 대한민국, 하지만 우리는 전혀 다른 길을 걸어야 한다."

50·60세대는 가난한 후진국에서 시작했다. 모든 것이 부족했고, 오직 앞만 보고 달리면 되었다. 경제는 치솟았고, 부동산은 폭등했으며, 열심히 일하고 아끼면 부자가 될 수 있었다.

하지만 당신, 20·30세대는 다르다. 태어날 때부터 선진국의 삶을 살았고, 풍요로움 속에서 성장했다. 이제 단순히 열심히 일하고 저축하는 것만으로는 부자가 될 수 없는 시대를 살고 있다.

같은 대한민국이지만, 우리 각자의 출발선은 다르고 따라서 부자가 되는 길도 달라져야 한다.

이 책은 선진국 시대를 살아가는 20·30세대들이 실천해야 하는 부자 공식을 담고 있다. 리치네트워킹 스킬(Rich Networking Skill)이라는 새로운 무기로, 생애 주기별 리치테크(Rich-Tech) 맞춤 전략으로, 20·30세대에 맞는 부자의 길을 제시한다.

부모님 세대의 성공 공식은 이제 통하지 않는다. 20·30세대라면 지금 당장 새로운 부자의 길을 배워야 한다. 이 책이 당신의 새로운 시작이 될 것이다.

"부자가 되는 방법,
그것은 따로
공부해야 합니다."

Chapter

01

부자가 되기 위한 공부

01

부자가 되는 방법,
그것은 따로 공부해야 한다.

'부자'의 사전적 정의는 '돈과 같은 재물이 많아 살림이 넉넉한 사람'을 의미한다. 예나 지금이나 많은 사람이 동경하는 모습이다. 그렇다면, 얼마가 있어야 부자일까? 국내 주요 은행들은 금융자산이 '10억 원'을 넘으면 부자로 분류한다. 10억 원 이상을 가지고 있는 우리나라의 부자는 46만 명 정도[1]로, 총인구 5,170만 명의 약 0.9%에 해당한다. 미국 달러 기준으로 '백만장자millionaire'라고 부른다. 10억 원 이상 보유한 부자들의 금융자산은 2천750조 원가량으로 우리나라 전체 가계 총금융자산의 약 60%를 차지하고 있다. 총인구의 1%도 안 되는 사람들이 약 60%에 달하는 금융자산을 보유하고 있어 '금융자산 10억

1. 신동림·심현정·임재호, 2023, The Rich Seoul. 우리금융경영연구소.

원 이상을 보유하면 부자'라고 해도 이견은 없을 것 같다. 은행권에서는 부자의 기준을 대체로 금융자산 10억 원 이상 보유자로 분류하지만, 좀 더 세밀하게는 금융자산이 '10억 원에서 100억 원 미만'은 자산가, '100억 원에서 300억 원 미만'은 고자산가, '300억 원 이상' 보유자는 초고자산가로 정의한다.

그렇다면 이렇게 은행권에서 쉽게 현금화할 수 있는 금융자산 10억 원을 부자의 기준으로 삼은 이유는 무엇일까? 10억 원이라는 금융자산은 금리를 3~5%로 생각했을 때, 연 3천만 원에서 5천만 원을 만들 수 있는 돈이다. 돈이 스스로 일을 해서 파이를 키울 수 있는, 일종의 파이프라인이 되기 때문이라고 생각해 볼 수 있다. 위험성이 전혀 없는 예금만으로 3천만 원에서 5천만 원을 만들어 내는 그 자체가 황금알을 낳는 거위가 되는 것이다. 은퇴 후 부부가 한 달을 생활하는 데 필요한 돈이 약 322만 원 정도라고 하니, 현금 10억 원만 있으면 근로나 노동이 없는 편안한 노후를 보낼 수 있다는 얘기가 된다. 이 정도면 '부자'라고 불러도 무방할 것 같다.

부동산을 비롯한 실물 자산까지 모두 포함하면 우리나라 부자들의 총자산은 평균 68억 원에 이른다고 한다. 이 가운데 임대 보증금과 금융 부채 7억 원을 제외하면 순자산은 61억 원 수준이다. 반면에 부자들이 생각하는 부자의 기준은 조금 다른 거 같다. 부자는 '금융자산과 부동산 등 모든 자산을 합친 총자산이 100억 원 이상은 넘어야 부자라고 생각한다.'라는 조사도 있다. 국내 주요 은행에서 분류하는 부자의 기준과 부자들 스스로가 생각하는 부자의 기준에는 꽤 차이가 있다는 것을 알 수 있다.

부자들이 자산을 축적하는 데 있어서 비중이 가장 큰 원천은 사업소득으로 약 31%를 차지한다. 이는 근로소득약 11%에 비해 3배 정도 높은 수준이다. 그리고 축적된 자산을 불리는 수단으로는 부동산 투자 24%가 금융 투자13%보다 2배 정도 높다. 그 외 상속·증여 등으로 부자가 된 경우20%도 비교적 높은 비율을 차지하고 있다. 이 점으로 보아 우리나라 부자의 특징은 사업소득으로 돈을 벌어 부동산 투자를 통해 자산을 불리거나, 부모로부터 부를 물려받은 부자들이 많다는 것을 알 수 있다.

그렇다면 사업도 하지 않고 부모로부터 물려받은 재산도 없다면, 어떻게 하면 부자가 될 수 있을까? 부자가 되는 방법에는 공식이 없을까? 누구나 부자가 되고 싶어 하지만 어떻게 하면 부자가 될 수 있을지 진지하게 고민하는 사람은 그다지 많지 않은 것 같다.

부자들은 어떻게 돈을 벌었을까? 우리는 종종 부자들을 보며 '운이 좋아서' 혹은 '특별한 능력을 타고났기 때문'이라고 생각한다. 하지만 과연 그럴까? 그들의 성공 비결은 단순히 외부적인 조건에서 비롯된 것이기만 할까?

사실 부자들이 돈을 버는 방식은 우리가 흔히 생각하는 것과는 전혀 다르다. 그들은 특정한 전략과 사고방식을 통해 부를 쌓았다. 이를 모르고 무작정 노력한다면, 같은 시간을 투자하고도 원하는 결과를 얻지 못할 가능성이 크다. 오늘날은 부자들의 비밀스럽게 돈 버는 방식을 탐구하면서 이를 우리의 삶에 어떻게 적용할 수 있을지 알아봐야 부자가 될 수 있다. 즉, 부자가 되는 방법, 그것은 따로 공부해야 한다는 뜻이다.

여기서 중요한 점은 '부자 되기'라는 것을 하나의 전문 분야로 여겨야 하는 것이다. 곧, 부자가 되는 길은 단순히 운이나 우연이 아니라 자신만의 분야에서 전문성을 쌓기 위해 끊임없이 노력하는 것처럼 체계적으로 공부해야 하는 것이다. "100억 자산가가 되려면 적어도 1억 원어치의 책은 읽어야 한다."라고 말한 강남의 한 자산가처럼, 성공한 부자들에게는 특별한 공부 비법이 있었다. 그들의 흥미진진한 성공 스토리를 통해 최근 부자들의 특별한 공부 비법을 살펴볼 필요가 있는 거다.

최근 현대 부자들의 가장 중요한 특별한 공부 비법은 '다양한 분야의 깊이 있는 독서와 학습'이다. 에어비앤비Airbnb의 공동 창업자이자 CEO인 브라이언 체스키Brian Chesky는 2020년 코로나19로 여행업계가 위기에 처했을 때 독서를 통한 학습에 몰두했다. 그는 300권 이상의 위기관리 및 혁신 관련 서적을 읽으며 비즈니스 모델을 숙고했다. 이러한 학습을 바탕으로 체스키는 단기 숙박에서 장기 거주와 원격 근무지원 서비스로 사업 방향을 전환하는 데 성공했고, 결국 에어비앤비는 2020년 12월 성공적인 IPO[2]를 달성했다.

---

2. IPO는 'Initial Public Offering'의 약자로, '기업공개' 또는 '주식 공개 상장'을 의미한다. 이는 비상장 기업이 일반 투자자들에게 자사의 주식을 처음으로 공개적으로 발행하는 과정이다.

엔씨소프트 창업자 김택진 대표 역시 게임 개발에만 국한하지 않고 AI와 빅데이터, 로봇공학 등 다양한 분야의 서적과 학술 논문을 섭렵하며 지식의 폭을 넓혔다. 이러한 다방면의 학습은 게임 기술을 넘어 인공지능과 디지털 휴먼 기술 개발에 투자하는 통찰력을 제공했고, 회사의 미래 성장 동력을 확보하는 데 이바지했다.

부자들의 두 번째 학습 비법은 '디지털 시대에 맞는 전문성을 구축'하는 것이다. 애플Apple의 CEO 팀 쿡Tim Cook은 스티브 잡스Steve Jobs의 후계자로 부임한 이후 자신의 강점인 제조와 공급망 관리의 전문성을 바탕으로 애플의 하드웨어 생산 효율성을 개선했다. 동시에 그는 인공지능과 서비스 분야에 대한 깊은 학습을 통해 애플의 사업 영역을 확장했으며, 직원들에게도 "깊이 있게 파고들라Go deep."라는 메시지를 자주 전하며 전문성 개발의 중요성을 강조한다.

하이브HYBE의 방시혁 회장은 음악 프로듀서로 시작한 전문성을 바탕으로 글로벌 엔터테인먼트 기업을 일구었다. 그는 최근 몇 년간 AI, 블록체인, 메타버스 등 새로운 기술에 대한 학습을 게을리하지 않았고, 이를 엔터테인먼트 산업에 접목하여 위버스Weverse[3]와 같은 혁신적인 팬 커뮤니티 플랫폼을 성공시켰다. 이처럼 현대의 부자들은 자신의 핵심 비즈니스 영역에서 최고의 전문성을 유지하면서도 새로운 기술

---

3. 위버스(Weverse)는 엔터테인먼트 회사 하이브(HYBE, 구 빅히트엔터테인먼트)가 개발한 글로벌 팬 커뮤니티 플랫폼이다. 2019년 6월에 출시되었으며, K-pop 아티스트와 전 세계 팬들을 연결하는 서비스를 제공한다.

과 트렌드에 대한 학습을 통해 'T자형 전문성[4]'을 발휘한다.

　'실패를 통한 학습과 피보팅Pivoting[5] 능력'도 현대 부자들의 중요한 특징 중 하나이다. 데이팅 애플리케이션 범블Bumble의 창업자인 휘트니 울프 허드Whitney Wolfe Herd는 이전에 공동 창업했던 데이팅 앱 틴더Tinder에서의 경험과 실패를 소중한 학습 기회로 삼았다. 그녀는 데이팅 앱 시장의 문제점을 깊이 분석하고, 이 경험을 바탕으로 여성이 먼저 메시지를 보내는 범블의 차별화된 비즈니스 모델을 개발했다. 이러한 접근법은 2021년 성공적인 IPO로 이어졌고, 그녀는 최연소 여성 자수성 억만장자가 되었다.

　우아한형제들의 창업자 김봉진 대표 역시 초기 배달 앱 '배달의민족'의 마케팅 실패와 사업 모델의 시행착오를 숨기지 않고 오히려 이를 철저히 분석하고 학습했다. 그는 실패한 프로젝트에 대한 분석과 공유 문화를 회사 내에 정착시켰으며, 이러한 학습 문화가 2019년 딜리버리히어로Delivery Hero로부터 40억 달러에 인수를 제안받는 성공으로 이어졌다. 이처럼 성공한 부자들은 실패를 두려워하지 않고 '실패학'의 대가가 되어 그 교훈을 미래 성공의 기반으로 삼는다.

---

4. T자형 전문성(T-Shaped Expertise)은 한 개인의 지식과 기술이 가지는 특별한 구조를 설명하는 개념이다. T의 세로축(|)은 한 분야에 대한 깊은 전문 지식과 기술을 의미하며, T의 가로축(—)은 다양한 분야에 걸친 폭넓은 기초 지식과 이해를 의미한다.

5. 피보팅(Pivoting)은 주로 스타트업이나 기업이 기존 사업 방향을 크게 수정하거나 변경하는 전략적 전환을 의미한다. 원래 계획했던 비즈니스 모델이나 제품, 서비스가 시장에서 원하는 반응을 얻지 못할 때 이루어지는 경우가 많다.

'글로벌 네트워크와 멘토십의 활용'도 현대 부자들의 중요한 학습 방법이다. 구글Google의 CEO 순다르 피차이Sundar Pichai는 자신의 성공에 구글 전 CEO 에릭 슈미트Eric Emerson Schmidt와의 멘토링 관계가 큰 영향을 미쳤다고 자주 언급한다. 그는 이러한 경험을 바탕으로 구글 내에서 글로벌 인재 네트워크 구축을 위한 멘토링 프로그램을 적극적으로 지원하고 있다.

SK그룹 최태원 회장은 세계경제포럼WEF과 같은 글로벌 경영자 네트워크에 적극적으로 참여하며 국제적 인맥을 구축해왔다. 그는 이러한 네트워크를 통해 얻은 인사이트를 바탕으로 2020년 이후 SK그룹의 친환경 에너지와 배터리 사업을 적극적으로 확장했으며, 글로벌 투자자들과의 관계를 통해 대규모 투자를 유치하는 데 성공했다. 이처럼 성공한 부자들에게 네트워크는 단순한 인맥이 아닌 지식과 통찰력을 얻는 학습 창구이자 사업 확장의 발판이 된다.

'디지털 자산과 미래 금융에 대한 선구적 학습'도 최근 부자들의 중요한 특징이다. 마이크로스트래티지MicroStrategy의 창업자인 마이클 세일러Michael Saylor는 비트코인과 블록체인 기술에 대한 심도 있는 학습을 통해 2020년 기업 자산의 상당 부분을 비트코인으로 전환하는 과감한 결정을 내렸다. 그는 수백 시간의 연구와 학습을 투자하여 디지털 자산의 미래 가치를 확신했고, 이러한 결정이 회사의 시장 가치를 크게 높이는 결과로 이어졌다.

두나무업비트 운영사 송치호 의장은 2017년부터 블록체인과 암호 화폐에 대한 지속적인 학습과 연구를 진행했다. 그는 기술적 이해뿐만 아니라 규제 환경과 글로벌금융 트렌드에 대한 깊은 학습을 바탕으로 국내 최대 암호 화폐 거래소를 성공적으로 운영했으며, 빠르게 변화하는 디지털 자산 시장에서 경쟁 우위를 유지했다. 이처럼 현대의 부자들은 기존 금융 시스템을 넘어 미래 금융의 패러다임을 이해하기 위해 끊임없이 학습하며, 이를 통해 새로운 부의 원천을 창출한다.

'인공지능과 미래 기술에 대한 선제적 이해'도 현대 부자들의 중요한 학습 영역이다. OpenAI의 CEO 샘 알트만Sam Altman은 인공지능의 발전 가능성과 영향력에 관한 깊은 연구와 학습을 진행했다. 그는 기술적 이해뿐만 아니라 AI의 사회적·경제적·윤리적 영향에 대한 폭넓은 지식을 쌓았고, 이를 바탕으로 GPTGenerative Pre-trained Transformer[6] 시리즈와 같은 혁신적인 AI 모델을 개발하며 OpenAI를 세계적인 기업으로 성장시켰다.

정의선 현대자동차그룹 회장은 자동차 제조를 넘어 미래 모빌리티와 인공지능 기술에 대한 선제적 학습과 투자를 통해 그룹의 미래 성장 동력을 확보했다. 그는 2019년부터 UAMUrban Air Mobility, 도심항공모빌리티, 로보틱스, 자율주행 등 첨단 기술 분야에 대규모 투자를 단행하며 '스마트 모빌리티 솔루션 제공업체'로의 전환을 선도하고 있다. 이처럼

----

6. GPT는 OpenAI에서 개발한 자연어 처리(NLP) 모델로, 인공지능 기반의 대규모 언어 모델이다. GPT 모델은 대화형 AI 서비스인 ChatGPT의 기반 기술로도 사용되며, 사전 학습 후 특정 작업에 맞게 미세 조정(fine-tuning)하여 다양한 응용 프로그램에 활용된다.

현대의 부자들은 단순히 현재의 기술 트렌드를 따라가는 것이 아니라 미래를 예측하고 그에 맞는 학습과 준비를 선제적으로 진행한다.

현대의 부자들은 전통적인 독서와 네트워킹을 넘어 다양한 학습 방법을 활용한다. 그들은 온라인 학습 플랫폼, 팟캐스트, 전문가 웨비나 Webinar[7], 멘토링 앱 등 디지털 시대의 다양한 학습 도구를 적극적으로 활용하며, 실시간 데이터 분석, AI 기반 정보 필터링, 소셜미디어를 통한 트렌드 모니터링 등 정보 습득의 속도와 효율성을 높이는 방법을 개발했다. 그러나 무엇보다 중요한 것은 이러한 다양한 채널을 통해 얻은 정보를 비판적으로 평가하고, 실제 비즈니스 결정에 적용할 수 있는 통합적 사고력이다. 단순한 정보 수집이 아닌 정보의 연결과 재구성을 통한 통찰력 개발이 현대 부자들의 핵심 학습 역량이라 할 수 있다.

부자가 되는 것은 운이나 타고난 재능의 문제가 아니라 체계적인 학습과 지식 적용의 결과이다. 부자가 되기 위한 공부는 학교에서 가르치는 일반적인 교육과는 달리, 지속적인 자기 주도 학습과 실제 경험을 통한 지식 검증, 그리고 미래 트렌드에 대한 선제적 이해가 필요하다. 최근의 성공적인 부자들은 모두 자신만의 학습 시스템을 구축하고, 이를 통해 산업과 시장의 변화를 남보다 먼저 포착하고 대응했다. 그들은 변화하는 세상에 맞서 끊임없이 새로운 지식을 탐구하며, 과거

---

7. 웨비나(Webinar)는 '웹(Web)'과 '세미나(seminar)'의 합성어로, 인터넷을 통해 실시간으로 진행되는 온라인 세미나, 강의, 워크숍 또는 프레젠테이션을 의미한다.

필 박사의 부자병법

의 성공 경험에 안주하지 않았다. 따라서, "부자가 되기 위해서는 따로 공부해야 한다."라는 말은 단순한 슬로건이 아니라 현실적인 조언이다. 이제 부의 창출과 유지는 하나의 학문으로 자리함으로써 이를 체계적으로 학습하고 실천하는 사람만이 디지털 시대의 진정한 부자가 될 수 있는 거다.

02

부자들에게 돈의 의미란?

세상을 살아가면서 필요한 요소에는 여러 가지가 있다. 물론, 돈이 세상을 살아가는 데 첫 번째 요소가 되어서는 안 된다. 다만, 돈은 우리가 살아가면서 꼭 필요한 존재이고, 있어서 불편하기보다는 장점이 더 많은 도구이다. 돈으로 병을 치료할 수 있고, 맛있는 음식을 먹을 수 있으며, 좋은 집에 살 수도 있고, 남을 도울 수도 있다. 이처럼 돈의 장점은 셀 수 없을 정도로 무수히 많다. 하지만 우리는 돈에 대해 제대로 배운 기억이 없다. 돈에 대한 교육이 부족했던 것은 많은 사람에게 공통적인 경험일 것이다. 돈은 우리의 삶에서 중요한 역할을 하지만, 그런 돈의 가치를 이해하고 관리하는 방법에 대해서는 배우지 못한 것이다. 그렇기에 부자가 되는 방법은 따로 공부해야만 한다.

돈의 의미에 대한 부자들의 생각을 명확하게 이해할 수 있을 때, 우리는 부자들의 성공 비결을 조금 더 깊게 파악할 수 있다. 부자에게 돈이란 무엇일까? 우리는 돈을 어떻게 생각하는가? 부자들이 생각하는 돈과 지금까지 우리가 생각했던 돈의 의미를 살펴볼 필요가 있다.

부자들에게 돈은 단순한 물질적 풍요를 넘어선 복합적 의미를 지닌다. 그것은 사회적 지위와 영향력의 상징이자 자녀 교육과 문화적 자본 축적의 도구이며 세대를 걸친 가문의 번영을 보장하는 토대다. 동시에 삶의 안정성과 자유를 제공하는 기반이 된다. 최근에는 사회적 책임과 가치 있는 소비에 대한 인식도 높아지고 있다. 이러한 부자들의 돈에 대한 인식과 태도는 우리 사회에서 부의 의미가 어떻게 진화하고 있는지를 보여 주는 중요한 사회 문화적 단서가 된다.

현대사회에서 부자들에게 돈의 의미는 끊임없이 변화하고 있다. 과거에는 물질적 풍요와 사회적 지위의 상징으로 여겨졌던 '부富'가 이제는 더 넓은 의미를 갖게 되었다. 특히, 코로나19 팬데믹 이후 디지털 전환이 가속화하면서 테크 기업가들이 새로운 부자 계층으로 등장했고, 그들이 돈을 바라보는 시각은 이전 세대와는 다른 양상을 보여 주고 있다.

일론 머스크Elon Musk는 테슬라Tesla와 스페이스XSpaceX를 통해 어마어마한 부를 축적했지만, 그에게 돈은 인류를 다행성 종족으로 만들고 친환경 에너지로의 전환을 가속화하는 수단이다. 2023년 말 그는, "내 재산은 인류의 미래를 위한 자원일 뿐"이라고 언급하며, 개인적 사치보다는 우주 탐사와 지구환경 문제 해결에 대부분의 자원을 투자하고 있다. 이는 현대 부자들이 돈을 단순한 소비 수단이 아닌 자신의 비전과 가치관을 실현하는 도구로 인식하고 있음을 보여 준다.

네이버NAVER의 이해진 글로벌투자책임자GIO는 "부는 혁신을 위한 촉매제"라고 언급했다. 그는 개인의 부가 아니라 기업의 가치 창출 능력을 중시하며, 네이버가 글로벌 시장에서 경쟁력을 갖추기 위한 투자에 집중하고 있다. 이처럼 현대 기업가들에게 돈은 단기적 이익보다 장기적인 성장과 혁신의 자원으로 인식되고 있다.

부자들의 자녀 교육에 대한 접근법도 변화하고 있다. 2023년 실시된 고액 자산가 설문 조사에 따르면, 부모의 부를 물려받기보다 자신만의 가치를 창출할 수 있는 능력 개발을 중시하는 경향이 강해졌다. 요즘 부자들은 자녀들에게 "너희들은 너희 길을 스스로 개척해야 한다."라고 강조하고 있으며, 상속보다는 창업과 혁신을 장려하는 방식으로 교육한다고 알려져 있다. 빌 게이츠Bill Gates 역시 자녀들에게 재산의 극히 일부만 상속하고, 나머지는 자선사업에 기부할 계획임을 밝혔다. 이는 단순한 부의 이전보다 가치관과 능력을 전수하는 것을 중요시하는 현대 부자들의 태도를 반영한다.

세대를 잇는 가문의 번영이라는 측면에서, 최근 부자들은 '패밀리 오피스Family Office[8]'를 통한 전문적인 자산 관리와 기업 승계 계획에 많

---

8. 패밀리 오피스(Family Office)는 부유한 개인이나 가문의 자산을 종합적으로 관리하는 전문 조직을 의미한다. 일반적으로 자산 규모가 상당히 큰 초고액자산가(UHNWI, Ultra-High-Net-Worth Individual)나 가문을 위한 맞춤형 자산 관리 서비스를 제공한다. 패밀리 오피스는 일반적

은 관심을 기울이고 있다. 2023년 가족 기업 승계 사례를 보면, 단순한 지분 이전을 넘어 경영 철학과 기업 문화의 계승을 중시하는 경향이 두드러진다. CJ그룹 이재현 회장은 그의 자녀인 이선호, 이경후 등에게 점진적으로 경영권을 이양하는 과정에서 '나눔과 상생의 기업 문화'를 강조했다. 이는 부가 단순한 물질적 자산이 아닌, 기업가 정신과 사회적 책임이 담긴 문화적 유산으로 인식되고 있음을 보여 준다.

안정성과 자유의 측면에서, 최근의 부자들은 '워라밸Work-Life Balance'과 삶의 질을 중시하는 경향이 강해졌다. 특히, 코로나19 이후 '재택근무'와 '디지털 노마드Digital Nomad[9]' 라이프스타일이 확산하면서 부자들의 삶의 방식도 변화하고 있다. 네이버 출신의 한 창업자는 2023년 인터뷰에서 "경제적 자유는 내게 위치적 자유를 주었다."라고 말하며, 제주도에 정착해 일과 삶의 균형을 찾은 경험을 공유했다. 미국의 젊은 억만장자들 사이에서도 '슬로우 라이프'와 '미니멀리즘'을 추구하는 트렌드가 확산하고 있다. 페이스북 공동 창업자인 더스틴 모스코비츠Dustin Moskovitz는 최근 "진정한 부는 시간의 자유"라고 언급하며, 가족과의 시간과 개인적 관심사를 탐구할 수 있는 여유를 중시한

으로 자산 규모가 1억 달러(약 1,300억 원) 이상인 가문들이 설립하는 경우가 많으며, 자산 보존, 세대 간 부의 이전, 가문의 가치와 유산 보존 등을 목표로 한다. 특히, 기업을 매각하거나 상장하여 대규모 유동성을 확보한 창업가 가문들이 많이 활용한다.

9. 디지털 노마드(Digital Nomad)는 디지털 기술을 활용하여 원격으로 일하면서 장소에 구애받지 않고 자유롭게 이동하며 생활하는 사람들을 의미한다.

다고 밝혔다.

사회적 책임과 가치 있는 소비 측면에서는 'ESG환경·사회·지배 구조 투자[10]'와 '임팩트 투자Impact Investing[11]'가 부자들 사이에서 주목받고 있다. 2023년 한국 고액자산가들의 투자 트렌드를 보면, 단순 수익률보다 사회적 가치와 지속 가능성을 고려한 투자 비중이 증가했다. 신세계그룹 정용진 부회장은 친환경 패키징과 지속 가능한 공급망 구축에 투자를 확대하고 있으며, "기업의 가치는 재무제표만으로 평가할 수 없다."라는 철학을 강조했다. 글로벌 무대에서는 미국의 래리 핑크Larry Fink 블랙록BlackRock 회장이 2024년 초 발표한 연례 서한에서 "기후변화는 투자 리스크"라고 언급하며, ESG 투자의 중요성을 강조했다.

최근 부자들의 기부와 자선 활동도 변화하고 있다. 단순한 금전적 기부를 넘어 '벤처 필란트로피Venture Philanthropy[12]'와 '임팩트 투자자

---

10. ESG 투자는 기업의 환경(Environmental), 사회(Social), 지배 구조(Governance) 측면을 고려하여 투자 결정을 내리는 투자 방식이다. 전 세계적으로 기후변화, 사회적 불평등, 기업 스캔들 등에 대한 우려가 커지면서 ESG 투자는 주류 투자 방식으로 자리 잡고 있으며, 많은 기관투자자가 투자 결정 과정에 ESG 요소를 통합하고 있다.

11. 임팩트 투자(Impact Investing)는 재무적 수익과 함께 긍정적인 사회적·환경적 영향을 동시에 추구하는 투자 방식이다. 임팩트 투자는 전통적인 자선(기부)과 일반 투자의 중간 지점에 위치, 이 둘을 연결하여 '돈을 통해 좋은 일을 하면서도 수익하는' 방식을 제시한다.

12. 벤처 필란트로피(Venture Philanthropy)는 벤처캐피털의 투자 방식과 전통적인 자선 활동을 결합한 혁신적인 사회 공헌 접근법이다. 벤처 필란트로피는 사회적 기업, 비영리 단체, 그리고 임팩트 중심의 조직들이 더 효과적으로 사회문제를 해결할 수 있도록 지원하는 데 초점을 맞추며, 전통적인 자선 활동과 임팩트 투자 사이의 틈을 메우는 역할을 한다. 유명한 벤처 필란트로피 기관으로는 영국의 임페투스(Impetus-PEF), 미국의 아큐멘펀드(Acumen Fund), 유럽의 유럽 벤처필

Impact Investment'가 새로운 트렌드로 자리 잡고 있다. 이는 사회 문제 해결과 지속 가능한 변화를 위해 비즈니스 접근법을 적용하는 방식이다. 김병훈 카카오Kakao 전 의장이 설립한 공익법인 브라이언임팩트 Brianimpact는 교육 격차 해소를 위한 테크 솔루션에 투자하고 있으며, "기부가 아닌 협력을 통한 문제 해결"을 강조한다. 미국에서는 자선사업가인 매켄지 스콧MacKenzie Scott이 2023년에만 약 65억 달러를 다양한 비영리 단체와 사회적 기업에 기부했으며, 의사결정 권한을 수혜자들에게 맡기는 혁신적인 접근법을 취하고 있다.

부의 의미는 세대와 문화에 따라 계속 진화하고 있다. MZ세대 부자들은 이전 세대와는 다른 가치관을 보여 주고 있다. 그들에게 돈은 단순한 소유와 과시의 도구가 아니라 자아실현과 사회적 임팩트를 위한 수단이다. 2023년 한 조사에 따르면, 40대 이하 우리나라 고액자산가의 83%가 "부는 사회에 환원되어야 한다."라고 응답했으며, 76%는 "지속 가능한 소비와 투자를 중시한다."라고 답했다. 이는 부의 의미가 개인적 만족을 넘어 사회적 책임과 연결되고 있음을 보여 준다.

한편, 디지털 자산과 가상 화폐의 등장은 부의 개념 자체를 재정의하고 있다. 2023년 비트코인 상승기에 큰 부를 축적한 '크립토 부자들 암호 화폐 부자[13]'은 전통적인 금융 시스템에 대한 도전과 탈중앙화된 경제

란트로피 협회(EVPA) 등이 있다.

13. 크립토 부자들(암호 화폐 부자)이란 비트코인, 이더리움과 같은 암호 화폐에 초기 투자하거나

시스템에 대한 비전을 공유한다. 이더리움 창시자 비탈릭 부테린Vitalik Buterin은 "암호 화폐는 단순한 투자 수단이 아니라 더 공정하고 접근성 높은 금융 시스템을 위한 도구"라고 강조했다. 요즘 암호 화폐 투자자들 사이에서도 단기 투기보다 블록체인 기술의 잠재력과 금융 민주화에 관한 관심이 높아지고 있다.

동시에 부자들 사이에서 '스텔스 웰스Stealth Wealth[14]' 트렌드도 주목받고 있다. 이는 부를 드러내지 않고 절제된 소비를 추구하는 경향을 말한다. 2024년 초 미국 〈포브스〉가 실시한 조사에 따르면, 고액자산가의 62%가 "의도적으로 부를 드러내지 않는다."라고 응답했다. 우리나라에서도 '플렉스Flex 문화[15]'에 대한 반작용으로 소박하고 가치 중심적인 소비를 지향하는 부자들이 늘고 있다. 이는 과시적 소비보다 개인의 가치관과 내면적 만족을 중시하는 문화적 변화를 반영한다.

이처럼 현대 부자들에게 돈의 의미는 다차원적이고 복합적이다. 그것은 사회적 영향력의 도구이자 자녀에게 전달할 가치관의 매개체이

관련 사업을 통해 큰 부를 축적한 사람들을 지칭한다. 암호 화폐 시장의 높은 변동성으로 인해 크립토 부자들의 자산 가치는 급격하게 변동할 수 있다. 또한, 규제 환경의 변화, 시장 붕괴, 보안 위험 등의 도전에 직면하기도 한다.

14. 스텔스 웰스(Stealth Wealth)는 자신의 부를 의도적으로 드러내지 않고 검소하게 생활하는 부유층의 라이프스타일을 의미한다. '숨겨진 부' 또는 '조용한 부'라고도 불린다.

15. 플렉스(Flex) 문화는 자신의 성공, 부, 또는 소유물을 과시하는 현대적 소비문화 현상이다. 우리나라에서는 특히 '영끌'하는 문화와 결합하여 독특한 플렉스 문화가 형성되었으며, '샤테크'(샤넬 가방 구매를 통한 재테크)와 같은 소비-투자 혼합 현상도 나타나고 있다.

며, 가문의 지속 가능한 번영을 위한 토대다. 또한, 삶의 자유와 선택권을 제공하는 기반이자 '사회적 책임'과 '임팩트'를 실현하는 수단이기도 하다. 디지털 경제의 발전과 세대 변화, 지속 가능성에 관한 관심 증가는 부의 의미를 계속해서 재정의하고 있다.

최근 부자들의 사례는 부가 단순한 소유물이 아닌 가치 창출과 사회적 임팩트의 도구로 인식되는 경향이 강해지고 있음을 보여 준다. 이는 우리 사회에서 성공과 부의 개념이 물질적 풍요를 넘어 의미와 가치 중심으로 진화하고 있음을 시사한다. 결국, 돈의 진정한 가치는 그것이 어떻게 획득되고, 어떻게 활용되며, 어떤 긍정적 변화를 만들어내는가에 따라 결정된다는 인식이 현대 부자들 사이에서 공유되고 있는 거다.

03

부자들이 꼭 지키는
기본 마인드셋과 원칙

대한민국의 부를 상징하는 서울의 강남. 이곳에서 성공한 부자들은 단순히 운이나 상속만으로 부를 이룬 것이 아니다. 그들에게는 공통된 마인드셋Mindset과 원칙이 있었다. 트렌드를 읽는 안목, 질 높은 정보 수집, 철저한 현금 흐름 관리, 전문성 강화, 가치 창출, 절제된 생활, 그리고 세대를 잇는 자산 관리 등 명확한 원칙과 철학이 있었다. 이러한 기본 마인드는 디지털 시대인 오늘날에도 여전히 유효하다. 부동산 시장은 물론 주식, 사업 등 모든 투자 분야에서 이러한 기본 원칙들은 변함없이 중요하다. 진정한 부자가 되기 위해서는 이러한 마인드를 자신의 상황에 맞게 적용하고, 꾸준히 실천하는 것이 필요하다.

① 트렌드를 읽는 선구자적 마인드

성공한 부자들은 시대의 흐름을 미리 읽고 그에 맞춰 행동하는 능력이 뛰어나다. 그들은 단순히 현재 상황에 반응하는 것이 아니라 미래를 내다보고 준비한다. 현재의 데이터와 흐름을 바탕으로 미래를 예측하는 능력은 부자들의 중요한 특징이다. 이는 단순한 추측이 아닌, 체계적인 관찰과 분석을 통한 예측이다.

트렌드를 읽기 위해서는 일상에서부터 민감성을 길러야 한다. 소비 패턴의 변화, 새로운 기술의 등장, 사회적 가치관의 변화 등을 주시하는 습관이 필요하다. 성공한 부자들은 특정 산업이나 분야에만 국한되지 않고 다양한 영역에서 변화의 흐름을 포착한다. 그들은 자신의 분야와 직접적인 관련이 없어 보이는 사회적·문화적 현상도 주의 깊게 관찰하며 비즈니스 기회를 발견한다.

부자들은 변화를 두려워하지 않고 오히려 기회로 인식한다. 그들은 시장이 어떻게 진화할 것인지를 예측하고, 그에 맞춰 자신의 전략을 조정한다. 이러한 선구자적 마인드는 다른 이들이 변화를 인식하기도 전에 행동으로 옮기는 판단력과 결단력을 가능케 한다.

② 정보의 질을 중시하는 마인드

부자들은 양질의 정보가 성공의 핵심임을 잘 알고 있다. 그들은 정보의 양보다 질을 중시하며 신뢰할 수 있는 정보원을 확보하는 데 많은 투자를 한다. 고급 정보는 대중이 알기 전에 시장의 변화를 감지할 수 있게 해준다. 부자들은 이러한 정보를 얻기 위해 전문가 네트워크를 구축하고 유지한다.

정보 과잉 시대에는 필터링 능력이 중요하다. 부자들은 수많은 정보 중에서 가치 있는 정보를 선별하는 안목이 있다. 그들은 모든 정보를 맹목적으로 수용하지 않고 그 신뢰성과 관련성을 평가한다. 또한, 자신의 목표와 전략에 부합하는 정보에 집중함으로써 의사결정의 효율성을 높인다.

부자들은 정보를 단순히 소비하는 것이 아니라 그것을 분석하고 통합하여 독자적인 인사이트를 도출한다. 그들은 표면적인 뉴스나 대중적인 의견을 넘어서 그 이면에 있는 패턴과 의미를 파악하려고 노력한다. 이러한 심층적 정보 분석 능력은 남들보다 앞서 기회를 포착하고 위험을 회피하는 데 도움이 된다.

③ 현금 흐름 중심의 마인드

진정한 부자들은 수입보다 현금 흐름을 중시한다. 단순히 높은 연봉을 받는 것보다 지속적이고 안정적인 현금 흐름을 창출하는 것이 진정한 부의 비결이다. 부자들은 자산과 부채를 명확히 구분한다. 그들은 현금을 소비하는 부채보다 현금을 창출하는 자산에 집중한다.

부자들은 현금 흐름을 체계적으로 관리하는 기술을 가지고 있다. 그들은 수입, 지출, 투자, 저축의 균형을 맞추는 데 능숙하다. 현금 보유량을 적절히 유지하며, 예상치 못한 위기나 기회에 대응할 수 있는 유동성을 확보한다. 또한, 다양한 수입원을 개발하여 안정적인 현금 흐름을 구축하는 데 주력한다.

수동적 수입Passive Income의 창출은 부자들의 주요 전략 중 하나이다. 그들은 자신의 노동시간에 직접 연결되지 않은 수입원을 개발하는 데 집중한다. 부동산 임대료, 저작권 수입, 배당금, 이자 수입 등의 형태로 지속적인 현금 흐름을 확보함으로써 재정적 자유를 실현한다.

④ 전문성 강화의 마인드

부자들은 끊임없이 자신의 전문성을 강화하고 지식을 확장한다. 그들은 평생 학습자로서 변화하는 환경에 적응하고 새로운 기회를 발견한다. 성공한 부자들은 공식 교육이 끝난 후에도 지속해서 학습한다. 그들은 책, 세미나, 멘토링 등 다양한 방법으로 지식을 습득한다.

부자들은 표면적인 정보가 아닌 깊이 있는 지식을 추구한다. 그들은 자신의 전문 분야에서 최고가 되기 위해 노력한다. 깊이 있는 지식은 남들이 보지 못하는 기회를 포착하고 복잡한 문제를 해결하는 능력을 제공한다. 또한, 이러한 전문성은 신뢰와 권위를 형성하여 비즈니스 관계와 네트워크 구축에도 큰 도움이 된다.

지식과 기술은 시간이 지남에 따라 진화하고 변화한다. 부자들은 이러한 변화에 뒤처지지 않기 위해 지속해서 자신을 업데이트한다. 그들은 새로운 기술, 방법론, 트렌드를 적극적으로 습득하고 적용한다. 이러한 학습 지향적 마인드셋이 지속적인 성장과 발전의 원동력이 된다.

⑤ 가치 창출의 마인드

진정한 부자들은 돈 자체보다 가치 창출에 집중한다. 그들은 사회적 문제를 해결하고 고객의 필요를 충족시킴으로써 부를 축적한다. 부자들은 사회적 문제나 소비자의 불편을 해결함으로써 가치를 창출한다. 그들은 기회를 발견하고 이를 비즈니스로 발전시키는 능력이 뛰어나다.

부자들은 혁신적인 사고와 창의성으로 새로운 가치를 창출한다. 그들은 기존의 방식에 도전하고 더 나은 방법을 찾는다. 관행에 얽매이지 않고 끊임없이 개선과 혁신을 추구하는 마인드를 지니고 있다. 이러한 창의적 사고는 시장에서의 차별화와 경쟁 우위를 가능케 하며, 새로운 산업과 비즈니스 모델을 창출하는 원동력이 된다.

가치 창출은 단순한 금전적 이익 이상의 의미를 지닌다. 진정한 부자들은 자신의 비즈니스나 투자가 고객, 직원, 사회 등에 어떠한 긍정적 영향을 미치는지를 중요시한다. 그들은 지속 가능한 가치를 창출함으로써 장기적인 성공과 부를 실현한다. 이러한 가치 중심적 접근법이 단기적인 이익만을 추구하는 이들과 진정한 부자를 구분 짓는 중요한 요소이다.

⑥ 절제와 균형의 마인드

많은 부자가 외형적으로는 화려해 보일 수 있지만 실제로는 절제된 생활과 균형 잡힌 소비 습관을 지니고 있다. 그들은 과시적 소비보다 가치 있는 투자에 중점을 둔다. 부자들은 수입에 비해 적게 소비하는 습관을 지니고 있다. 그들은 불필요한 지출을 줄이고 자산 형성에 집중한다.

부자들은 단기적 만족보다 장기적 가치를 중시한다. 그들은 소비 결정을 내릴 때 장기적인 이득과 비용을 고려한다. 충동적인 구매나 일시적인 유행에 휩쓸리지 않고, 소비의 진정한 가치와 필요성을 평가한다. 또한, 그들은 소비를 통해 얻는 만족감과 재정적 목표 사이의 균형을 중요시한다.

절제와 균형의 마인드는 재정적인 측면뿐 아니라 삶의 모든 영역에 적용된다. 부자들은 일과 휴식, 사업과 가족, 위험과 안정성 사이의 균형을 추구한다. 그들은 과도한 스트레스나 번아웃 없이 장기적으로 성공을 유지할 수 있는 지속 가능한 생활 방식을 구축한다. 이러한 균형 잡힌 접근법이 진정한 부와 행복을 동시에 실현하는 토대가 된다.

7 세대를 잇는 자산 관리 마인드

진정한 부자들은 단기적인 성공이 아닌, 세대를 이어가는 부의 영속성을 중시한다. 그들은 후손들에게 물질적 자산뿐만 아니라 올바른 재무 교육과 가치관을 전수한다. 부자들은 자산을 보존하고 성장시키는 장기적 전략을 수립한다. 그들은 인플레이션, 세금, 시장 변동성 등 자산을 잠식할 수 있는 위험 요소들을 관리한다.

부자들은 자녀들에게 돈의 가치와 올바른 재무 습관을 가르친다. 그들은 단순히 부를 물려주는 것이 아니라 부를 관리하는 지혜를 전수한다. 책임감 있는 재정 관리, 근로 윤리, 저축과 투자의 중요성 등 재무적 성공의 기본 원칙을 가르친다. 또한, 부의 의미와 사회적 책임에 대한 가치관을 심어줌으로써 다음 세대가 부를 유지하고 확장할 수 있는 정신적 토대를 마련한다.

세대를 잇는 자산 관리는 단순한 유산 계획 이상의 의미를 지닌다. 그것은 가족의 가치, 사업 철학, 사회적 책임 등 무형의 자산을 포함하는 총체적인 접근법이다. 부자들은 가족 구성원들이 이러한 유산을 이해하고 존중하며 발전시킬 수 있도록 체계적인 준비와 교육을 한다. 이를 통해 부가 단순히 소비되는 것이 아니라 세대를 거쳐 성장하고 확장될 수 있는 기반을 마련한다.

⑧ 부를 부르는 마인드셋, 실천이 중요

　부자들의 성공 비결은 단순한 재테크 기법이나 투자 방법론을 넘어선다. 그것은 트렌드를 읽는 안목, 질 높은 정보 수집, 현금 흐름 중시, 전문성 강화, 가치 창출, 절제된 생활, 그리고 세대를 잇는 자산 관리와 같은 근본적인 마인드셋과 원칙에 있다. 이러한 원칙들은 시대와 환경이 변해도 여전히 유효하다. 진정한 부를 이루고자 한다면 이러한 마인드셋을 자신의 상황에 맞게 적용하고 꾸준히 실천하는 것이 중요하다. 부의 축적은 하루아침에 이루어지는 것이 아니라 올바른 마인드셋과 원칙을 지속해서 실천한 결과이기 때문이다.

　부의 여정은 단순히 돈을 모으는 과정이 아니라, 자신을 성장시키고 사회에 가치를 창출하며 다음 세대를 위한 토대를 마련하는 종합적인 과정이다. 이러한 관점에서 부자들의 마인드셋을 이해하고 적용한다면, 진정한 부와 성공에 한 걸음 더 가까워질 수 있을 것이다.

04

돈을 위해 일하지 말고,
돈이 당신을 위해 일하게 하라.

뛰어난 투자 실력과 기부 활동으로 인해 흔히 '오마하의 현인'으로 불리는 워런 버핏Warren Buffett은 "잠자는 동안에도 돈을 벌지 않으면 죽을 때까지 일해야 한다."라고 말했다. 투자, 사업 등으로 자산을 불리는 것이 그만큼 중요하다는 말이다. 시스템을 구축하여 그 안에서 수익이 자동으로 발생하도록 해야 한다.

우리의 부는 '노동'과 '투자'라는 두 가지 부분에서 나온다. 노동은 하루하루의 생활과 관련이 있으며 현재 지향적이지만, 투자는 미래에 부자가 되는 것을 목표로 하고 장기적이며 미래 지향적이다. 부를 이루려면 노동으로 벌어들인 자원 중 일부를 투자에 쏟아야 한다. 그래야 미래의 부를 형성해 나갈 수 있다.

그러나 우리 대부분은 노동만 중시하는 삶을 영위하고 있다. 미래

필 박사의 부자병법

의 부를 만들어 줄 투자의 중요성을 인지하지 못한 채 살아가고 있다. 그 결과가 바로 빈곤한 노후이다. 돈을 위해 일하지 말고, 돈이 자신을 위해 일하게 해야 한다는 점을 반드시 명심해야 한다. 외국에 비교해 우리나라 사람들이 노후에도 은퇴하지 못하는 것은 바로 돈이 나를 위해 일하게 해야 한다는 사실을 간과했기 때문이다.

부를 형성하는 최고의 방법은 나를 위해 돈이 스스로 일하게 하는 방법을 깨닫는 것이다. 다시 강조하지만, 사람이 노동을 통해 벌 수 있는 돈에는 한계가 있다. 노동력은 일할 수 있는 시간이 한정되어 있기 때문이다. 그러나 돈은 잠도 안 자고 피곤한 줄도 모르며 계속해서 일할 수 있다. 내가 어떤 기업의 주식을 가지고 있다는 것은 내가 쉬거나 자는 동안에도 그 회사의 직원들이 나의 부를 위해 열심히 일하고 있다는 것을 의미한다.

내가 투자한 회사의 임직원들이 땀 흘려 제품을 생산하여 돈을 벌고, 전 세계 매장에서 그들의 상품이 팔려나가 수익을 만든다. 그 수익의 일부는 나에게 배당금으로 돌아오고, 해당 기업은 좀 더 성장할 수 있게 된다. 이렇게 기업이 성장하게 되면 내가 가지고 있는 주식의 가치도 함께 상승한다. 이것이 바로 돈이 스스로 일해서 돈을 벌어주는 자본주의의 간단한 구조이다.

따라서, 우리는 훌륭한 기업을 선택하여 투자하고 복리Compound Interest의 힘을 이용한 장기 투자를 통해서는 이자에 이자가 붙는 복리 효과를 누려야 한다. 두 사람이 같은 직장에서 똑같은 월급을 받으며 살아가고 있더라도 각자 어떤 선택과 실천을 하느냐에 따라 이들의 미래는 완전히 달라질 수 있다.

많은 사람은 매일 알람과 함께 일어나 회사로 향한다. 월급을 받기 위해, 생계를 유지하기 위해, 더 나은 삶을 살기 위해서이다. 하지만 이런 '돈을 위해 일하는 삶'은 진정한 경제적 자유를 가져다주지 못한다. 진정한 부자들은 '돈이 자신을 위해 일하게 만드는 법'을 알고 있다.

코로나19 팬데믹과 경제 불확실성이 지속하는 가운데, 많은 사람이 전통적인 노동 방식에서 벗어나 새로운 수입원을 모색하고 있다. 2023년 한국경제연구원의 조사에 따르면, MZ세대의 43%가 본업 외에 부업을 통한 수입이 있다고 응답했으며, 그중 39%는 '돈이 나를 위해 일하게 하려는 방법'을 찾고 있다고 답했다. 이는 단순히 시간을 돈과 교환하는 방식에서 벗어나 시스템을 구축하여 지속적인 수익을 창출하는 패러다임으로의 전환을 의미한다.

부자들의 공통점은 명확하다. 첫째, 그들은 단순히 노동시간을 돈과 교환하는 것에서 벗어나 스스로 수익을 창출하는 시스템을 구축했다. 둘째, 초기에는 자신의 전문성과 경험을 적극적으로 활용했다. 셋째, 수익을 다시 사업에 재투자하며 규모를 키워 나갔다. 마지막으로, 디지털 기술을 활용해 수익 창출의 자동화와 효율화를 이루어 냈다. '돈을 위해 일하는 것'과 '돈이 당신을 위해 일하게 하는 것'의 차이는 바로 여기에 있다. 전자는 당신의 시간과 노력이 직접 투입되어야 하지만, 후자는 한번 구축해 놓은 시스템이 지속해서 수익을 창출한다.

필 박사의 부자병법

2023년 MZ세대 사이에서 화제가 된 '깡통계좌 챌린지[16]'는 이런 인식 변화를 잘 보여 준다. 이는 급여 통장에서 생활비만 남기고 모든 돈을 투자와 자산 구축에 사용하는 것으로, 급여라는 노동 수입을 자산 수입으로 전환하려는 시도다. 소셜미디어에서 '#깡통계좌' 해시태그를 검색하면 25만 건 이상의 게시물이 있으며, 이를 통해 투자 수익, 온라인 사업, 디지털 콘텐츠 등으로 수동 수입을 만든 사례가 공유되고 있다.

디지털 기술의 발전과 투자 패러다임의 변화는 새로운 형태의 수익 창출 방식을 가능하게 했다. 기존의 전통적인 일자리나 투자 방식에서 벗어나 혁신적인 기술과 플랫폼을 활용한 새로운 수익 모델이 등장하고 있다. 이러한 변화는 개인이 더 적은 초기 자본으로도 다양한 수익원을 확보할 기회를 제공한다. 최근 주목받는 수익 창출 분야와 실제 성공 사례를 살펴보자.

① 최근 주목받는, 돈이 일하게 하는 혁신적인 기술

: 디지털 크리에이터 경제의 성장

---

16. '깡통계좌 챌린지'는 주로 MZ세대 사이에서 유행했던 소셜미디어 트렌드로, 자신의 은행 계좌 잔고가 거의 없거나 완전히 비어 있는 상태를 캡처하여 소셜미디어에 공유하는 것을 의미한다. 청년 세대가 불안한 경제 상황 속에서도 유머와 공유를 통해 위안을 찾는 문화적 현상으로 볼 수 있다.

디지털 플랫폼의 확산으로 개인 크리에이터들이 자신만의 콘텐츠로 수익을 창출하는 크리에이터 경제가 급성장하고 있다. 유튜브, 인스타그램, 틱톡과 같은 플랫폼은 개인이 전 세계 시청자들에게 도달할 수 있는 창구가 되었다. 2024년 현재, 디지털 크리에이터 경제는 전 세계적으로 1,050억 달러 규모로 성장했다. 유튜브, 틱톡, 인스타그램 같은 플랫폼에서 콘텐츠 창작자들은 광고 수익, 후원, 제휴 마케팅을 통해 수동 소득을 창출하고 있다.

요리 크리에이터 백종원은 유튜브 채널 '백종원의 요리비책'을 통해 약 670만 명 이상의 구독자를 확보하고, 광고 수익 외에도 자신의 식품 브랜드와 레스토랑 홍보에 활용하며 크리에이터 활동을 비즈니스로 확장했다. 또한, 먹방 크리에이터 쯔양은 유튜브 수익과 함께 식품 브랜드와 협업을 통해 추가 수익을 창출하고 있다. 파트론Patreon[17]이나 멤버십과 같은 구독 모델을 통해 팬들로부터 직접 수익을 버는 방식도 주목받고 있다.

웹툰 작가 주호민은 네이버 시리즈를 통한 유료 콘텐츠 판매로 안정적인 수익을 창출하고 있고, 이지은아이유은 2023년 개인 유튜브 채널 '이지금'을 통해 연간 수십억 원의 수익을 올린 것으로 추정된다. 그녀는 음악 활동 외에도 유튜브 콘텐츠를 통해 자는 동안에도 광고 수익이 발생하는 시스템을 구축했다. 또한, 2022년 자신의 기업 이앤티

---

17. 파트론(Patreon)은 크리에이터들이 팬들로부터 직접적인 재정 지원을 받을 수 있게 해 주는 회원제 플랫폼으로, 2013년에 잭 콘테(Jack Conte)와 샘 얌(Sam Yam)에 의해 설립되었다.

스토리를 설립해 콘텐츠 제작과 아티스트 매니지먼트로 사업을 확장했다.

유튜버 미스터 비스트MrBeast는 2023년 유튜브 수익만으로 수천만 달러를 벌어들였으며, 자신의 이름을 내건 초콜릿 브랜드 '피스터블Feastables'과 햄버거 '미스터비스트 버거MrBeast Burger' 체인을 통해 사업을 다각화했다. 그의 성공 비결은 단순히 콘텐츠를 만드는 것이 아니라 콘텐츠 제작 시스템을 구축하여 자신이 직접 모든 영상을 만들지 않아도 되는 구조를 만든 것이다.

: 인공지능과 디지털 자산의 결합

최근 인공지능 기술의 발전은 '돈이 일하게 하는' 새로운 가능성을 열었다. 특히, 2023년 이후 생성형 AI의 등장으로 디지털 자산 생성과 관리가 더욱 효율적으로 변했다. 인공지능 기술의 발전은 새로운 형태의 디지털 자산 생성과 수익화 방식을 가능하게 했다. AI 기반 아트 생성, 음악 제작, 콘텐츠 제작 도구들이 등장하며 진입 장벽을 낮추고 있다.

미드저니Midjourney[18]나 달리DALL-E[19]와 같은 AI 이미지 생성 도구를

---

18. 미드저니(Midjourney)는 2022년 출시된 AI 이미지 생성 도구로, 주로 디스코드(Discord) 플랫폼을 통해 접근할 수 있으며, 예술적 품질에 특히 강점이 있어 매우 심미적이고 창의적인 이미지를 생성한다.
19. 달리(DALL-E)는 OpenAI에서 개발한 AI 이미지 생성 모델로, 텍스트 설명을 바탕으로 다양한 스타일과 내용의 이미지를 생성할 수 있다.

활용해 디지털 아트를 제작하고 판매하는 아티스트들이 늘어나고 있다. 디지털 아티스트 김정기가명는 AI 기술을 활용한 작품을 제작하여 NFT 마켓플레이스에서 판매하며 수익을 창출하고 있다.

⋮ 구독 기반 소프트웨어와 디지털 제품

소프트웨어 구독 모델SaaS, Software as a Service[20]은 개발자들에게 안정적인 수익원을 제공한다. 월간 또는 연간 구독료를 받는 방식으로 지속적인 수익 창출이 가능하다.

스타트업 노션Notion은 구독 기반 생산성 소프트웨어로 시작하여 글로벌 시장에서 성공을 거두었다. 또한, 토스Toss는 금융 서비스에 구독 모델을 도입하여 프리미엄 사용자들에게 추가 혜택을 제공하고 안정적인 수익을 창출하고 있다. 미국의 스타트업 캔바Canva는 그래픽 디자인 플랫폼으로 2023년 기업 가치가 약 260억 달러에 달했다. 공동 창업자 멜라니 퍼킨스Melanie Perkins는 처음에는 작은 프로젝트로 시작했지만, 사용자 친화적인 디자인 도구를 개발하고 구독 기반 모델을 도입함으로써 월 7,500만 명의 활성 사용자와 연간 10억 달러 이상의 수익을 창출하는 기업으로 성장시켰다.

디지털 템플릿, 디자인 에셋, 이북ebook 등의 디지털 제품을 판매하

---

20. 소프트웨어 구독 모델(SaaS, Software as a Service)은 전통적인 소프트웨어 구매 방식을 대체한 현대적인 비즈니스 모델로, 사용자가 소프트웨어를 한 번에 구매하는 대신 정기적인 구독료를 지불하고 클라우드 기반 솔루션을 이용하는 방식이다.

는 방식도 주목받고 있다. 디자이너 김민지가명는 캐논 마켓플레이스에서 자신이 제작한 디자인 템플릿을 판매하여 연 수백만 원의 수익을 올리고 있다.

② 소액 투자로 시작하는 자산 수입 전환

: 주식 배당금과 ETF(Exchange Traded Fund, 상장 지수 펀드) 투자

배당주와 ETF를 통한 투자는 소액으로도 시작할 수 있는 자산 수입 전환 방법이다. 특히, 배당금 재투자를 통한 복리 효과는 장기적으로 상당한 수익을 가져올 수 있다.

개인 투자자 조민수가명 씨는 '배당금 스노우볼Dividend Snowball' 전략으로 월 50만 원씩 배당주와 ETF에 분산투자하여 10년 만에 연 1,200만 원의 배당금 수익을 창출하는 데 성공했다. 그는 특히, 고배당 ETF인 KODEX 배당 성장과 해외 ETF인 뱅가드 하이 디비던드 일드 ETFVYM, Vanguard High Dividend Yield ETF[21]에 집중적으로 투자했다. 금융 블로그 슈퍼개미가명는 소액으로 시작한 배당주 투자를 통해 현재 월

---

21. 뱅가드 하이 디비던드 일드 ETF(VYM)는 FTSE 하이 디비던드 일드 인덱스의 성과를 추적하는 상장 지수 펀드로, 일반적으로 평균 이상의 배당금을 지급하는 기업에 투자하여 높은 배당 수익을 제공하고자 한다. 부동산 투자 신탁(REITs)은 제외하며 금융, 헬스케어, 필수 소비재와 같은 섹터에 가중치를 두는 경향이 있다.

100만 원 이상의 배당금을 받고 있으며, 자신의 투자 경험을 공유하는 콘텐츠로도 추가 수익을 창출하고 있다.

: 소액 부동산 투자 플랫폼

부동산 투자는 큰 자본이 필요하다는 인식과 달리, 최근에는 소액으로도 참여할 수 있는 다양한 플랫폼이 등장하고 있다.

국내 플랫폼 카사KASA는 부동산 조각 투자 서비스를 제공하여 1만 원부터 상업용 부동산에 투자할 수 있게 했다. 서울 강남구 소재 빌딩에 투자한 김영호가명 씨는 월 5만원씩 투자해 연 5% 이상의 배당 수익을 얻고 있다. 테라펀딩Tera Funding과 같은 P2P 부동산 대출 플랫폼도 소액 투자자들에게 부동산 관련 수익의 기회를 제공한다. 회사원 김태호가명 씨는 월급의 20%를 테라펀딩에 분산투자하여 연 평균 8%의 수익률을 달성하고 있다.

③ 부업에서 본업으로 : 수동 소득 창출 전환

: 온라인 강의와 디지털 교육 콘텐츠

전문 지식을 온라인 강의로 제작하여 판매하는 방식은 초기 노력 이후 지속적인 수동 소득을 창출할 수 있는 효과적인 방법이다.

김영한 강사는 인프런inflearn에서 자바와 스프링 관련 강의를 제공하는 대표적인 성공 사례. 우아한형제들^{배달의민족}의 전 개발자 출신으로, 실무 경험을 바탕으로 한 강의는 수강생들에게 큰 호응을 얻었다. '스프링 입문', '스프링 핵심 원리', 'JPA 실전' 등의 강의는 인프런에서 최고 인기 강의로 자리 잡았으며, 수만 명의 수강생을 보유하고 있다. 한 번 제작한 강의 콘텐츠가 지속적으로 판매되는 수동 소득 모델을 성공적으로 구축했다.

조성연 대표는 노마드코더Nomad Coders라는 온라인 코딩 교육 플랫폼을 운영하며 성공한 사례다. 해외에서의 개발자 경험을 바탕으로 웹 개발, 앱 개발 등의 실용적인 코딩 강의를 제공하고 있다. 특히, '왕초보를 위한' 시리즈와 같은 접근성 높은 콘텐츠로 많은 사람들이 코딩에 입문할 수 있도록 도왔으며, 자체 플랫폼과 함께 인프런 등에도 강의를 제공하고 있다.

EBS 강사로 유명한 최태성 강사는 기존의 인지도를 바탕으로 독립하여 '큰별쌤 최태성' 브랜드로 온라인 역사 강의를 제공하고 있다. 유튜브 채널과 함께 자신의 온라인 강의 플랫폼을 운영하며, 수능 강의뿐만 아니라 일반인을 위한 역사 교양 강의도 제공하고 있다. 디지털 콘텐츠 외에도 책 출판, 강연 등으로 수익원을 다각화했다.

④ 크리에이터 굿즈(Creator Goods)[22]와 프린트 온 디맨드(Print on Demand)

디지털 크리에이터 경제가 성장하면서 많은 콘텐츠 제작자들이 자신의 인지도와 브랜드를 활용해 실물 상품을 판매하는 방식으로 수익원을 다변화하고 있다. 특히, 프린트 온 디맨드[23] 방식은 초기 비용과 재고 부담을 최소화하면서 다양한 상품을 판매할 수 있어 인기를 끌고 있다.

대표적인 사례로는 음악 밴드 혁오Hyukoh가 있다. 이들은 자신들의 로고와 앨범 아트워크를 활용한 티셔츠, 후드, 모자 등의 굿즈를 무신사와 같은 플랫폼을 통해 판매하며 추가 수익을 창출하고 있다. 특히, 미니멀한 디자인의 굿즈는 팬들 사이에서 큰 인기를 끌었으며, 콘서트 현장에서도 완판되는 경우가 많았다.

일러스트레이터 키미앤일이는 인스타그램에서 인기를 얻은 후 자신의 독특한 캐릭터와 일러스트를 활용한 다양한 상품을 제작했다. 처음에는 텀블벅을 통한 크라우드 펀딩으로 시작했으나, 인기가 높아지면서 현재는 자체 쇼핑몰을 운영하며 꾸준한 수익을 창출하고 있다.

---

22. 크리에이터 굿즈(Creator Goods)는 콘텐츠 창작자가 자신의 브랜드와 아이덴티티를 활용하여 제작하고 판매하는 물리적 또는 디지털 상품을 의미한다.

23. 프린트 온 디맨드(Print on Demand, POD)는 주문이 들어온 후에 제품을 인쇄하여 생산하는 비즈니스 모델이다. 전통적인 대량 생산 방식과 달리, 실제 주문이 발생했을 때만 제품을 제작하는 방식이다.

스티커, 엽서, 인형, 파우치 등 다양한 제품으로 확장했으며, 이는 디지털 콘텐츠 크리에이터가 어떻게 실물 상품으로 비즈니스를 확장할 수 있는지 보여 주는 좋은 사례다.

웹툰 작가 강풀은 자신의 인기 웹툰 캐릭터를 활용한 다양한 굿즈를 제작하여 공식 온라인 스토어를 통해 판매하고 있다. 특히, '타이밍'과 같은 인기 작품의 캐릭터 상품이 큰 호응을 얻었다. 웹툰 IP를 활용한 상품화는 우리나라에서 특히 활발하게 이루어지고 있는 분야다.

이러한 사례들은 디지털 콘텐츠 제작자들이 어떻게 자신의 브랜드와 팬 기반을 활용하여 실물 상품을 통한 수익 창출로 확장하는지, 그리고 프린트 온 디맨드 방식이 어떻게 초기 비용과 재고 부담 없이 이러한 확장을 가능하게 하는지 잘 보여 준다. 이처럼 크리에이터들은 더 이상 단일 플랫폼의 수익 모델에만 의존하지 않고, 다양한 방식으로 자신의 콘텐츠와 브랜드 가치를 수익화하고 있다.

디지털 기술의 발전과 새로운 경제 패러다임은 개인에게 다양한 수익 창출 기회를 제공하고 있다. 디지털 크리에이터 활동, AI와 NFT를 활용한 디지털 자산 창출, 소액 투자를 통한 자산 수익화, 온라인 교육 콘텐츠와 크리에이터 굿즈 판매 등 다양한 방식으로 수익을 창출할 수 있다.

중요한 것은 단순히 트렌드를 따라가는 것이 아니라 자신의 관심사, 전문성, 그리고 상황에 맞는 수익 모델을 찾아 꾸준히 발전시켜 나가는 것이다. 초기에는 부업으로 시작하더라도 점차 안정적인 수익이 발생한다면 본업으로 전환하여 시간적·경제적 자유를 얻을 수 있다. 디지털 경제의 특성상 진입 장벽이 낮아지고 있지만 경쟁 또한 치열해지고 있다. 따라서, 자신만의 차별화된 가치와 전문성을 바탕으로 지속 가능한 수익 모델을 구축하는 것이 무엇보다 중요하다. 앞으로도 기술의 발전에 따라 새로운 수익 창출 방식이 계속해서 등장할 것이므로 변화하는 환경에 적응하고 새로운 기회를 포착하는 능력이 필요하다.

'돈을 위해 일하지 말고, 돈이 당신을 위해 일하게 하라'는 단순한 선언 같지만 그 안에는 경제적 자유와 부의 창출에 관한 깊은 통찰이 담겨 있다. 지금까지 살펴본 최근의 다양한 사례들은 디지털 시대에 돈이 일하게 하는 방법이 더욱 다양해지고 접근성도 높아졌음을 보여준다. 물론, 이러한 전환이 쉽지는 않다. 초기에는 더 많은 시간과 노력을 투자해야 하고, 실패와 시행착오도 겪을 수 있다. 하지만 장기적인 관점에서 '돈이 일하는 시스템'을 구축하면 그것이 진정한 경제적 자유와 부를 가져다줄 것이다.

이제 당신의 차례다. 당신은 여전히 돈을 위해 일하고 있는가? 아니면 돈이 당신을 위해 일하도록 만들고 있는가? 당장은 어려워 보일 수 있지만 작은 변화부터 시작해 보라. 당신의 전문성과 경험을 바탕으로 어떻게 하면 돈이 당신을 위해 일하게 할 수 있을지 고민하고 실천해 나간다면, 당신도 언젠가는 진정한 경제적 자유를 경험할 수 있을 것이다.

필 박사의 부자병법

05

돈이 당신을 위해 일하게 하기 위한 공부를 지금 당장 시작하라.

　돈이 당신을 위해 일하게 하려면 돈에 대해 잘 알아야 한다. 돈에 대한 끊임없는 공부가 필요하다. 공부하고 배워야 부자가 된다. 부자가 되고 싶은 이유를 생각해보자. 세계여행을 다니고, 좋은 차를 타고, 비싼 음식을 먹기 위해서인가? 이는 부자가 되고 싶은 하나의 이유일 수는 있지만 그런 생각으로는 부자가 되기란 쉽지 않다. 나와 가족의 건강한 삶과 안정된 노후를 위해 부자가 되어야 한다.

　돈을 벌기 시작하는 사회 초년생 때부터 결혼해서 가정을 형성하고, 자녀를 키우고, 은퇴할 때까지 생애 주기별 재무 계획을 세우고 실천해야 한다. 사회 초년생 때, 자녀가 태어나기 전까지 소득 대부분을 저축한다고 생각하고 열심히 종잣돈을 만들어야 한다. 자녀가 태어나면서부터 지출이 많아지므로 수입과 지출을 적절히 관리하고, 필요하면 대출을 활용하여 주택을 확장하는 등 부동산 투자를 할 수 있다. 그 후 자녀를 독립시키고, 어느덧 은퇴를 앞둔 상태라면 성공적인 인생 2막을 위해 재무관리를 해야 한다. 즉, 부를 부르는 생애 주기별 리치테크Rich-Tech 계획과 목표를 설정하고 공부해야 한다. 어느 시점에 당신을 위해 돈이 일하도록 해야 하는지 5단계 생애 주기별 리치테크를 전략적으로 공부해야 한다.

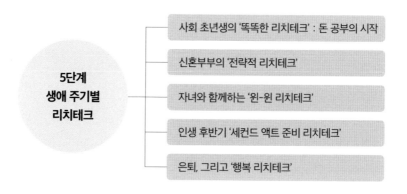

생애 주기에 따른 재무 계획을 충실히 실행하는 데 가장 중요한 것은 종잣돈이다. 종잣돈을 모으지 못하면 돈이 돈을 벌어 주는 구조를 만들지 못하고 평생 노동에 의존해서 살아갈 수밖에 없다. 부자가 되는 첫 출발점은 시드머니, 곧 종잣돈 모으는 공부를 전략적으로 간절하게 하는 일이다.

나는 30년 동안 은행에서 근무하면서 서울, 특히 강남부자들을 참 많이 만났다. 그들의 공통점이 무엇인지 생각해 본다. 그들은 적극적

필 박사의 부자병법

이기도 하고 겸손하며 열정적이며 해맑은 미소를 지니고 있다. 과감하게 양보도 하고 예상치 못한 실수를 하면서도 포기하지 않는다. 강인한 의지와 단호한 카리스마 뒤에는 부드럽고 자상한 배려의 힘도 배어 있다. 판단하기 어려운 상황인데 쉽게 결정하기도 하고, 때로는 쉬운 일에도 선뜻 나서지 않으며 대답하지 않는 이도 있다.

이 같은 부자들의 여러 능력을 한마디로 표현한다면 무엇이라 할 수 있을까? 부자가 되기 위한 이 모든 전략과 기술, 태도를 아우르는 것이 바로 '리치네트워킹 기술Rich-Networking Skill'이다. 부자가 되기 위한 필수적인 요소인 다음의 다섯 가지 리치네트워킹 기술을 최대한 키워야 한다.

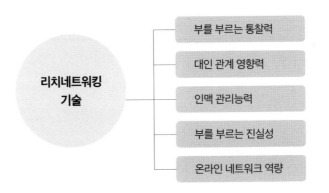

부자가 되는 사람들은 어떤 특성과 습관을 지니고 있을까? 부자가 되는 기초 체력은 무엇이고, 어떻게 하면 그것을 키울 수 있는지 부자들의 노하우를 공부해야 한다. 평범한 사람들에게 부자가 되는 방법을 물어보면 복권이나 주식, 그리고 코인 대박 등 대부분 일확천금을 이야기한다. 그러나 세계의 갑부들은 수입을 늘리고 지출은 줄이면서 스스로 돈을 통제하며 부자가 되었다. 어렸을 때부터 부모에게 의지하지 않고 독립적으로 살았으며, 쓸데없는 곳에 돈을 쓰지 않는 절제심을 키웠다.

무엇보다 부자들에게서 가장 인상 깊었던 부분은 그들이 독서를 많이 한다는 점이다. 부자들에게 독서란 취미가 아니라 일상, 즉 루틴의 일부였다. 부자들에게 독서는 일이었다. 책을 통해 정보를 얻고, 나아가 창의적 사고를 위한 영감을 얻었다. 그리고 책을 보고 느끼는 감동과 교훈을 회사 경영에 활용하는 때도 많았다. 부자들의 통찰력이 남달라 보이는 것도 그들이 특별해서라기보다는 독서를 일상화하면서 실천해 온 수많은 경험과 훈련의 값진 결과물이기 때문이다. '모든 리더Leader는 리더Reader'라는 말을 기억할 필요가 있다.

또한, 부자일수록 돈을 소중히 생각하고 절약하는 습관을 지니고 있었다. 검소하게 먹고, 입고, 물건을 사용했다. 돈이 어떻게 모이고, 유지되고, 소비되는지를 깊게 이해하고 있었다. 작은 지출도 반복되면 장기적으로는 큰돈이 된다는 점을 잘 알기에 불필요한 지출은 줄이고 저축을 우선시했다. 평생 돈을 많이 벌어 온 부자들은 자신이 번 돈을 잘 지켜 내려는 목표 의식도 뚜렷했다. 지금까지 모아온 돈을 허투루 쓰지 않고 자식들에게 잘 물려주기 위해서다. 그래서 돈에 관한 관심과 지식도 보통 사람보다 훨씬 높았다. 부자가 되고 싶다면 끊임없이 경제를 공부하고 돈이 어디로 흘러가는지 관심을 가지고 봐야 한다.

앞서 언급한 사항들은 누구나 알고 있는 평범한 내용이지만 부자들은 하루의 루틴처럼 꾸준히, 포기 없이 실천하고 있었다. 부자가 되고 싶은가? 그렇다면 지금 당장 부자가 되는 방법에 대해 따로 공부해야 한다.

"부자 되기 위한 공부,
이해하지 말고
실천부터 해야 합니다."

Chapter

02

부자가 되기 위한 공부,
누구나 아는 평범한 진리의 실천

부자들이 부를 이룰 수 있었던 데는 몇 가지 중요한 요소가 있다. 끊임없는 자기 계발과 투자, 장기적인 목표 설정, 그리고 위험을 관리하는 능력 등이 결합하여 그들의 성공에 이바지하였다. 부자들은 장기간 축적된 습관과 버릇을 통해 본인이 세운 목표를 달성하고 경제적 자유를 얻으며 자산을 효과적으로 관리할 수 있게 되었다.

이 모든 습관과 특성들은 하루아침에 생긴 것이 아니라 꾸준히 쌓아온 노력과 결단력의 결과라고 할 수 있다. 다음에 나오는 내용은 부자들만의 주요한 특성과 습관을 정리한 것이다.

필 박사의 부자병법

01

21세기형 부자를 위한
창의적 사고 키우기

21세기의 진정한 부자들은

기존 패러다임을 깨는 창의력으로 새로운 가치를 창출한다.

빠르게 변화하는 현대사회에서는 창의적인 사고가 성공의 열쇠다. 부자들은 대부분 창의적 사고를 통해 새로운 기회를 발견하고, 문제를 해결하며, 혁신적인 아이디어를 통해 돈을 벌고 있다. 많은 사람이 창의성은 타고난 것이라고 말하지만, 창의성은 타고나는 것이 아니라 노력과 연습을 통해 키울 수 있는 능력이다.

「생트 빅투아르 산」은 폴 고갱Paul Gauguin, 반 고흐van Gogh와 더불어 대표적인 후기 인상파 화가 3인으로 불리는 폴 세잔Paul Cézanne의 가장 유명한 그림 중 하나다. 세잔은 자신이 몰두했던 주제에 대해서는 평생에 걸쳐 여러 점의 시리즈를 제작하는 작업 방식을 고수하였는데, 「생트 빅투아르 산」 또한 그가 작품 활동을 시작한 초기부터 말년에 이르기까지 수십 점의 시리즈로 제작된 작품이다. 세잔의 작품 중 가장 유명하고 중요한 모티브로 평가된다.

2001년 5월 뉴욕에서 세 번째 큰 경매회사인 필립스 옥션PHILLIPS

폴 세잔의 「생트 빅투아르 산」

필 박사의 부자병법

피카소의 「아비뇽의 여인들」

Auction이 독일 출신의 세계적 미술상 하인츠 베르그륀Heinz Berggruen의 소장 작품 일곱 점을 경매에 내놓아 크게 화제가 되었다. 폴 세잔의 「생트 빅투아르 산」이 이날 경매의 하이라이트 작품이었는데, 당일 경매에서 가장 비싸게 팔려 이름값을 하였다. 「생트 빅투아르 산」의 판매가는 약 3천850만 달러, 원화로는 약 400억 원이었다.

폴 세잔이 평생에 걸쳐 만들어 낸 작품의 가격이 400억 원이었다면 화가 파블로 피카소Pablo Picasso가 1907년에 단 한 번 그린 「아비뇽의 여인들」의 가격은 얼마나 될까? 미국 뉴욕 현대미술관이 소장하고 있는 「아비뇽의 여인들」은 공식적인 판매 가격은 없지만, 미술가들은 해당 작품의 가격을 천문학적인 금액Priceless or Incalculable이라고 평가하고 있다. 또한, 미술 시장을 연구하는 사람들도 피카소의 「아비뇽의 여인들」을 세계에서 가장 비싼 그림으로 꼽으면서, 그 가격은 약 12억 달러, 원화로는 약 1조 4천억 원 정도가 될 것으로 추산하고 있다.[1]

---

1. 글로벌 미술 경매업체 Artsy의 기사('What Billionaire Collectors Would Pay for the "Priceless"

폴 세잔과 피카소는 모두 미술사에서 매우 뛰어난 화가이지만, 피카소의 작품 가치가 폴 세잔이 평생에 걸쳐 다시 그려 낸 작품보다 비교할 수 없을 정도로 높게 평가되는 이유는 무엇일까? 나는 그것이 피카소의 기존의 틀을 뛰어넘는 창의적인 사고의 힘이라고 생각한다. 즉, 기존 미술사의 패러다임을 단 한 번에 바꿔 놓았기 때문에 피카소의 「아비뇽의 여인들」의 가치는 그 누구도 접근하기 어려운 수준으로 평가되는 것이다.

　　물론, 피카소와 같은 패러다임의 변화를 만들어 내는 것은 중요하다. 그러나 폴 세잔의 방식처럼 똑같은 업무를 수십 년에 걸쳐 반복하면, 그리고 끊임없는 시행착오를 하면서 지혜와 판단력을 쌓는다면 해당 업무에서 뛰어난 기술을 습득할 수 있고 창의적인 사고를 할 수 있다. 즉, 노력과 연습을 통해 창의성을 키울 수 있다. 21세기 부자들에게 가장 강조되는 역량이 바로 창의성이다.

Art in U.S. Museums', Evan Beard, 2018.4.18.)에서 인용

02

부를 부르는 투자의 기본은 독서
: 독서는 '빡센 일'이어야 한다.

부를 부르는 독서는 '취미'가 아니라 '빡센 일'이어야 한다.

부를 부르는 독서는 기본적으로 '취미'가 아니라 '일'이어야 한다. 책은 전문가가 써 놓은 것이다. AI 전문가나 마케팅 교수가 쓴 책을 취미로 읽으면 전혀 도움이 되지 않을 것이다. 책은 내가 모르는 분야를 공략하는 것이다. 그래서 부자가 되기 위해 독서는 일로서 엄청 "빡세게" 해야 한다.

4차 산업혁명과 AI사피언스 시대에 많은 일과 엄청난 경험을 하면서 살아가기 위해서는 독서를 "일" 하듯이 해야 한다. 한 가지만 알아서는 절대 살아갈 수 없는 시대다. 독서를 통해 부를 부르는 통찰력을 키워야 한다. 그래서 부자가 되기 위한 독서는 "빡센 일"이어야 한다. 부자들에게 독서는 취미가 아니라 일로서 '하루의 루틴'인 것이다.

① 독서는 정보 습득의 가장 전통적인 방식

빌 게이츠는 "책 읽는 것을 멈추는 순간, 당신의 성장도 멈춘다."라고 말하였다. 인간은 모든 것을 경험할 수 없다. 그러나 다행히 미리 알게 된 정보를 삶에 적용해 볼 수는 있다. 이 정보를 습득하는 가장 전통적인 방식이 독서다. 책과 신문은 다양한 주제와 관점에 대하여 깊은 이해를 제공한다. 부자들은 이를 통해 자신들의 지식을 확장하고 새로운 아이디어를 얻는다.

우리나라의 독서율은 매우 낮다고 한다. 문체부가 발표한 '2023년 국민독서실태조사'에 따르면, 대한민국 성인의 독서율교과서, 참고서, 수험서, 잡지, 만화 등 제외은 43%에 그쳤다고 한다. 성인 10명 가운데 6명은 1년에 책을 한 권도 읽지 않는다는 것을 의미한다. 왜, 우리 국민은 책을 읽지 않는 것일까? 위의 국민독서실태조사에 따르면 '일 때문에 시간이 없다'라는 답이 가장 많았으며, 이어 '책 읽는 습관이 들지 않아서', '다른 여가와 취미 생활을 하느라' 등의 순이었다고 한다. 한마디로 책을 읽는 데 쓸 시간이 없다는 대답이다.

최근 소셜미디어에는 '쇼츠Shorts'라는 짧은 영상이 우리의 도파민을 넘쳐나게 하고 있다. '쇼츠'가 범람하는 시대에 수백 페이지가 넘는 책을 읽는다는 것은 지루한 일이 아닐 수 없다. 그러나 짧고 자극적인 영상만 쫓다 보면 필연적으로 집중할 수 있는 시간은 점점 짧아지기 마련이다. 독서를 통해 집중력을 향상해 하나의 일에 몰두하는 방법을 익힌다면 일의 효율을 높여 짧은 시간 안에 큰 성과를 낼 수 있다. 독서가 시간 관리 및 생산성 향상에 큰 도움이 된다는 말이다.

② 부자들에게 독서는 일상인 동시에 휴식

그렇다면 부자들은 어떨까? 일반인보다 훨씬 더 바쁜 그들에게 책 읽을 시간이 있을까? 하나금융경영연구소가 내놓은 '2024 대한민국 웰스 리포트'에 따르면, 부자들은 책을 많이 읽는다. 부자들은 특별히 시간을 내서 책을 읽는다. 그들에게 독서는 일상인 동시에 휴식이다. 부자들은 책을 일부러 집 안 곳곳 어디에서든 손에 닿을 수 있도록 아무 곳에나 쌓아 둔다. 책을 보는 것은 단순히 일상일 뿐이라는 것이다. 안 그래도 바쁜 일상을 보내면서 읽기 힘든 책은 굳이 끝까지 읽으려고 하지 않아도 된다. 좋다고 느낀 책은 두고두고 반복해서 읽고, 책 앞부분의 내용이 기억나지 않는다고 다시 읽지 않아도 된다. 책을 읽을 때는 먼저 숲을 보는 안목을 높이는 것이 중요하기 때문이다. 제목과 그에 따른 핵심만 술술 읽고 지나가도 무방하다.

문체부가 발표한 위의 국민독서실태조사에는 흥미로운 대목이 있다. 소득 수준에 따라 독서율에 차이가 있는 것이다. 월평균 소득 200만 원 이하인 사람들의 독서율은 9.8%에 그치지만, 500만 원 이상인 사람들의 독서율은 54.7%에 이른다. 9.8%와 54.7%는 큰 격차다. 하나금융경영연구소 조사에서도 금융 소득 1억 원 미만인 사람들은 1년에 평균 6권의 책을 읽지만, 금융 소득 10억 원 이상의 사람들은 연평균 10권의 책을 읽는 것으로 나타났다.

부자들은 독서를 통해 돈을 대하는 마음가짐과 가치관을 되새기기도 했으며, 책으로부터 교훈을 얻는 경우가 많다. 독서를 일상처럼 지속해 온 결과 책에서 많은 영감을 받을 수 있었다.

또한, 부자들은 생존을 위한 생각의 폭을 키우려고 독서를 많이 한다. 독서를 통해 사색의 폭을 넓히고, 사고력을 키우고, 생각의 유연함을 기를 수 있기 때문이다. 그런 생각의 폭은 자본주의에서 생존이나 발전에 필요한 방법을 누구보다 더 빨리 찾을 수 있는 에너지가 된다. 물론, 책만 많이 읽는다고 모든 걸 배울 수는 없지만, 생각의 방향을 잡고 다양성과 폭을 넓히는 기회를 얻는 데는 독서가 큰 효과가 있다.

부자들은 역사책을 특히 좋아한다. 부자들은 역사 속의 위인에 관한 책을 읽으면서 자신의 멘토를 찾아 행동의 지침으로 삼고 따르며 살고 있다. 부자들이 자녀들에게 독서를 권장하는 이유도 여기에 있다. 어렸을 때부터 삶을 남다르게 살아갈 수 있는 멘토를 책 속에서 찾아 길잡이로 삼으라고 가르친다. 또한, 부자들은 독서를 통해 과거의 사건을 간접적으로 경험하면서 다가올 미래의 일들을 예상하고, 결정해야 할 순간에 중요한 활용 근거로 삼는다.

나는 부자가 되기 위해서는 책을 '취미'가 아니라 '공부하는 마음'으

필 박사의 부자병법

로 읽으라고 권하고 싶다. 물론, 독서를 많이 한다고 해서 그리고 공부를 많이 한다고 해서 반드시 부자가 되는 것은 아니다. 하지만 부자가 되는 데 도움을 주는 책들을 제대로 골라 많이 읽고 스스로 깨우쳤다면 부자가 될 가능성이 더 커진다고 믿는다. 책이란 이정표를 통해 옳은 방향으로 나아가면서 다른 길로 빠지거나 포기하지 않고, 가는 동안 더 좋은 방법을 터득할 수 있다. 책 속에 부자의 길이 있다.

부자가 되기 위해서는 단순히 많은 책을 읽는 것이 아니라, 책에서 얻은 지식을 효과적으로 내재화하고 실제 삶에 적용할 수 있어야 한다. 특히, 집중 독서 기간을 정해 한 주제를 깊게 파고들거나, 질문하며 읽는 방식은 독서의 효율성을 크게 높여 준다. 다시 말하지만 부자로 가는 독서는 "빡센 일"이어야 한다. 당신이 부자가 되기 위한 그런 독서를 하고자 한다면, 다음의 10가지 책 읽는 습관을 제안한다.

③ 부자가 되기 위한 책 읽기 습관 10가지

: 질문하며 읽어라. AI 정보화 시대의 가장 중요한 독서 습관이다. - ①

책을 읽기 전에 알고 싶은 점들을 질문 형태로 정리하면 목적의식을 가지고 능동적으로 읽을 수 있다. 책을 시작하기 전 최소 5개의 핵심 질문을 작성하고, 각 장을 읽기 전에도 해당 장에 대한 2~3개의 질문을 준비하는 것이 좋다. 책을 읽는 동안 질문에 대한 답을 찾아 표시

해라. 하버드 비즈니스 스쿨의 학생들은 케이스 스터디를 읽기 전 반드시 '이 회사의 핵심 문제는 무엇인가?' '어떤 대안을 고려할 수 있는가?' '나라면 어떤 결정을 내릴 것인가?' 등의 질문을 미리 작성한다. 이 방법으로 그들은 방대한 자료에서도 핵심을 놓치지 않고 분석적 사고력을 키운다.

: 최대한 쉬운 책부터 시작하라. - ②

새로운 분야를 공부할 때는 반드시 쉬운 책부터 시작해야 한다. 난이도가 큰 전문 서적은 기초 지식 없이 접근하면 좌절감만 안겨 주고 학습 의욕을 떨어뜨리기 쉽다. '입문자용, 기초, 개론' 등의 키워드가 포함된 책을 우선해서 선택하고, 시각적 자료가 풍부하며 설명이 상세한 책을 고르는 것이 좋다. 예를 들어, 투자를 배우고 싶은 초보자라면 벤저민 그레이엄Benjamin Graham의 『증권분석』 같은 고급 서적보다는 『주식 투자 무작정 따라하기』나 『부자 아빠 가난한 아빠』 같은 기초 개념을 쉽게 설명한 책으로 시작하는 것이 현명하다. 한 챕터를 읽고 이해가 잘 되는지 테스트해라. 70% 이상 이해된다면 적절한 난이도라고 볼 수 있다.

: 실전을 다룬 책들을 우선시하라. - ③

이론만 가득한 책보다는 실용적인 조언과 적용 방법을 담은 책을 우선해서 읽어야 한다. 이론 20%, 실전 사례 80%의 비율로 구성된 책이 이상적이다. 이론과 실제 적용 사이에는 큰 틈이 있을 수 있으므로 'How to, 실전, 실무, 사례' 등의 키워드가 포함된 책을 찾아 읽고, 저자의 실제 경험이 풍부하게 담긴 책을 먼저 골라 읽으면 좋다. 프로그래밍을 배우는 사람이 알고리즘 이론서만 읽기보다는 『코드 컴플리트』나 『실용주의 프로그래머』와 같이 실제 개발 과정에서 문제 해결 방법을 다루는 책을 먼저 읽는다면 더 빠른 성장을 이룰 수 있을 것이다.

: 같은 주제의 책을 여러 권 읽어라. - ④

한 분야에 대해 여러 저자의 책을 읽는 것도 중요하다. 다양한 관점과 접근법을 접하면 편향된 시각을 극복하고 더 균형 잡힌 이해가 가능해지기 때문이다. 같은 주제를 다루되 서로 다른 배경을 가진 저자들의 책을 선택하고, 때로는 반대 관점을 가진 저자의 책도 의도적으로 포함해야 한다. 읽을 때마다 저자별 공통점과 차이점을 노트에 정리하고 최소 3~5권의 관련 서적을 읽어 충분한 관점을 확보해야 한다. 리더십에 관심이 있다면, 짐 콜린스Jim Collins의 『좋은 기업을 넘어 위대한 기업으로』, 사이먼 시넥Simon Sinek의 『나는 왜 이 일을 하는가』, 피터 드러커Peter F. Drucker의 『프로페셔널의 조건』 등 서로 다른 접근법의 책들을 함께 읽으면 리더십의 다양한 측면을 이해할 수 있다.

: 집중 독서 기간을 가져라. - ⑤

한 주제에 관한 책들을 짧은 기간 내에 집중적으로 읽는 '집중 독서 기간'을 가지는 것도 효과적이다. 개념 간 연결이 강화되고 통합적 이해가 가능해지기 때문이다. 2~4주의 기간을 정해 한 주제에만 집중하고, 주제와 관련된 5~7권의 책을 미리 선별해 준비해 두는 것이 좋다. 매일 일정 시간최소 1~2시간을 확보해 꾸준히 읽고 관련 온라인 강의나 팟캐스트로 학습을 보완하는 것이 좋다. 심리학에 관심이 생겼다면 한 달을 '심리학 몰입의 달'로 정하고『설득의 심리학』,『생각의 지도』, 『프레임』,『습관의 힘』 등을 연속해서 읽으면 인간 행동에 대한 통합적 이해를 얻을 수 있을 것이다.

: 메모하며 읽어라. - ⑥

책을 읽으며 중요한 내용을 자신만의 언어로 정리하는 것은 수동적 독서를 능동적 학습으로 전환하는 핵심이다. 코넬 노트 방식이나 마인드맵을 활용하여 내용을 구조화하고, 디지털 도구를 활용해 검색과 재구성이 쉽도록 정리하는 것이 효과적이다. 책의 끝에 도달했을 때는 전체 내용을 A4 한 장으로 요약해 보라.『원칙』을 읽으며 레이 달리오 Ray Dalio의 원칙들을 단순히 밑줄 긋는 대신 각 원칙을 자신의 경험과 연결해 기록한 독자는 1년 후에도 핵심 내용을 정확히 기억하고 적용할 수 있었지만, 메모 없이 읽으면 몇 주 후 대부분 내용을 잊어버린다.

: 책의 목차를 먼저 훑어라. - ⑦

본격적인 독서 전에 목차와 소제목을 먼저 살펴보는 것도 중요하다. 책의 구조를 파악하고 중요 내용을 예측하는 데 도움이 되기 때문이다. 목차를 읽고 책의 전체 구조를 마인드맵으로 그려 보거나, 각 장의 첫 문단과 마지막 문단을 먼저 읽어보는 것이 좋다. 소제목들만 모아서 읽어 책의 핵심 주제를 간파하고, 중요해 보이는 장은 별표를 표시해 집중적으로 읽을 준비를 해라. 성공한 CEO들은 새 책을 받으면 먼저 10분간 목차와 서문, 결론을 훑어보는 습관이 있다. 이를 통해 400페이지 책에서 자신에게 정말 필요한 100페이지를 선별적으로 깊이 읽을 수 있다. 이런 방식으로 빌 게이츠는 매년 50권 이상의 책에서 핵심 아이디어를 빠르게 습득한다고 한다.

: 반복 독서를 활용하라. - ⑧

가치 있는 책은 한 번만 읽지 말고 시간 간격을 두고 여러 번 읽어야 좋다. 매번 새로운 통찰을 얻을 수 있기 때문이다. 첫 번째 읽기에서는 전체적인 흐름과 주요 개념을 파악하고, 두 번째 읽기2~3주 후에서는 중요 부분을 깊이 이해하며, 세 번째 읽기3~6개월 후에서는 실제 적용한 경험을 바탕으로 비판적으로 재평가하는 것이 좋다. 핵심 도서 목록 10~15권을 만들어 일 년에 한 번씩 다시 읽는 습관을 들이는 것 또한 좋다. 워런 버핏은 벤저민 그레이엄의 『현명한 투자자』를 50년 동안 매년 읽었다고 한다. 그는 "매번 읽을 때마다 새로운 통찰을 얻는다."라고 말했다. 첫 번째 읽을 때는 기본 개념을 이해했지만, 투자 경험이 쌓인 후 다시 읽으면서 더 깊은 지혜를 발견할 수 있었다고 한다.

: 정기적으로 복습하라. - ⑨

읽은 내용을 주기적으로 복습하면 헤르만 에빙하우스Hermann Ebbinghaus의 망각 곡선을 극복하고 장기 기억으로 전환할 수 있다. 24시간 내 첫 복습책을 읽은 직후 핵심 내용을 3~5분간 떠올려 보기, 1주일 내 두 번째 복습작성한 노트를 10분간 검토, 1개월 내 세 번째 복습책의 중요 부분을 다시 20분간 훑어보기을 통해 내용을 장기 기억에 저장할 수 있다. 디지털 복습 시스템Anki, Quizlet을 활용해 플래시카드로 중요 개념을 복습하는 것도 권장한다. 의대 학생들은 방대한 의학 지식을 외우기 위해 '간격 반복Spaced Repetition' 시스템을 활용한다. 『해리슨 내과학』같은 두꺼운 교과서의 내용을 Anki 플래시카드로 만들어 복습 일정에 따라 반복 학습하면 10,000개 이상의 의학 개념도 장기 기억으로 저장할 수 있다고 한다.

: 배운 것을 즉시 적용하라. - ⑩

책에서 얻은 지식은 48시간 안에 실제로 적용해보는 것이 가장 효과적인 독서법이다. 이론이 실천으로 이어질 때 진정한 이해가 가능하기 때문이다. 독서 후 '지금 당장 적용할 수 있는 3가지'를 목록으로 작성하고, 72시간 이내에 새로운 아이디어를 시도해보는 것이 좋다.

『아주 작은 습관의 힘』을 읽은 한 직장인은 책의 '미니 습관' 전략을 바로 적용해 매일 아침 1분 명상, 1개의 팔굽혀펴기, 1문장 일기 쓰기를 시작했고, 6개월 후에는 이 작은 시작이 20분 명상, 50개 팔굽혀펴기, 일일 저널링 습관으로 발전했다고 한다.

효과적인 독서는 단순히 많은 책을 읽는 것이 아니라, 어떻게 읽고 그 내용을 어떻게 활용하느냐에 달려 있다. 이러한 방법들을 통해 독서의 효율성을 높이고 더 풍부한 지식을 얻은 사람은 부자가 될 가능성이 크다. 아니 이미 부자가 되었는지도 모른다.

03

부자가 되기 위한 아침 루틴의 마법

부자가 되기 위한 아침 루틴, 이해하려 하지 말고 실천부터 해라.

성공한 부자들은 아침을 어떻게 시작할까? 이들은 매일 아침을 전략적으로 활용하며 하루를 효과적으로 설계한다. 부자들의 아침 루틴은 공통으로 일정한 패턴을 지니고 있으며, 정신적·육체적 건강을 유지하고, 생산성을 극대화하는 데 초점을 맞추고 있다.

① 아침 루틴의 중요성과 과학적 근거

아침 시간의 효율적 활용이 부와 성공으로 이어지는 이유는 코티솔

Cortisol 호르몬이 아침에 가장 높아 집중력과 생산성이 극대화되며, 의사결정의 피로도가 낮은 상태로 중요한 일에 집중하는 게 가능하고, 하루를 주도적으로 설계하고 통제할 기회를 제공하기 때문이다.

코티솔 호르몬은 콩팥의 부신피질에서 분비되는 스테로이드 호르몬으로, 흔히 '스트레스 호르몬'이라 불린다. 아침에는 신체를 각성시키고 서카디언 리듬Circadian Rhythm, 약 24시간 주기로 반복되는 생체 리듬을 조절하는 중요한 역할을 한다. 코티솔 수치는 기상 후 30~45분 이내에 급증하며, 저녁에는 낮아지는 일주기 리듬을 따른다. 이를 효과적으로 관리하는 아침 루틴은 건강과 생산성에 긍정적인 영향을 미친다. 성공한 사람들은 이 코티솔 상승 시간을 효과적으로 활용하여 하루를 최적화한다. 자연스러운 코티솔 리듬을 따르는 아침 루틴을 실천하면, 좀 더 건강하고 생산적인 하루를 보낼 수 있다. 오늘 아침, 햇볕을 쬐고 가벼운 스트레칭을 하며 하루를 시작해보는 것은 어떨까? 그러면 부자가 될 가능성은 더 커진다고 믿는다.

코티솔 호르몬은 기상 직후 30분~2시간이 가장 생산적이어서 이 시간에 중요한 의사결정이나 창의적 작업을 배치하고 어려운 과제나 집중이 필요한 일을 수행해야 효율적이다. 강남에서 중소기업을 경영하는 김한솔가명 고객은 이러한 생체 리듬을 이해하고 활용하여 "매일 오전 6시에 기상하여 30분 동안 가벼운 조깅을 한 후, 의도적으로 7~9시 사이에 가장 중요한 업무를 처리한 결과 업무 효율이 30% 이상 증가했다."라고 한다. 아침 시간대의 높은 코티솔 수치를 활용하여 자연스럽게 생산성을 극대화할 수 있었던 것이다.

② 성공한 CEO들의 아침 루틴

세계적인 기업 CEO들의 아침 루틴을 분석해보면 흥미로운 공통점이 발견된다. 하버드 비즈니스 리뷰의 심층 연구에 따르면, 포춘Fortune 500대 기업 CEO들의 90% 이상이 오전 6시 이전에 기상한다. 이는 단순한 조기 기상을 넘어 성공을 향한 체계적인 접근 방식을 보여 주는 중요한 지표이다.

이러한 이른 아침 루틴의 효과는 과학적으로도 입증되어 있다. 아침 시간대에는 코티솔 호르몬이 가장 활성화되어 있어 집중력과 생산성이 극대화되며, 의사결정 능력도 가장 선명한 상태이다. 특히, 이 시간대는 외부의 방해 요소가 최소화되어 있어 자신의 성장과 발전에 온전히 집중할 수 있는 황금 시간대라고 할 수 있다.

애플의 CEO 팀 쿡은 7시간 동안 잠을 자고 보통 오전 3시 45분에 기상한다. 하루에 고객들로부터 평균 700~800개의 이메일을 받는데,

필 박사의 부자병법

애플 이용자들이 보낸 이메일이나 사용 후기를 한 시간 정도 읽는다. 또한, 전 세계 애플 스토어의 매출 데이터를 검토하고, 아시아 시장의 동향을 파악한다. 오전 5시경 외부 체육관에서 한 시간가량 운동하고 애플워치에 운동량을 기록한다. 운동을 끝내고 돌아오면, 스타벅스에 가서 출근하기 전까지 더 많은 이메일을 확인한다. 아침 시간의 대부분을 이메일 읽는 데 활용한다고 한다. 그의 이러한 루틴은 글로벌 기업을 이끄는 CEO로서 시차를 극복하고 전 세계 시장을 실시간으로 파악할 수 있게 해 주는 전략적 선택이다.

월트 디즈니Walt Disney Co의 최고경영자 로버트 앨런 아이거Robert Allen Iger는 매일 오전 4시 15분 기상한다. 5분 동안 옷을 입고 세수를 하고 집 안 체육관으로 간다. 늦어도 4시 25분에는 암벽등반 효과가 있는 버사 클라이머 기계에 올라 40분간 스트레칭과 웨이트 트레이닝을 한다. 운동이 끝나기 전까지는 절대 스마트폰을 보지 않는 것이 철칙이다. 운동이 끝나면 샤워를 하고 커피를 마신다. 그 후 신문을 읽고, 이메일을 확인하고, 인터넷 서핑 등을 한다. 그리고 오전 6시 45분에 사무실에 도착한다.

펩시코PepsiCo의 전 CEO 인드라 누이Indra Nooyi는 오전 4시에 기상하여 뉴스 리뷰와 시장 동향 체크로 하루를 시작한다. 글로벌 식품 기업의 수장으로서 그녀는 이 시간을 활용하여 전 세계 식품 산업의 트렌드와 소비자 행동 변화를 분석한다. 1시간의 운동 후에는 가족과 함께하는 아침 식사를 통해 균형 잡힌 삶을 유지한다.

아마존Amazon 최고경영자 제프 베이조스Jeff Bezos는 다른 시간대를 사용하는 나라를 여행하지 않는 한 8시간 동안 숙면을 한다. 알람 없이 눈이 뜨일 때 자연스럽게 일어난다. 신문을 읽고 커피를 마시며 하루를 여유롭게 시작한다. 아이들이 학교에 가기 전에 아침 식사를 함께 하며 가족들과 대화의 시간을 가진다. 반드시 하루의 첫 회의는 오전 10시에 시작한다. 아무리 급한 논제가 있어도 그 전에 회의하지 않는다고 한다. 어려운 도전처럼 뇌를 가장 많이 써야 하는 회의를 점심 전에 배치해 온전히 집중한다. 오후 5시가 넘으면 중요한 의사결정을 가능한 하지 않고 다음날로 연기한다.

방송인 오프라 윈프리Oprah Winfrey는 알람을 사용하지 않는다. 함께 자는 강아지가 밖으로 나가고 싶어 하는 시간에 일어난다고 한다. 그렇다고 해도 늦잠은 자지 않는다. 아무리 늦어도 오전 6시 20분까지는

⇌ 성공한 CEO들의 아침 시간 투자 영역

신체적 건강관리	정신적 준비	전략적 업무 준비	관계 형성
시간 할애(32%)	시간 할애(28%)	시간 할애(25%)	시간 할애(15%)
- 유산소 운동 : 45~60분 - 스트레칭 : 15~20분 - 명상/요가 : 20~30분 - 균형 잡힌 아침 식사 : 20분	- 독서 : 산업 동향, 경제 뉴스 - 일기 쓰기/감사 일기 - 명상과 마인드셋 준비 - 하루 목표 설정	- 이메일 처리 - 주요 미팅 자료 검토 - 글로벌 시장 동향 체크 - 핵심 의사결정 사항 정리	- 가족과의 시간 - 핵심 임원진과의 조찬 - 멘토·코치와 상담

필 박사의 부자병법

기상한다. 양치 후 카푸치노를 만들어 집 안에 있는 체육관으로 향한다. 러닝 머신과 윗몸일으키기 등을 포함해 50분간 운동한다. 그 후 남아 있는 시간에 따라 10~20분 명상을 한다. 오전 8시 반, 곡물 토스트에 반숙 계란을 곁들여 아침 식사를 하고 하루 일정을 시작한다.

이들 CEO의 아침 루틴에서 발견되는 또 하나의 중요한 특징은 '자기 계발'에 대한 강한 집착이다. 대부분 CEO는 하루 최소 1시간을 독서, 학습, 새로운 기술 습득에 투자한다. 이는 급변하는 비즈니스 환경에서 경쟁력을 유지하기 위한 필수적인 투자로 인식된다. 하루의 계획수립 역시 아침 루틴의 핵심 요소다. CEO들은 이 시간을 활용하여 하루의 우선순위를 설정하고, 주요 의사결정 사항을 정리한다. 특히, 전략적 사고가 필요한 복잡한 문제들을 이 시간에 집중적으로 검토하는데, 이는 아침 시간대의 맑은 정신이 최적의 판단을 가능하게 하기 때문이다.

이러한 체계적인 아침 루틴은 단순한 시간 관리를 넘어 지속적인 성공을 위한 토대가 된다. 연구 결과에 따르면, 체계적인 아침 루틴을 실천하는 CEO들의 기업은 평균 이상의 매출 성장과 수익성을 보이는 것으로 나타났다. 이는 리더의 개인적 습관이 조직의 성과에도 직접적인 영향을 미친다는 것을 보여 준다.

특히 주목할 만한 점은, 이들의 아침 루틴이 단순한 규율이나 의무가 아닌 자발적인 열정에서 비롯된다는 것이다. CEO들은 이른 아침시간을 자신의 성장과 기업의 발전을 위한 소중한 투자로 인식하며, 이를 통해 지속적인 혁신과 성장의 동력을 얻고 있다.

이처럼 성공한 CEO들의 아침 루틴은 단순한 생활 습관이 아닌, 성공을 향한 전략적 접근이자 지속적인 자기 혁신의 도구다. 이는 개인의 성장과 조직의 발전이 긴밀하게 연결되어 있음을 보여 주는 중요한 사례이며, 부자가 되기 위한 모든 이들에게 의미 있는 시사점을 제공한다.

③ 강남부자들의 직업과 개성에 맞는 독특한 아침 루틴

대한민국에서 가장 부유한 지역 중 하나인 강남. 고급 아파트와 빌라가 늘어선 이곳에는 대한민국 사회의 성공한 기업가, 의사, 변호사, 연예인 등이 모여 살고 있다. 이들이 매일 아침 어떻게 하루를 시작하는지 살펴보는 것은 성공의 비결을 엿볼 수 있는 흥미로운 관점을 제공한다. 강남부자들의 아침 루틴은 단순한 습관을 넘어 그들의 가치관과 성공 철학을 반영한다.

강남에서 중소기업을 경영하고 있는 CEO인 65세 김기훈가명 회장은 아무리 바빠도 저녁 식사를 9시까지는 마친다. 샤워 후 5분간 스트레칭을 하고 취침 전에 5분간 내일 할 일을 적는다. 11시에 잠이 들어 6시간 숙면을 하고, 오전 5시에 일어난다. 아침에 일어나면 가장 먼저 방의 커튼을 활짝 젖히고 햇볕을 쬐며 신선한 공기를 가슴 가득 들이마신다. 샤워하기 전에 체중계에 올라 체중의 변화를 확인한다. 미지근한 온도로 샤워를 하고, 좋아하는 커피를 마시며 두뇌를 깨운다. 5시

30분이 되면 가벼운 산책 후 신문을 읽거나 독서를 시작한다. 그리고 오전 7시 30분에 사무실에 도착한다.

강남 청담동에서 성형외과를 운영하는 51세 이수지가명 원장의 아침은 6시에 시작된다. 그녀는 전문직 부자다. 매일 같은 시간에 일어나는 것이 신체 리듬을 유지하는 데 중요하다고 믿는다. 기상 직후 그녀는 침대에서 일어나기 전 5분간 감사 일기를 작성한다. "하루를 감사함으로 시작하면 모든 것이 더 밝게 보입니다." 이 원장은 설명한다. 이어서 그녀는 요가 매트를 펴고 20분간의 모닝 요가를 진행한다. 특히, 척추와 어깨 스트레칭에 집중하는데, 이는 수술 시 장시간 서 있어야 하는 그녀의 직업상 필수적인 관리법이다. 요가 후에는 10분간 명상을 통해 정신을 맑게 한다. 아침 식사는 간단하면서도 영양가 있게 준비한다. 식사 전 의학 저널을 훑어보며 최신 의료 트렌드를 체크한다. 7시 30분부터는 가족과의 시간이다. 고등학생 딸과 아들의 등교 준비를 돕고, 남편과 함께 아이들을 학교에 데려다준다. 이 시간은 가족 간의 유대를 강화하는 소중한 순간이다. 8시 30분, 그녀는 병원으로 향한다. 출근길에는 클래식 음악을 들으며 마음을 가다듬고, 오전 9시부터 시작되는 첫 수술을 위한 정신적 준비를 마친다.

강남 압구정동에 거주하는 48세의 박태준가명 자산 관리사는 한국 최대 증권사의 VIP 고객을 담당하는 고액 연봉자이다. 월급쟁이 부자다. 매일 아침 5시 30분, 그는 스마트 알람 시계의 진동으로 잠에서 깬다. 이어서 그는 개인 홈짐으로 향한다. 30분간의 유산소 운동을 하며 글로벌 금융 뉴스 팟캐스트를 청취한다. "몸과 마음을 동시에 단련하는 시간입니다."라고 그는 말한다. 6시 30분부터는 전 세계 금융시장 데이터를 분석하는 시간이다. 7시 15분부터는 가족과의 아침 식사 시간이다. 그의 아내가 준비한 건강식을 먹으며, 두 아이와 대화를 나눈다. 특이한 점은 매일 아침 가족 모두가 하나의 금융 또는 경제 용어를 배우는 시간을 갖는다는 것이다. "금융 이해력은 어릴 때부터 키워야 합니다." 그는 자녀 교육 철학을 설명한다. 8시, 그는 정장으로 갈아입고 사무실로 향한다. 차량 이동 중에는 음성 메모 기능을 활용해 오늘의 중요 고객 미팅 포인트를 정리한다. 그는 출근길 교통 상황에 좌우되지 않기 위해 항상 여유 있게 집을 나선다.

이처럼 강남의 부자들은 각자의 직업과 개성에 맞는 독특한 아침 루틴을 가지고 있다. 그들의 공통점은 단순히 일찍 일어나는 것이 아니라 자신만의 의식과 철학을 아침 시간에 담아낸다는 점이다. 최첨단 기술을 활용하든, 아날로그 방식을 고수하든, 그들은 아침 시간을 자신의 성공과 창의성의 원천으로 활용한다. 물론, 이런 특별한 아침 루틴이 강남부자들만의 전유물은 아니다. 그러나 그들의 사례는 의도적인 삶의 설계가 어떻게 성공으로 이어질 수 있는지 보여 주는 흥미로운 창구가 된다. 결국, 중요한 것은 화려한 장비나 고급 공간이 아니라, 자신에게 가장 효과적인 루틴을 찾아 일관되게 실천하는 의지일 것이다.

"한강의 일출이 고층 건물 창문에 반사되는 순간, 강남의 아침은 오늘도 이렇게 특별하게 시작된다."

필 박사의 부자병법

④ 부를 부르는 아침 루틴의 마법

아침은 하루의 시작이 아니다. 미래의 부를 만드는 시작점이다. 당신의 부의 시작은 아침에서 비롯된다. "성공한 사람들이 아침에 무엇을 하는지 알면, 당신의 인생이 바뀔 것입니다."

당신은 부자가 되기 위해 어떤 노력을 하고 있는가? 투자 전략을 연구하고, 부동산 시장을 분석하고, 새로운 사업 아이디어를 구상하고 있을지도 모른다. 그러나 정작 가장 중요한 것을 놓치고 있을 수 있다. 바로 '아침 루틴'이다. 전 세계 성공한 최고의 부자 CEO들과 강남부자들에게는 공통점이 있다. 그들은 모두 강력한 아침 루틴을 실천하고 있다. 이것은 결코 우연이 아니다.

부를 부르는 아침 루틴의 핵심은 다섯 가지로 요약할 수 있다. 이른 기상, 하루 계획 세우기, 신체 활성화, 명상, 그리고 재무적 활동이다. 이 다섯 가지 요소가 어떻게 부를 창출하는지 자세히 살펴보자.

: 이른 기상 - 부의 첫 번째 문을 여는 열쇠

부자들은 평범한 사람들보다 평균 3시간 더 일찍 하루를 시작한다. 이 고요한 아침 시간은 그들에게 방해받지 않는 집중의 시간이자 창의성의 원천이 된다. 그 시간을 효율적으로 활용함으로써 그들은 경쟁자들보다 한발 앞서 나가게 된다. 성공적인 이른 기상을 위해서는 매일 같은 시간에 취침과 기상을 하는 것이 중요하다. 7~8시간의 충분

한 수면을 취하고, 알람을 멀리 두어 자연스러운 기상을 유도하는 것
도 좋은 방법이다. 처음에는 어려울 수 있지만 이것이 습관이 되면 하
루는 완전히 달라질 것이다.

: 하루 계획 세우기 - 미래를 설계하는 시간

아침은 뇌가 가장 신선한 상태다. 이 황금 같은 시간을 SNS나 뉴스
확인에 낭비하는 것은 매우 아쉬운 일이다. 대신, 오늘의 목표와 우선
순위를 정리하며 명확한 방향성을 설정하는 데 이 시간을 활용해야 한
다. 오늘 꼭 해야 하는 일, 어제 했던 일과 미처 못 하고 미룬 일 등을
빠짐없이 기록하자. 머리로 생각하는 대신 손으로 직접 메모장에 쓰는
행위는 하루의 의욕을 키우고 시각화를 통해 잠재의식을 강하게 자극
한다. 계획을 세우는 시간은 그 자체로 가치가 있다. 이 시간을 통해 하
루를 수동적으로 반응하며 보내는 것이 아니라 능동적으로 설계하고
주도해 나갈 수 있게 된다. 이것이 바로 부자들이 시간을 대하는 방식
이다.

: 신체 활성화 루틴 - 부를 위한 강인한 체력

메타META의 회장 마크 저커버그Mark Zuckerberg는 이렇게 말했다.
"모든 일을 하는 데는 에너지가 필요하다. 몸 상태가 좋아지면 더 많은
에너지를 얻을 수 있다." 그는 일주일에 세 번은 하루 첫 일과를 운동

필 박사의 부자병법

으로 시작한다. 노르웨이의 억만장자 페터 스토달렌Petter Stordalen은 아내와 매일 아침 10km를 달리고, 호주의 억만장자 잭 코윈Jack Cowin은 "건강을 잃으면 다른 건 아무것도 중요하지 않다. 건강이 가장 중요하다."라고 강조했다. 신체 활동은 엔도르핀 분비를 촉진해 긍정적 마인드를 형성하고, 혈액순환을 개선해 집중력을 향상시키며, 스트레스 호르몬을 감소시켜 정신 건강을 증진한다. 20분의 조깅이나 빠른 걷기, 10분의 스트레칭, 간단한 근력 운동만으로도 충분하다. 딱 3분만 뛰어도 되고, 1분간 플랭크 자세를 유지하는 것도 효과적이다. 아무리 정신이 굳건해도 체력이 부족하면 쉽게 지친다. 강인한 체력에 밝은 마음이 깃들고, 그 속에서 부를 창출할 수 있는 에너지가 솟아난다. 건강한 신체는 곧 건강한 재무 결정으로 이어진다는 사실을 기억하자.

: 명상 - 부자로 만드는 비밀 무기

실리콘밸리의 CEO들부터 월가의 투자자들까지 성공한 많은 사업가들이 명상을 그들의 일상에 필수적인 요소로 꼽고 있다. 왜 그럴까? 인간은 하루에 2만 가지 생각을 하는데 그중 83%가 부정적이라고 한다. 별생각 없이 살면 아무래도 부정적인 방향으로 흐르게 마련이다. 명상은 이러한 부정적 사고의 흐름을 끊고 마음의 평화를 찾게 해준다. 명상은 단순히 마음의 평화만을 주는 것이 아니다. 과학적 연구에 따르면, 명상은 전두엽 피질을 강화시켜 의사결정과 판단력을 향상시킨다. 정기적인 명상을 통해 우리는 감정에 휘둘리지 않고 객관적인 판단을 할 수 있게 되며, 장기적 관점에서 상황을 바라볼 수 있게 된다. 이는 충동적인 투자나 소비를 줄이는 데 큰 도움이 된다. 또한, 마음의 평화를 찾은 사람은 주변의 기회를 더 잘 발견할 수 있다. 불안과 걱정에서 벗어나 현재에 집중할 수 있으며, 직관력이 향상되어 시장의 트렌드를 더 잘 읽을 수 있게 된다. 새로운 사업 기회나 투자 기회를 놓치지 않게 되는 것이다.

매일 아침 10분의 명상으로 시작해보자. 스마트폰에서 잠시 벗어나 눈을 감고, 호흡에 집중하며 마음을 비워 보자. 시간이 지날수록 더 명확한 사고, 더 나은 결정, 그리고 더 큰 기회를 발견하게 될 것이다.

: 재무적 활동 - 부를 직접 관리하는 시간

세계적인 투자자 워런 버핏은 매일 아침 5시간 이상을 시장 분석과 독서에 투자한다. 코티솔 호르몬이 가장 높은 아침 시간대에는 집중력과 분석력이 극대화되며, 외부의 방해 없이 온전히 자신의 시간을 활용할 수 있는 장점이 있다. 성공한 자산가들은 이 시간을 단순한 루틴이 아닌, 재무적 성공을 위한 전략적 시간 투자로 활용한다.

먼저, 글로벌 금융시장과 경제 동향을 파악하는 것으로 하루를 시작한다. 주요국 증시 동향, 환율 변동, 원자재 가격 추이 등을 종합적으로 살펴보며, 이를 자신의 투자나 사업 전략에 연계시키는 과정을 거친다. 특히, 아시아 증시가 마감되고 유럽 증시가 열리는 이 시간대는, 글로벌 시장의 흐름을 파악하기에 최적의 타이밍이다.

필 박사의 부자병법

재무적 성공을 위한 특별한 아침 활동 요약

재무적 성공을 위한 아침 활동	구체적인 재무적 활동 내용			
1. 시장 동향 파악과 정보 수집	- 글로벌 금융시장 체크 • 주요국 증시 동향 • 환율 변동 체크 • 원자재 가격 동향	- 경제 뉴스 분석 • 주요 경제지 헤드라인 검토 • 산업별 주요 뉴스 체크 • 정책 변화 및 규제 동향 파악	- 투자 포트폴리오 점검 • 자산 배분 현황 확인 • 손익 현황 체크 • 리밸런싱 필요성 검토	- 산업 트렌드 분석 • 신기술 동향 파악 • 경쟁사 동향 체크 • 소비자 트렌드 분석
2. 재무 계획 수립과 점검	- 일일 재무 활동 • 전일 지출 내역 정리 • 당일 예상 지출 계획 • 월간 예산 진행 상황 체크 • 저축 및 투자 계획 점검		- 주간 재무 활동 • 주간 캐시플로우 예측 • 투자 수익률 분석 • 비용 절감 포인트 발굴 • 재무 목표 진행 상황 점검	
3. 전문성 강화 활동	- 학습 영역 • 재무/회계 관련 전문 서적 독서 • 온라인 강의 수강 • 투자 관련 리서치 리포트 학습 • 성공 사례 연구		- 실천 방법 • 매일 한 가지 주제, 깊이 있게 학습 • 학습 내용 요약 정리 • 실제 사례에 적용 방안 고민 • 전문가 의견 검토	
4. 네트워킹 활동	- 온라인 네트워킹 • 링크드인(LinkedIn) 등 전문 SNS 활동 • 업계 동향 공유 • 전문가 그룹 토론 참여 • 유용한 정보 큐레이션		- 오프라인 네트워킹 준비 • 조찬 모임 일정 조율 • 미팅 아젠다 준비 • 명함/연락처 정리 • 인맥 관리 데이터베이스 업데이트	
5. 생산성 향상을 위한 계획 수립	- 일일 계획 • 핵심 업무 3가지 선정 • 시간대별 업무 배분 • 회의/미팅 일정 최적화 • 이메일/전화 응대 시간 지정		- 주간 계획 • 주요 프로젝트 진행 상황 점검 • 다음 주 핵심 과제 선정 • 리소스 배분 계획 • 위험 요소 사전 파악	

다음으로는 개인의 재무 상황을 점검하고 계획을 수립하는 시간을 가진다. 투자 포트폴리오의 성과를 검토하고, 필요한 경우 자산 배분을 조정한다. 이 과정에서 중요한 것은 감정적 판단을 배제하고 객관적 데이터에 기초한 의사결정을 하는 것이다. 성공한 많은 자산가들이 아침 시간에 중요한 투자 결정을 내리는 이유도 이 시간대의 판단력이 가장 명확하기 때문이다.

전문성 강화를 위한 학습도 아침 활동의 중요한 부분을 차지한다. 재무, 경제, 투자 관련 전문 서적을 읽거나 온라인 강의를 수강하며 지식을 넓혀 간다. 특히, 성공 사례 연구는 실제 적용 가능한 통찰을 얻을 수 있는 효과적인 학습 방법이다. 많은 자산가가 하루 최소 1시간은 이러한 학습 활동에 투자한다.

네트워킹 또한 아침 시간을 활용한 중요한 활동이다. 조찬 모임을 통해 업계 전문가들과 정보를 교환하거나, 온라인 플랫폼을 통해 글로벌 네트워크를 구축한다. 스타벅스Starbucks 전 CEO 하워드 슐츠Howard Schultz는 아침 시간을 직원들과의 소통에 투자한다. 많은 거래와 사업 기회가 이러한 네트워크를 통해 발생한다는 점을 고려할 때, 이는 단순한 사교 활동이 아닌 전략적 투자로 볼 수 있다.

⑤ 부를 부르는 실천적 아침 루틴의 제안

앞에서 성공한 부자들의 아침 루틴의 다섯 가지 핵심 요소를 살펴

필 박사의 부자병법

봤다. 이제 이를 바탕으로 삶에 바로 적용할 수 있는 구체적인 아침 루틴을 제안하고자 한다.

매일 아침 5시 30분에서 6시 사이에 일어나자. 하루를 여유 있게 시작하여 마음의 평화를 얻고 중요한 일에 집중할 수 있으며, 경쟁자들보다 몇 시간 먼저 시작함으로써 우위를 점할 수 있다. 기상 후에는 10~15분간의 명상으로 정신을 맑게 하고 스트레스를 줄이자. 감사한 일들을 적으며 긍정적 마인드를 형성하고, 재정 목표와 성공을 위한 긍정적 확신을 가지는 시간을 가져 보자.

이어서 10분 정도 재무 계획을 검토한다. 전날의 지출을 확인하고 예산 관리를 점검하며 당일의 중요한 재무 활동들을 계획하자. 투자 포트폴리오도 간단히 점검해보자. 그다음 30분 동안은 전문 지식을 습득하는 시간으로 활용하자. 경제 뉴스나 시장 동향을 학습하고, 관심 분야의 전문 서적을 읽으며, 새로운 투자 기회나 시장 변화를 파악하는 데 집중하자.

30분 이상의 가벼운 운동으로 신체와 정신을 깨우자. 운동 중에 재무 목표나 전략을 구상할 수도 있다. 건강한 신체는 곧 건강한 재무 결정으로 이어진다는 점을 기억하자. 운동 후에는 영양가 있는 아침 식사로 하루를 시작하자. 식사 중에 가족과 재정 계획을 논의할 수도 있다. 균형 잡힌 식단은 의료비 지출을 줄이는 데도 도움이 된다.

식사를 마친 후에는 10분 정도 그날의 우선순위를 설정하자. 가장 중요한 재무 관련 업무 3가지를 선정하고 시간 관리 계획을 세우자. 수입 창출에 직접적으로 연관된 활동들을 우선시하는 것이 좋다. 마지막으로 15분 정도 온·오프라인 네트워킹을 준비하자. 당일 만날 중요한 인맥들을 확인하고, 비즈니스 미팅을 위한 자료를 준비하며, 새로운 기회를 창출할 수 있는 관계 형성을 계획하자.

⑥ 부를 부르는 아침 루틴, 지금 당장 시작하자.

성공적인 아침 루틴은 하룻밤 사이에 형성되지 않는다. 점진적인 변화와 지속적인 실천이 중요하다. 모든 활동을 한꺼번에 시작하기보다는 가장 중요하다고 생각되는 2~3가지부터 시작하여 점차 확장해 나가는 것이 현명한 방법이다.

성공한 CEO와 강남부자들의 아침 루틴에서 발견할 수 있는 공통점은 명확하다.

첫째, 그들은 모두 일찍 일어나 하루를 계획적으로 시작한다.

둘째, 신체 건강을 위한 운동과 정신 건강을 위한 명상이나 자기성찰 시간을 반드시 확보한다.

셋째, 자신의 전문 분야와 관련된 정보 습득을 게을리 하지 않으며, 글로벌 트렌드를 지속적으로 모니터링한다.

넷째, 가족과의 시간을 소중히 여기며 바쁜 일상 속에서도 유대 관계를 강화하는 시간을 만든다.

필 박사의 부자병법

이러한 아침 루틴의 실천은 단순히 부자가 되기 위한 것을 넘어, 삶의 질적 향상과 전반적인 성공으로 이어질 것이다. 중요한 것은 자신에게 맞는 루틴을 찾아 꾸준히 실천하는 것이다. 부자가 되기 위해 이런 아침 루틴을 단순히 이해하지 말고 지금 당장 실행하자. 반드시 부자가 될 것이다.

"오늘 아침부터 시작하자. 당신의 부는 내일 아침에 만들어질 것이다."

04

깊이와 세밀함(Depth & Detail)이 만드는 지속 가능한 부

넓게 보지 말고 깊게 보라. 많이 알려고 하지 말고 깊이 알아라.

이 세상에 현존하고 있는 그 어떤 분야에서든 성공하기 위해서는 남보다 더 깊이 생각하고 세밀한 부문까지 고려해야 한다. 이른바 세상에서 성공했다는 사람들은 "쪼다처럼 모든 업무를 세밀히 검토하고 깊이 생각한 후에 일을 시작하는 스타일이었다."라고 한다.

① 부자들의 식탁은 코스 요리

어느 날 두 명의 금광 탐사꾼이 있었다. 한 사람은 넓은 지역을 얕게 파며 금을 찾아 헤맸고, 다른 한 사람은 유망해 보이는 한 지점을 선택해 깊이 파고들었다. 누가 더 많은 금을 발견했을까? 결과는 당연하다. 깊이 파고든 사람이 결국 금맥을 찾아냈고, 엄청난 부를 손에 넣었다. 이것이 바로 부자가 되는 비밀이다.

현대사회는 마치 정보와 기회의 뷔페와 같다. "이것도 맛보고, 저것도 맛보고!" 우리는 모든 것을 알고, 모든 기회를 잡으려 한다. 하지만 진짜 부자들의 식탁은 뷔페가 아닌 코스 요리다. 그들은 한 가지를 선택해 깊이 있게 음미한다. 그 차이가 바로 부의 차이를 만든다.

월스트리트의 현자 워런 버핏을 생각해보자. 그는 마치 현대판 금광 탐사꾼과 같다. 그가 전 세계의 모든 투자 기회를 좇았을까? 아니다. 그는 자신이 완벽하게 이해할 수 있는 사업만을 깊이 연구했다. "저 회사는 뭐하는 곳인지 모르겠으니 투자하지 않겠다."라는 그의 명언은 유명하다. 버핏은 자신의 '이해의 원Circle of Competence'을 벗어나지 않았고, 그 결과 세계 최고의 부자 중 한 명이 되었다.

스티브 잡스는 어땠을까? 그의 동료들은 잡스를 '세부 사항의 광인 Details Maniac'이라고 불렀다. 그는 아이폰의 홈 버튼 크기를 두고 디자이너들과 며칠간 논쟁을 벌이고, 애플 스토어의 유리 계단 재질을 위해 전 세계를 뒤지며 완벽한 투명도를 찾아 헤맸다.

② 부자와 평범한 사람의 차이는 1mm의 세밀함

　재미있는 사실은 부자들이 종종 "쪼다"처럼 행동한다는 것이다. 인텔Intel의 창업자 앤디 그로브Andy Grove는 회의에 1분만 늦어도 문을 잠가 버렸다. 월마트Walmart의 샘 월튼Sam Walton은 매장 바닥의 먼지 한 톨까지 체크했다. 그들이 쪼잔(?)해서일까? 아니다. 그들은 깊이와 세밀함이 부를 창출하는 비밀임을 알았기 때문이다.

　"악마는 디테일에 있다.The devil is in the detail."는 말은 부의 세계에서 더욱 진실이다. 부자와 평범한 사람의 차이는 종종 1mm의 세밀함에 있다. 이 얘기를 들어 보자. 똑같은 피자 가게를 운영하는 두 사업가가 있었다. 한 사람은 "그냥 피자가 맛있으면 되지."라는 생각으로 가게를 운영했다. 또 다른 한 사람은 도우반죽의 발효 시간부터 치즈의 녹는 온도, 손님이 문을 열고 들어왔을 때의 향기까지 모든 세부 사항을 연구했다. 5년 후, 전자는 여전히 한 개의 가게를 운영했고, 후자는 전국 체인점을 가진 백만장자가 되었다. 그 차이는? 곧, 깊이와 세밀함이다.

　제프 베이조스가 아마존을 시작했을 때 회의적인 반응을 보인 친구들은 그가 미쳤다고 생각했다. 그는 웹사이트 로딩 속도를 0.01초 줄이기 위해 밤을 새우고, 배송 상자의 테이프 한 조각이 주는 사용자 경험까지 연구했다. 일론 머스크의 이야기도 들어 보자. 그는 테슬라 공장에서 직접 바닥에 매트리스를 깔고 잤다. "생산 지옥"이라고 불렸던 문제를 해결하기 위해서였다. 그는 로켓의 부품 하나하나를 직접 검토하고, 전기차 배터리의 화학적 구성까지 파고들었다.

③ '깊이와 세밀함'을 키우는 방법

부자가 되기 위해 깊이와 세밀함을 키우는 방법이 궁금한가? 상상해보자. 우리 앞에 10개의 다른 문이 있다. 각 문 뒤에는 기회가 있다. 대부분의 사람들은 모든 문을 조금씩 열어 보려 한다. 하지만 부자가 되려면? 가장 유망해 보이는 한 개의 문을 선택하고 그 문을 완전히 열어야 한다. 그것이 바로 한 분야에 집중하는 것이다.

또한, 끊임없이 "왜?"라는 질문을 던져야 한다. 다섯 살 아이처럼 말이다. "왜, 이 제품이 팔릴까?" "왜, 고객들이 이것을 원할까?" "왜, 이 방식이 최선일까?" 부자들은 표면적인 답변에 만족하지 않는다. 그들은 다섯 번째 "왜?"에 대한 답을 찾아낸다.

세부 사항에도 주의를 기울여야 한다. 상상해보자. 레스토랑에 갔는데 테이블이 약간 흔들리고, 메뉴판에 작은 얼룩이 있고, 종업원의 셔츠 단추 하나가 풀려있다면 어떨까? 아마 '이 식당은 요리도 대충할 것 같아.'라고 생각할 것이다. 부의 세계도 마찬가지다. 작은 디테일이 모여 큰 인상을 만들고, 그 인상이 재산을 만든다.

끈기도 필수다. 로마는 하루아침에 지어지지 않았다. 부자들의 성공 뒤에는 항상 '깊이'를 향한 지속적인 노력이 있다. 그들은 '마라톤 주자'의 마음가짐으로 부를 추구한다. 단거리 선수처럼 빠르게 달리다 지치는 것이 아니라 일관된 페이스로 깊이를 더해 간다.

마지막으로, 부자들은 끊임없이 피드백을 구한다. 그들은 에고Ego를 버리고 "나는 이것도 모른다."라는 사실을 인정한다. 월트 디즈니는

애니메이터들에게 자신의 아이디어를 무자비하게 비판하라고 요청했다. 이런 피드백이 그들의 깊이와 세밀함을 더욱 발전시켰다.

④ '깊이와 세밀함'이 부를 가르는 결정적 차이

"넓게 보지 말고 깊게 보라. 많이 알려고 하지 말고 깊이 알아라." 이 조언은 현대사회에서 더욱 중요하다. 소셜미디어와 뉴스는 우리를 '얕은 지식의 바다'로 끌어들인다. "이것도 알아야 해, 저것도 알아야 해!" 하지만 부자들은 다른 노래를 부른다. "하나를 제대로 알아라. 그러면 세상이 보상할 것이다."

부자들이 "쪼다"처럼 세밀한 부분까지 신경 쓰는 이유가 이제 명확해졌다. 그들은 깊이와 세밀함이 평범한 결과와 비범한 부를 가르는 결정적 차이임을 알고 있기 때문이다. 그들은 '완벽을 추구하는 쪼다'라는 평판을 기꺼이 감수한다. 왜냐하면, 그 결과로 얻는 부가 그만한 가치가 있기 때문이다.

오늘부터 당신도 선택할 수 있다. 넓고 얕게 살 것인가, 아니면 깊고 세밀하게 살 것인가? 부자의 길을 걷고 싶다면 답은 이미 나와 있다. 깊이를 향해 삽을 들고, 세밀함의 현미경을 준비하자. 당신의 금맥은 표면 아래 깊은 곳에서 기다리고 있다.

05

부를 부르는 실천적 가이드, '더 모어(The More)'

The More Learning, Acting, Networking, Investing

"아무리 빨리 이 새벽을 맞이해도, 어김없이 길에는 사람들이 있었다. 남들이 아직 꿈속에서 헤맬 거로 생각했지만 언제나 그렇듯 세상은 나보다 빠르다." 드라마 「미생」에 나오는 유명한 대사다.

부자들은 다른 사람들보다 하루를 좀 더 일찍 시작한다고 한다. 아침에 그렇게 일찍 나와도 거리에는 출근하는 사람들이 꼭 있게 마련이다. 저마다 피곤한 표정을 하고 있지만, 항상 무언가를 위해 자신들만의 시간을 걷고 있는 사람들이 있다. 그러니 내가 아무리 새벽 일찍 나선다고 하더라도 나보다 일찍 나선 사람들이 있는 상황이니, 다른 사람들보다 한 걸음 더 나아가기 위해서는 더 빨라야 하고, 더 많이 알아야 한다.

> 적이 현명하면 나는 더 현명해지고,
> 적이 약삭빠르면 나는 더 약삭빠르고,
> 적이 독하면 나는 더 독해진다.

① 부자가 되는 길, '더 모어'

부자가 되기 위해서는 '더 모어The More'를 잊어서는 안 된다. 잔잔한 호수에서 물고기는 평생 작은 세상만 보며 살아간다. 하지만 바다로 나간 물고기는 태풍도 만나기도 하고, 거대한 포식자도 만나지만 결국 더 크게 성장한다. 부자가 되는 길도 마찬가지다. '더 모어The More'의 세계로 함께 뛰어들어 보자.

아침 4시 30분, 스타벅스의 전 CEO 하워드 슐츠가 첫 커피를 마시며 하루를 계획할 때, 대부분 사람은 아직 꿈나라에서 헤매고 있다. "아니, 그 시간에 일어나면 언제 자냐?"고 의아해할 수도 있겠지만, 재미있는 사실은 슐츠가 이 시간에 일어난다고 해서 수면 부족에 시달리는 것이 아니라는 점이다. 그는 그저 남들보다 일찍 자고 일찍 일어날 뿐이다. 세상에 공짜 점심이 없듯이 부의 세계에도 마법은 없는 것이다!

현대카드의 정태영 부회장이 경쟁사의 새로운 카드 출시 소식을 들었을 때 그의 반응은 "우리도 비슷한 카드를 만들자."가 아니었다. 대신 그는 "우리는 그들이 상상도 못 할 디자인과 서비스를 선보이자."라고 선언했다. 적이 칼을 들면 우리는 총을, 적이 총을 들면 우리는 미사일을…. 적이 미사일을 들면? 글쎄, 아마도 정태영 부회장은 우주선을 준비했을 것이다! 이것이 바로 '더 모어'의 정신이다.

코로나가 전 세계를 강타했을 때, 대부분 기업가는 "이제 끝났다."라며 한숨을 쉬었다. 하지만 한세실업의 김동녕 회장은 "오히려 좋은 기회!"라며 손뼉을 쳤다. "마스크가 필요하다고? 당장 생산 라인을 바꿔!" 이 결정은 마치 폭풍우 속에서 우산 대신 풍력 발전기를 세운 것과 같았다. 위기가 왔을 때 울상을 짓는 사람은 위기에 짓눌리지만, 웃는 사람은 위기를 타고 날아간다.

"책 좀 그만 읽고 실전에 뛰어들어!"라고 말하는 사람들이 있다. 하지만 소프트뱅크 비전 펀드SoftBank Vision Fund의 손정의 회장은 이런 말을 비웃을 것이다. 그는 매일 100페이지 이상의 책을 읽는다. 친구들이 넷플릭스Netflix 드라마 최신 시즌을 이야기할 때, 손 회장은 친환경 에너지와 바이오테크놀로지 책을 읽고 있었고, 그 결과 다른 사람들이 아직 주목하지 않은 유망 스타트업에 투자했다. 우리가 드라마를 보는 동안 부자들은 미래를 읽고 있었던 거다. 당신의 선택은 무엇인가?

헤지펀드 매니저 레이 달리오Ray Dalio는 매일 20분간 '깊은 사고 시간'을 가진다. 스마트폰도 없고, 메시지도 없고, 유튜브도 없는 시간이다. "지루하지 않나?"라고 물을 수 있겠지만, 그에게 이 20분은 수억 달러의 가치가 있다. 우리가 SNS에서 스크롤을 내리며 시간을 소비할 때 부자는 깊은 물 속에 다이빙하여 아무도 보지 못한 진주를 찾고 있었던 거다.

투자의 세계에서 대중이 "사라!"고 외칠 때 현명한 투자자들은 "팔아!"라고 말하고, 대중이 "팔아!"라고 외칠 때 현명한 투자자들은 "사라!"고 말한다. 개인 투자자인 나웅배 대표는 2024년 금융시장이 흔들릴 때 오히려 웃으며 부동산을 샀다. 모두가 배에서 뛰어내릴 때 그는 오히려 선장실로 향했던 거다. 대중심리학의 정반대로 가는 것, 이것도 '더 모어'의 한 형태다.

'혼자 가면 빨리 가고, 함께 가면 멀리 간다.'라는 속담이 있다. 하지만 진정한 부자들은 이 둘을 모두 해낸다. 그들은 현명한 사람들과 함께 간다. 칼 라거펠트Karl Lagerfeld는 디자이너였지만 그의 친구 목록에는 경제학자, 철학자, 과학자들이 가득했다. 마켓컬리 김슬아 대표도 식품, 유통, 물류 분야의 전문가들과 정기적으로 만났다. 당신의 휴대폰에 있는 연락처들을 살펴보라. 그들은 당신을 어디로 데려갈까? 더 높은 곳? 아니면 더 편안한 곳?

'건강을 잃으면 모든 것을 잃는다.'라는 말이 있지만, 부자들은 이 말을 기다리지 않고 미리 실천한다. LVMH의 베르나르 아르노Bernard Arnault 회장은 80대의 나이에도 테니스 코트에서 땀을 흘린다. "나이가 들어서도 그렇게 활동적일 수 있는 비결이 뭐냐?"라고 물으면, 그는 웃으며 "내 비결은 젊었을 때부터 운동한 거야."라고 대답할 것이다. CJ그룹 이재현 회장은 심각한 건강 문제를 겪은 후 "건강은 내가 가진 가장 큰 자산"이라는 걸 깨달았다. 부자들은 건강을 돈 버는 방법이 아닌 부의 목적으로 바라본다.

인생의 재미있는 점은 실패할 자유가 있다는 것이다. 에스티 로더 Estée Lauder는 초기에 백화점들로부터 "당신 화장품은 팔리지 않을 거예요."라는 말을 수없이 들었다. 그녀의 반응은? "그럼 내가 직접 고객에게 보여 주겠어!" 그녀는 백화점에서 고객들의 얼굴에 직접 화장품을 발라 주기 시작했고, 그 전략은 대성공이었다. 마켓컬리의 김슬아 대표도 초기에 "한국에서 식품 배송? 불가능해!"라는 말을 많이 들었다. 하지만 그녀는 "불가능하다고? 내가 가능하게 만들겠어!"라고 대답했고, 결국 해냈다. 실패는 단지 성공으로 가는 길에 있는 재미있는 우회로일 뿐이다.

② '더 모어'의 철학은 "더 많이 되어라"

'더 모어'의 철학은 단순히 "더 많이 가져라"가 아니라 "더 많이 되어라"다. 더 지혜롭게, 더 친절하게, 더 건강하게, 더 창의적으로, 더 용감하게 되는 것이다. 혼마골프Honmagolf의 류성걸 회장은 경쟁사들이 가격을 낮출 때 오히려 품질을 높이는 길을 택했다. 그는 '더 싸게'가 아니라 '더 가치 있게'를 선택했고, 결과적으로 더 높은 수익을 올렸다.

드라마 〈미생〉 속의 대사처럼, 아무리 일찍 일어나도 이미 길에는 사람들이 있다. 하지만 그들이 모두 같은 방향으로 가고 있을 필요는 없다. 자신만의 길을 찾고, 그 길에서 남들보다 '더' 빠르게, '더' 현명하게,

'더' 즐겁게 걸어가라. 부는 마라톤과 같다. 누가 가장 빨리 뛰느냐가 아니라 누가 끝까지 뛰느냐, 그리고 누가 그 여정을 가장 즐기느냐가 중요하다.

자, 이제 당신의 알람을 몇 시로 맞출 것인가? 그리고 그 시간에 일어나서 무엇을 할 것인가? 그 선택이 당신의 '더 모어' 여정의 첫걸음이다. 세상은 기다려주지 않는다. 하지만 다행히도 지금 시작해도 늦지 않는다. 결국, 인생은 타이밍이 아니라 '더 모어'의 마음가짐이다!

필 박사의 부자병법

06

부의 DNA,
부자들의 숨겨진 짠돌이 습관

"가난하게 태어난 것은 당신 잘못이 아니지만,

가난하게 죽는 것은 당신의 잘못이다." (빌 게이츠)

'저 사람은 저렇게 부자인데 왜 짠돌이지?' 누구나 한 번쯤 이런 의
문을 품어 본 적이 있을 것이다. 우리가 상상하는 부자의 모습은 호화
로운 요트 위에서 샴페인을 마시는 사람들이지만 진짜 부자들의 실체
는 놀랍도록 다르다. 세계 최고의 갑부들이 주차비 1,000원에 목숨 걸
고, 쿠폰 모으는 데 열중하는 이유는 무엇일까? 그들의 '짠테크' 비법
속에 숨겨진 부의 진짜 비밀을 들여다보자.

① 부자들의 일상 속 짠돌이 습관

: 내 값비싼 시간은 쿠폰으로 환산하면 얼마지?

마크 저커버그는 메타의 CEO임에도 불구하고 오랫동안 같은 회색 티셔츠를 입는 것으로 유명하다. 그는 "매일 아침 무엇을 입을지 고민하는 시간을 줄이고 중요한 의사결정에 에너지를 집중하기 위해서"라고 설명했다. 2023년 메타의 구조 조정 당시에는 본인이 먼저 자신의 급여를 삭감하고 회사의 비용 효율성을 강조했다. 이런 태도는 2024년 메타의 주가가 역대 최고치를 경신하는 데 이바지했다.

엔비디아NVIDIA의 CEO 젠슨 황Jensen Huang은 회사의 급성장에도 불구하고 여전히 호텔 체인점에서 객실 할인을 요구하는 것으로 알려져 있다. 2023년 한 투자자 컨퍼런스에서 그는 "비용 절감은 회사의 DNA"라고 강조했다. 이러한 자원 최적화 철학은 2023~2024년 인공지능 붐으로 엔비디아의 시가총액이 3조 달러를 넘어서는 데 중요한 기반이 되었다. 엔비디아는 절약한 자원을 연구 개발에 집중적으로 투자함으로써 AI 칩 시장에서 압도적인 우위를 유지하고 있다.

: 이게 다 복리의 마법 때문이야.

워런 버핏은 65년 넘게 같은 집에서 살고 있다. 세계 최고의 투자자가 1958년 31,500달러에 산 집에 아직도 살고 있다니 믿기 어렵다. 그

필 박사의 부자병법

는 한 인터뷰에서 "소비는 자산을 줄이고, 자산은 더 많은 자산을 만든 다."라고 설명했다. 수십억 달러짜리 저택 대신 소박한 집에 사는 이유 가 이제야 명확해졌다. 그는 자신의 돈을 소비재가 아닌 생산적인 자 산에 투자함으로써 부를 기하급수적으로 증가시켰다.

이케아IKEA의 창업자 잉바르 캄프라드Ingvar Kamprad는 수십억 달러 의 자산을 보유하고 있음에도 중고 시장에서 옷을 사고, 슈퍼마켓에서 할인 시간에 쇼핑하며, 비행기 이코노미석을 이용했다. 그는 "낭비는 죄악"이라는 신념을 가지고 있었으며, 이 원칙이 이케아의 저비용, 고 품질 제품 철학의 기반이 되었다.

사업가 샘 월튼은 월마트를 세계 최대 유통기업으로 성장시켰지 만, 중고 트럭을 타고 다니며 모텔에 묵었다. 그는 "모든 비용은 결국 고객에게로 전가된다."라는 원칙을 가지고 있었으며, 이러한 비용 절 감 철학이 월마트의 '매일 저렴한 가격Everyday Low Price' 정책의 토대가 되었다.

② 부자는 짠돌이가 아닌 '가치 소비자'

부자들의 '짠돌이' 습관은 단순한 인색함이 아닌, 자원의 최적 배분 을 위한 철학적 선택이다. 자세히 들여다보면 이들은 정말 중요한 곳 에는 아낌없이 돈을 쓴다.

: 1달러도 소중하지만, 가치에는 천문학적 투자를

아마존의 제프 베이조스는 회사 초창기에 직원들의 책상을 문짝으로 만들었다. 심지어 지금도 '문짝 책상'은 아마존의 상징이 되었다. 지금도 많은 아마존 사무실에서 이 전통을 이어가고 있다. 베이조스는 "비용을 절감하는 것은 고객에게 더 낮은 가격을 제공하기 위한 것"이라고 강조했다. 그의 이러한 철학은 아마존의 고객 중심 문화와 가격 경쟁력의 기반이 되었다. 그러나 동시에 그는 우주 탐사 회사 블루 오리진Blue Origin에 매년 10억 달러를 투자한다. 문짝 책상에 앉아 우주여행의 미래를 설계하는 모습을 상상해보라!

테슬라의 일론 머스크는 2023년 회사의 비용 절감 캠페인을 주도했다. 그는 "테슬라의 모든 지출은 제품 향상과 연결되어야 한다."라고 강조하며, 부서별로 비용 효율성을 검토했다. 이러한 노력은 2024년 테슬라가 출시한 새로운 모델의 생산 비용을 25% 줄이는 데 이바지했으며, 자율 주행 기술 개발에 더 많은 자원을 투입할 수 있게 했다. 동시에 자사의 인공지능 개발에는 수십억 달러를 쏟아부었다. 한 직원은 "머스크는 핸드타올을 절약하면서도 미래 기술에는 눈 깜짝할 사이에 10억 달러 투자를 결정합니다."라고 전했다.

: 불필요한 것은 과감히 NO

파타고니아Patagonia의 창업자 이본 쉬나드Yvon Chouinard는 "필요하

필 박사의 부자병법

지 않으면 사지 마세요."라는 광고로 유명하다. 2022년 그는 더 놀라운 결정을 내렸다. 30억 달러 가치의 회사 전체를 기후변화 대응을 위한 신탁에 기부한 것이다. "지구가 이제 우리 유일한 주주"라는 그의 선언은 비즈니스 세계에 충격을 주었다. 아이러니하게도 이후 파타고니아의 매출은 오히려 15% 증가했다. 소비자들은 진정성 있는 가치에 지갑을 여는 거다.

③ 짠돌이 습관이 만드는 기적의 선순환

부자들의 '아끼는 습관'은 단순히 돈을 모으는 데 그치지 않고 놀라운 선순환 구조를 만들어 낸다.

: 절약이 곧 혁신이다.

아마존의 CEO 앤디 재시Andy Jassy는 비용 절감과 고객 가치에 초점을 맞추는 경영 철학을 가지고 있다. '절약이 혁신을 낳는다'라는 철학이다. 그는 회의 때마다 "이 비용으로 고객에게 어떤 가치를 제공할 수 있나요?"라고 물으며, 모든 지출을 고객 가치와 연결한다. 이런 사고방식은 아마존이 비용 효율적인 혁신을 지속할 수 있게 만들었고, 2023년 구조 조정 후에도 주가가 급등하는 원동력이 되었다. 구글Google의 창업자들은 회사 초창기 자금이 부족했을 때 중고 컴퓨터 부품을 활용해 서버를 구축했다. 이 경험은 구글의 데이터센터가 세계에서 가장 에너지 효율적인 시스템으로 발전하는 계기가 되었다.

: 아낌은 나눔으로 이어진다.

마이크로소프트Microsoft의 빌 게이츠는 햄버거를 먹을 때 쿠폰을 사용하고, 공항에서 일반 체크인 라인을 이용하는 것으로 유명하다. 그러나 그는 빌&멜린다 게이츠 재단을 통해 전 세계 보건, 교육, 빈곤 퇴치에 수백억 달러를 기부했다. 한 인터뷰에서 그는 "개인 소비에서 절제가 더 큰 사회적 가치를 창출하는 자원으로 이어진다."라고 설명했다.

④ 우리도 실천할 수 있는 부자의 짠돌이 비법

부자들의 습관을 그대로 따라 하는 것은 어렵지만, 그들의 철학은 우리 일상에서도 적용할 수 있다.

: 내 시간의 가치를 알아라.

마크 저커버그의 '유니폼 패션'은 단순한 옷 이야기가 아니다. 매일 아침 '오늘 뭐 입지?'라는 사소한 결정에 에너지를 쏟지 않겠다는 철학이다. 당신도 반복되는 일상적 결정에 템플릿을 만들어 정신적 에너지를 절약해보라. 식단, 옷, 출퇴근 루틴 등에 미리 정해진 패턴을 적용하면 더 중요한 의사결정에 집중할 수 있다.

: 가치 소비의 명확한 기준을 세워라.

워런 버핏은 '내가 정말 좋아하는 것에만 돈을 써라.'는 원칙을 가지고 있다. 당신도 소비할 때마다 "이것이 내 삶에 얼마나 가치를 더하는가?"라고 물어보라. 소비 전에 10초 동안 이 질문을 던지는 습관만으로도 불필요한 지출을 30% 줄일 수 있다고 한다.

: 디지털 미니멀리즘을 실천하라.

넷플릭스, 유튜브 프리미엄, 디즈니플러스, 웨이브, 애플 뮤직… 당신은 몇 개의 구독 서비스를 이용하고 있는가? 평균적인 소비자는 자신이 구독 중인 서비스의 40%를 거의 사용하지 않는다고 한다. 테크기업 CEO들도 실제로 자신들이 자주 사용하는 서비스만 구독하고 나머지는 과감히 정리한다. 3개월 동안 로그인하지 않은 서비스가 있다면 정리할 때가 된 것이다.

⑤ 부의 진정한 DNA, 짠돌이 습관

부자들의 짠돌이 습관은 단순한 인색함이 아닌, 자원의 가치를 정확히 인식하고 효율적으로 활용하는 지혜에서 비롯된다. 이들은 불필요한 소비를 줄이면서도 절약한 자금을 통해 더 큰 가치를 창출하는 선순환 구조를 만들어 낸다.

2024년 세계경제포럼에서 발표된 연구에 따르면, 장기적으로 부를 유지하는 가문들은 '지출의 의미를 항상 질문하는 습관'을 가지고 있다고 한다. 이는 단순히 지출을 줄이는 것이 아니라 지출이 창출하는 가치에 집중하는 것이다. 그러니 이제 세계적인 부자가 중고 물건을 사고, 쿠폰을 모으고, 대중교통을 이용하는 모습을 보면서 단순히 '짠돌이'라고 생각하지 마라. 그들은 아마도 당신보다 자원의 진정한 가치를 더 잘 이해하고 있을 것이다. 어쩌면 그것이 바로 그들이 부자가 된 이유일지도 모른다.

부자가 되는 것은 단순히 많은 돈을 버는 것이 아니라 자원을 효율적으로 관리하고 가치 있게 활용하는 지혜를 갖추는 것이다. 이것이 바로 부자들의 숨겨진 '짠돌이' 습관이 우리에게 가르쳐 주는 진정한 부의 DNA다.

필 박사의 부자병법

07

부자가 되기 위한 유일한 길은 남을 구하려고 애쓰는 것이다.

"나를 구하는 유일한 길은 남을 구하려고 애쓰는 것이다."

–『그리스인 조르바』(니코스 카잔차키스)

"부자가 되려면 어떻게 해야 할까?" 인터넷에 이 질문을 검색하면 수백 개의 답변이 나온다. "이 주식에 투자해라", "이 사업 아이템이 대박이다", "부동산으로 수익 창출하는 법" … 하지만 정작 가장 효과적인 방법은 의외로 간단하다. 바로 '남을 구하려고 애쓰는 것'이다. 처음 들으면 모순처럼 들릴 수 있다. 남을 도우면 내 것이 줄어드는 것이 아닌가 하는 의문이 들 수 있기 때문이다. 하지만 세상의 법칙은 우리가 생각하는 것보다 훨씬 더 복잡하고 신비롭다.

① 문제 해결사가 되는 부의 원리

세계 최고의 부자들을 한번 살펴보자. 그들의 공통점은 무엇일까? 스티브 잡스는 "이 제품으로 어떻게 돈을 벌지?"가 아니라 "어떻게 하면 기술을 모든 사람이 쉽게 사용할 수 있게 만들지?"를 고민했다. 그 결과, 애플은 세계에서 가장 가치 있는 기업이 되었다. 일론 머스크가 테슬라를 시작한 이유가 뭐였을까? "전기차로 대박 나서 큰돈을 벌어야지."였을까? 아니다. "화석 연료에 의존하는 지구를 어떻게 구할 수 있을까?"라는 질문에서 시작했다. 그리고 지금, 그는 세계 최고의 부자 중 한 명이 되었다.

이들의 공통점은 명확하다. 그들은 '돈 버는 기계'가 아닌 '문제 해결사'가 되기로 선택했다. 그리고 그 결과로 엄청난 부가 따라왔다. 아이러니하지 않은가?

② 부메랑의 법칙 : 던진 대로 돌아온다.

어릴 때 부메랑을 던져 본 적 있는가? 신기하게도 던진 방향과 상관없이 다시 던진 사람에게 돌아온다. 세상의 경제 법칙도 마찬가지다. 제공한 가치는 결국 더 큰 형태로 돌아오는 것이다.

기업의 세계에서도 이 법칙은 작동한다. 넷플릭스가 왜 성공했을까? DVD 대여점에 늦게 반납해서 생기는 연체료로 돈을 벌던 기존 방식 대신 고객들에게 진정한 가치를 제공하는 구독 모델을 선택했기 때문이다. 고객들의 문제를 해결해 준 결과, 넷플릭스는 엄청난 성공을 거두었다. 아마존의 제프 베이조스는 '가장 고객 중심적인 회사'를 만들겠다는 비전으로 시작했다. 초기에는 이익보다 고객 경험에 투자했고, 단기적으로는 손해를 보는 것처럼 보였다. 하지만 결과적으로 그는 세계 최고의 부자가 되었다.

이것이 바로 '부메랑의 법칙'이다. 세상에 던지는 가치는 결국 더 큰 형태로 돌아온다. 남을 도우면 도울수록 궁극적으로 더 많은 것이 돌아오는 것이다.

③ 돈만 많은 사람 vs 진짜 부자

한번 상상해보자. 은행 계좌에 100억이 있지만 친구도 없고, 아무도 좋아하지 않고, 종일 불안과 스트레스에 시달리는 사람이 있다. 이 사람이 진정한 부자일까? 다른 한편으로, 적당한 재정적 안정을 지니고 있으면서 사랑하는 가족과 친구들에게 둘러싸여 있고, 자신 일을 통해 세상에 긍정적인 영향을 미치고 있다는 깊은 만족감을 느끼는 사람이 있다. 이 두 사람 중 누가 더 부자일까?

심리학자들은 이미 알고 있다. 행복의 주요 요소는 돈이 아니라 '의미 있는 관계'와 '목적의식', 그리고 '기여'라는 것을. 특히, '기여'는 우리 뇌에서 옥시토신과 세로토닌 같은 행복 호르몬을 분비하게 만든다.

워런 버핏이 자신의 재산 대부분을 자선단체에 기부하겠다고 발표했을 때, 그는 이렇게 말했다. "내가 가진 것의 99%를 기부해도 내 삶의 질은 전혀 변하지 않을 것이다. 하지만 그 돈은 수백만 명의 삶을 바꿀 수 있다." 이것이 바로 진정한 부자의 마인드셋이다.

④ 인맥의 마법 : 문이 열리는 순간

"비즈니스 세계에서 중요한 것은 무엇을 아느냐가 아니라, 누구를 아느냐." 이 오래된 격언에는 깊은 진리가 담겨 있다. 하버드 비즈니스 스쿨의 한 연구에 따르면, 취업 시장에서 성공하는 사람 중 85%가 인맥을 통해 기회를 얻었다고 한다. 놀라운가? 그렇다면 어떻게 좋은 인맥을 만들 수 있을까? 답은 간단하다. 먼저 주는 사람이 되는 것이다.

마케팅 전문가 게리 바이너척Gary Vaynerchuk은 '51:49 법칙'을 제안한다. 관계에서 항상 51%를 주고 49%만 받으려고 노력하라는 것이다. 이렇게 하면 장기적으로 항상 이득을 본다.

남을 돕는 과정에서 자연스럽게 신뢰와 호감이 쌓이고, 이는 수많은 문을 열어 주는 열쇠가 된다. 직장에서 동료를 도울 때, 그 동료가 나중에 다른 회사의 채용 담당자가 될 수도 있다. 누가 알겠는가? 오늘 도운 그 사람이 내일의 중요한 기회를 가져다줄지.

⑤ 인생 영화가 끝날 때…

영화의 엔딩 크레딧이 올라갈 때, 당신의 인생 영화는 어떤 내용이었으면 좋겠는가? '엄청난 부자였지만 아무도 그를 그리워하지 않았다.'일까? 아니면 '수많은 사람의 삶을 변화시켰고, 세상을 조금 더 나은 곳으로 만들었다.'일까? 진정한 부자는 단순히 돈을 많이 가진 사람이 아니라, 자신이 떠난 후에도 세상에 긍정적인 영향을 미치는 사람이다. 그것이 바로 우리 모두 남길 수 있는 가장 값진 유산이다. 애플의 CEO 팀 쿡은 이렇게 말했다. "돈을 무덤에 가져갈 수는 없다. 가진 모든 것은 결국 사회로 돌아갈 것이다."라고.

⑥ 오늘부터 실천하는 부자들의 비밀

이러한 원리들을 실생활에 적용하는 방법은 여러 가지가 있다. 자신의 재능을 나누는 것에서부터 시작할 수 있다. 프로그래밍을 잘 한다면 무료 튜토리얼Tutorial을 온라인에 공유하거나, 요리에 소질이 있다면 이웃과 음식을 나눌 수 있다.

비즈니스를 시작할 때는 '어떻게 빨리 돈을 벌 수 있을까?'가 아니라 '어떤 문제를 해결할 수 있을까?'에 초점을 맞추는 것이 중요하다. 문제 해결에 집중하면 자연스럽게 가치가 창출된다.

새로운 인맥을 만날 때도 '이 사람에게서 무엇을 얻을 수 있을까?'

가 아니라 '이 사람에게 어떤 도움을 줄 수 있을까?'를 생각하는 것이 효과적이다. 작은 친절을 실천하는 것도 중요하다. 카페에서 뒷사람의 커피를 대신 지불하는 등의 작은 행동이 누군가의 하루를 바꿀 수 있다.

☑ 부자가 되는 비결의 흥미로운 역설

"오늘 나는 누구를 도울 수 있을까?"

돈을 추구하면 할수록 그것은 멀어질 수 있다. 하지만 가치 창출과 다른 사람들의 삶을 개선하는 데 집중하면 부는 자연스럽게 따라온다. 이것은 단순한 도덕적 격언이 아니라 세상의 위대한 부자들이 증명한 실제 원리다. 남을 구하려고 애쓰는 과정에서 우리는 진정한 부, 즉 재정적 풍요와 내면의 행복, 그리고 의미 있는 인간관계를 모두 얻게 된다.

이제부터 '어떻게 하면 부자가 될 수 있을까?'라는 질문이 떠오를 때면 질문을 살짝 바꿔 보자. '오늘 나는 누구를 도울 수 있을까?'로. 이 질문에 대한 답을 실천할 때, 이미 부자가 되는 길에 들어선 것이다. 아이러니하게도 주는 것이 받는 비결이고 나누는 것이 부를 쌓는 방법이다. 이것이 바로 부자가 되는 가장 확실한 길이다.

필 박사의 부자병법

08

항상 위기를 생각하는 부자들

진정한 부자들은 좋은 시기에 자만하지 않고,

항상 다음 위기를 준비한다.

부자는 나뭇잎들이 떨어질 때 혹독한 겨울을 미리 준비한다. 평소에 준비를 철저히 하면 나중에 근심이 없다유비무환. 부자는 항상 적당한 걱정을 하고 살아간다. 걱정은 곧 열정이 된다. 미래에 대하여 걱정해야 위기관리를 할 수 있기 때문이다.

① 미래를 바라보는 지혜

"주식이 올라갈 때는 모두가 천재다. 누가 진짜 천재인지는 물이 빠져나갈 때 알 수 있다." 워런 버핏의 이 유명한 말처럼, 경제의 바다에서 썰물이 찾아왔을 때 누가 옷을 입지 않고 헤엄치고 있었는지 드러나게 된다. 진정한 부자는 나뭇잎들이 떨어질 때 이미 혹독한 겨울을 준비하고 있다. 이것이 바로 부의 생존 게임에서 승자가 되는 비결이다. 고사성어 유비무환有備無患이 말해주듯, 평소에 준비를 철저히 하면 나중에 근심이 없다. 역사의 물결 속에서 살아남은 부자들은 이 단순한 진리를 몸소 실천했다.

한번 생각해보자. 모든 경제 위기 속에서도 부를 지키고 오히려 증식시킨 사람들은 누구였는가? 그들은 어떻게 암초를 피해 항해할 수 있었을까? 그 비밀은 바로 '호황기의 겸손함'과 '위기에 대한 선제적 준비'에 있다.

② 낙관주의의 달콤한 함정과 현실적 준비의 쓴 약

: 낙관주의라는 달콤한 독약

소셜미디어에서 당신은 종종 이런 글을 볼 것이다. '긍정의 힘! 생각하는 대로 이루어진다!' 우리 주변에는 한없이 긍정적인 분들이 많다.

그들은 외친다. "긍정적이니까 사업이 잘 될 거야," "내 주식도 잘 될 거야," "내 부동산도 잘 될 거야." 그런데 의외로 이런 맹목적 낙관주의자들의 삶이 어려운 것을 볼 수 있다. 왜 그럴까?

심리학자들은 이를 '현상 유지 편향'이라고 부른다. 인간의 뇌는 불확실한 미래보다 현재 상태가 지속될 것이라 믿는 경향이 있다. 주식이 올라가면? "계속 오를 거야!" 부동산이 떨어지면? "영원히 바닥일 거야!" 이런 편향은 마치 달콤한 독약처럼 우리의 판단력을 마비시킨다.

2006년, 미국 부동산 시장이 최고조에 달했을 때 '주택 가격은 절대 떨어지지 않는다'는 믿음이 지배적이었다. 2년 후 금융 위기 대참사가 일어났다. 2020년 초 코로나19 대유행 직전, 많은 기업들이 '경기는 계속 좋을 것'이라 낙관하며 부채를 늘렸다. 결과는 파산의 연속이었다.

: 위기 대응의 황금 법칙 - 현명한 부자들의 공통점

이처럼 우리 주변에는 위기를 미리 감지하고 대응하는 현명한 사람들이 있다. 그들은 특별한 정보를 가지고 있는 것이 아니라 경제 사이클에 대한 이해와 냉철한 판단력을 바탕으로 행동한다. 그들의 공통점은 무엇일까?

첫째, 그들은 '군중의 반대편'에 서는 용기가 있다. 2009년, 모두가 부동산을 사려 할 때 팔고, 모두가 팔려고 할 때 사는 것처럼 그들은 군중심리에 휩쓸리지 않는다. 이는 단순한 반항심이 아니라 시장 심리와 경제 사이클에 대한 깊은 이해에서 비롯된다. 대중의 극단적 낙관이나 비관이 절정에 이를 때 그것은 종종 시장 전환의 신호가 된다는 것을 그들은 안다.

둘째, 그들에게 '현금 흐름'은 종교와 같다. 재고보다 현금 확보에 주력하는 것처럼 그들은 '종이에 적힌 숫자'가 아닌 실제로 창출되는 현금에 집중한다. 부동산의 가치가 아무리 올랐다 해도 그것이 실제 현금 흐름을 창출하지 못한다면 '진짜 자산'이 아니라는 것을 그들은 잘 알고 있다.

셋째, 그들은 '감정'이 아닌 '수치'에 기초해 결정을 내린다. 부동산 가격 대비 임대료 비율PIR이나 주가 수익 비율PER과 같은 객관적 지표를 분석하여 자산이 과대평가되었는지 아니면 과소평가되었는지를 냉정하게 판단한다. 시장의 열기나 공포가 아닌 객관적 수치가 그들의 의사결정의 기준이 된다.

넷째, 그들은 '분산'의 철학을 실천한다. 모든 달걀을 한 바구니에 담지 않는다는 오래된 투자 격언을 따라 자산 클래스, 지역, 통화, 산업 등 다양한 측면에서 분산을 추구한다. 그들의 포트폴리오는 마치 다양한 지역의 식재료를 사용한 건강한 식단과도 같다. 이를 통해 특정 부문의 위기가 전체 자산에 미치는 영향을 최소화한다.

다섯째, 그들은 '선제적 행동'의 대가다. '비가 올 것 같아 우산을 쓰는 것'이 아니라, '하늘에 구름이 보일 때 우산을 준비'한다. 2007년, 투자은행 골드만삭스Goldman Sachs는 다른 은행들이 서브프라임 모기지를 사들일 때 이미 매각하기 시작했다. 결과적으로 2008년 금융 위기에서 유일하게 살아남은 대형 투자은행이 되었다.

필 박사의 부자병법

: 위기는 기회의 다른 이름 – 준비된 자에게 찾아오는 행운

"투자의 세계는 롤러코스터와 같다. 내려갈 때 비명을 지르면서도 또 타고 싶어 하는 것. 중요한 건 안전 바를 꽉 잡고 있느냐는 것이다."

투자의 기회는 버스와 같아서 한 대를 놓쳐도 곧 다음 버스가 온다. 하지만 버스가 왔을 때 주머니에 돈이 없다면? 그저 지나가는 버스를 바라볼 수밖에 없다. 역사적으로 가장 큰 부를 축적한 사람들의 공통점은 무엇일까? 그들은 모두 '위기 속에서 기회를 발견한 사람들'이었다.

1929년 대공황 때 주식을 매입한 존 템플턴John Templeton, 1997년 아시아 금융 위기 때 한국 기업들에 투자한 짐 로저스Jim Rogers, 2008년 금융 위기 당시 은행주를 매입한 워런 버핏. 그들은 모두 '피가 거리에 흐를 때 매수하라.'라는 투자 격언을 실천했다. 이들이 단순히 운이 좋았던 것은 아니다. 그들은 평소에 '현금 준비금'을 충분히 마련해 놓았고, 과도한 레버리지차입를 피했으며, 냉정한 분석을 통해 '매수 타이밍'을 기다렸다. 마치 사냥꾼이 한 번의 기회를 놓치지 않기 위해 오랜 시간 숨죽이며 기다리는 것과 같다.

사람은 적당히 걱정함으로써 위기관리를 하는 바탕 위에 긍정적인 면을 결합해야 한다. 낙관주의만으로는 부자가 될 수 없다. 현실적 준비와 섬세한 계획, 그리고 그 위에 핀 희망의 꽃이 조화를 이룰 때 진정한 부가 탄생한다.

③ 위기를 넘어선 현명한 투자자들

나의 오랜 고객이자 친구인 20년 경력의 자산 관리사 박혜경가명 씨는 에스프레소 한 잔을 음미하며 말했다.

"진정한 부자들은 좋은 시기에 자만하지 않고 항상 다음 위기를 준비합니다. 그들은 '태양이 빛날 때 지붕을 수리하라'는 격언을 실천하죠."

그녀의 말에는 깊은 경험이 담겨 있었다. 1997년 IMF 외환 위기, 2008년 글로벌 금융 위기, 2020년 코로나 팬데믹까지. 그녀는 세 번의 경제 위기를 모두 현장에서 목격했다. 그리고 위기 속에서도 부를 지키고 증식시킨 고객들의 공통점을 발견했다.

"제 고객 중 김 모 씨는 2020년 초, 부동산 시장이 활황일 때 보유 자산의 70%를 현금화했어요. 주변에서는 모두 미쳤다고 했죠. '부동산은 계속 오를 텐데', '인플레이션으로 현금 가치는 떨어질 텐데'라고요."

그러나 2022년, 금리 인상과 경기 둔화로 부동산 시장이 침체기에 접어들자 상황은 역전됐다. 김씨는 준비해 둔 현금으로 강남의 상가 건물을 시세보다 30% 저렴하게 매입할 수 있었다.

"그분은 항상 이렇게 말씀하세요. '시장이 왁자지껄할 때는 귀를 막

필 박사의 부자병법

고, 시장이 조용할 때는 눈을 크게 뜨라'고요."

서울 구로 디지털단지의 IT 기업 고객인 중소기업 CEO 정승호(가명) 대표는 나와 인터뷰에서 지난 일을 회상하며 말했다.

"2019년, 우리 회사가 가장 호황일 때였어요. 직원들은 사세 확장을 원했고, 투자자들은 공격적인 M&A를 권했죠. 하지만 저는 반대로 회사 부채를 전액 상환하고 운전자금을 두 배로 늘렸습니다. 그런데 2020년 코로나19가 터졌어요. 모든 것이 멈췄죠. 경쟁사들은 유동성 위기에 직면했고, 직원들을 해고하기 시작했습니다."

정 대표의 기업은 충분한 현금을 확보하고 있었기에 위기를 기회로 전환할 수 있었다. "사람들은 항상 물어봐요. '어떻게 위기가 올 것을 알았느냐'고요. 사실 저는 알지 못 했습니다. 다만 '언젠가 비가 올 것' 이라는 평범한 진리를 믿었을 뿐이죠."

창밖으로 서울의 저녁 불빛이 하나둘 켜지기 시작했다. 정 대표는 창문 너머로 보이는 도시를 바라보며 조용히 말했다.

"세상에 영원한 호황도, 영원한 불황도 없어요. 중요한 건 사이클을 이해하고, 각 국면에 맞게 행동하는 거죠. 지금 이 순간에도 다음 위기 는 어딘가에서 준비되고 있어요. 그리고 그 위기는 누군가에게는 인생을 바꿀 기회가 될 겁니다."

④ 위기 대응력이 곧 부의 지속 가능성

당신이 100m 달리기에서 1등을 했다고 상상해보자. 축하할 일이다. 하지만 인생은 100m 달리기가 아니라 마라톤이다. 1km 지점에서 선두에 있다고 해서 마라톤의 승자가 되는 것은 아니다.

진정한 부자들은 부를 축적하는 것보다 지키는 것이 더 중요하다는 사실을 알고 있다. 한 번의 큰 실패가 수십 년간 쌓아온 부를 한순간에 무너뜨릴 수 있기 때문이다. 그들에게 위기 대응력은 단순한 생존 전략이 아니라 부의 지속 가능성을 담보하는 핵심 역량이다.

'유비무환'의 지혜는 현대 경제에서도 여전히 유효하다. 좋은 시기에 겸손함을 유지하고, 다가올 위기를 준비하는 자세는 지속 가능한 부를 쌓는 기본 원칙이다. 위기를 두려워하는 대신 위기를 준비하고 활용하는 마인드셋이야말로 진정한 부를 쌓는 출발점일 것이다. 불확실성이 일상이 된 현대사회에서 이러한 '위기 마인드셋'은 단순한 부의 축적을 넘어 경제적 자유와 평화를 가져다주는 도구가 될 수 있다.

미래는 예측할 수 없지만 준비는 할 수 있다. 진정한 부자들의 지혜는 바로 이 간단하면서도 심오한 진리에 있다. 당신은 지금, 다음 위기를 준비하고 있는가?

필 박사의 부자병법

09

부자는 생각을 많이 하는 메모광

메모는 단순한 기록이 아니라 사업의 방향을 결정하는 나침반이다.

부자들의 공통점을 찾다 보면 드러나는 한 가지 특징이 있다. 바로 생각을 기록하는 습관, 즉 '메모광'이라는 특성이다. 성공한 사람들의 일상을 들여다보면, 그들은 언제 어디서나 떠오르는 생각과 아이디어를 놓치지 않기 위해 메모하는 모습을 발견할 수 있다. 이런 메모 습관은 단순한 기록 행위를 넘어 부의 창출로 이어지는 중요한 연결고리가 된다.

지하철에서 스마트폰 메모장을 열심히 두드리는 강남의 한 부동산 투자자, 카페에서 몰스킨 노트에 열심히 무언가를 적고 있는 스타트업 대표, 식당에서 냅킨에 갑자기 떠오른 아이디어를 적는 젊은 벤처 캐

피탈리스트. 이들의 공통점은 무엇일까? 바로 '메모광'이라는 특성이다. 현재, 부자들 사이에서 메모는 단순한 습관을 넘어 부를 창출하는 핵심 도구로 자리 잡았다. 메모는 추상적인 생각을 구체적인 가치로 전환하는 첫 단계다.

① 메모는 비즈니스의 방향을 제시하는 나침반

우리는 하루에도 수십, 수백 개의 생각을 한다. 그러나 기록되지 않은 생각은 대부분 사라진다. 부자들은 이 점을 누구보다 잘 알고 있기에 가치 있는 생각을 붙잡아 두는 메모의 힘을 활용한다. 메모는 단순히 기억을 돕는 도구가 아니라 생각을 발전시키고 구체화하는 과정이며 비즈니스의 방향을 제시하는 나침반이 된다.

부자들의 메모 습관은 특별한 재능이나 도구가 필요한 것이 아니다. 디지털 노마드의 시대에 걸맞게 자신에게 맞는 메모 도구를 찾아 가장 효과적으로 메모 습관을 들이면 된다.

2023년 말 '직장인 생산성 도구 설문 조사'에 따르면, 성공한 프리랜서와 창업자들 중 42%가 노션Notion을, 35%가 원노트OneNote를, 23%가 에버노트Evernote를 주요 메모 도구로 활용하고 있었다. 특히, 주목할 점은 62%가 '클라우드 기반 동기화 기능'을 메모 도구 선택의 가장 중요한 기준으로 꼽았다는 것이다. 2024년 초에는 옵시디언Obsidian과 같은 지식 연결형 메모 도구의 인기가 급상승하고 있으며, 음성 메모를 자동으로 텍스트화해 주는 오터Otter.ai도 바쁜 기업가들 사이에서 인기를 얻고 있다.

스마트폰, 노트, 음성 녹음, 카카오톡 등 도구는 다양해도 부자들의 메모 습관에는 공통점이 있다. 그것은 바로 '관찰의 기록'과 '패턴의 발견'이다. 강남의 부동산 투자자, 청년 창업가, 프리랜서 등 다양한 분야에서 성공한 사람들은 모두 자신만의 메모 시스템을 통해 남들이 놓치는 패턴과 기회를 포착했다. 이처럼 일상의 메모는 부의 씨앗이 된다.

② 메모의 핵심은 '꾸준함과 패턴의 발견'

메모는 단순한 기억의 보조 수단이 아니라 생각을 발전시키고 패턴을 발견하며 가치를 창출하는 적극적인 행위다. "머릿속 생각은 연기와 같아서 붙잡지 않으면 사라진다." 이처럼 메모는 그 연기 같은 생각을 형태로 만들어 부의 씨앗으로 발전시키는 과정이다.

메모의 힘은 누구에게나 열려 있다. 현재, 디지털 도구와 AI의 발달로 메모의 방식은 더욱 다양해졌다. 음성 메모를 텍스트로 변환해 주는 앱, 메모 간의 연결성을 시각화해 주는 지식 관리 도구 등 선택지가 많아졌다. 중요한 것은 도구가 아니라 꾸준함이다.

일상의 사소한 관찰을 메모하는 습관은 누구나 오늘부터 시작할 수 있다. '카카오톡 나와의 채팅', '출퇴근 20분 메모', '음성 메모' 등 각자의 상황과 스타일에 맞는 메모 방식을 찾아 꾸준히 실천한다면 그것이 미래의 부로 이어지는 첫걸음이 될 것이다.

부자들이 공통적으로 말하는 메모의 핵심은 '양보다 질'이 아니라 '꾸준함과 패턴 발견'에 있다. 오늘 저녁, 당신도 스마트폰을 열고 하루 동안 관찰한 것들을 메모해보는 건 어떨까? 그 작은 습관이 당신의 미래를 바꿀지도 모른다.

메모는 생각을 잡아두는 그물이자, 아이디어를 발전시키는 온실이며, 기회를 발견하는 망원경이다. 현재, 디지털 전환과 AI 혁명 속에서 더 빠르게 변화하는 세상을 메모하고 분석하는 능력은 그 어느 때보다 중요해졌다. 성공한 사업가들의 공통점인 '메모광'의 습관을 오늘부터 시작해보자. 당신의 메모가 내일의 부를 만들어 낼 수 있다.

10

강한 체력으로 부의 결승선 통과하기

강한 체력 = 명확한 판단력 + 높은 생산성 + 장기적 시야

= 지속 가능한 부

웹툰 작가 윤태호의 「미생」을 보면, 다음과 같은 체력에 대한 글이 나온다.

"네가 이루고 싶은 게 있거든 체력을 먼저 길러라. 평생 해야 할 일이라고 생각되거든 체력을 먼저 길러라. 게으름, 나태, 권태, 짜증, 우울, 분노… 모두 체력이 버티지 못해 정신이 몸의 지배를 받아 나타나는 증상이야."

"체력이 약하면 빨리 편안함을 찾게 마련이고, 그러다 보면 인내심이 떨어지고 그 피로감을 견디지 못하게 되면 승부 따윈 상관없는 지경에 이르지. 이기고 싶다면 충분히 고민을 버텨 줄 몸을 먼저 만들어. 정신력은 체력이란 외피의 보호 없이는 구호밖에 안 돼."

① 부의 근본적 토대, 강한 체력

많은 사람이 부자가 되기 위한 조건으로 지능, 인맥, 자본, 운 등을 꼽는다. 그러나 이 모든 요소들을 뒷받침하는 근본적인 토대가 바로 '강한 체력'이다. 부의 마라톤에서 결승선을 통과하기 위해서는 단순한 재능이나 기회를 넘어서는 지구력과 신체적 건강이 필수적이다. 성공한 부자들의 삶을 살펴보면, 그들 대부분은 자신의 신체와 정신 건강에 상당한 투자를 하며 체력 관리를 삶의 중요한 부분으로 여긴다.

"월급이 통장을 그냥 스쳐 지나갔다." 매달 이 말에 공감하고 있는가? 부자가 되기 위한 비결을 찾아 헤매는 동안, 당신은 가장 중요한 무기를 간과하고 있을지도 모른다. 바로 당신의 몸이다!

부를 쌓는 과정은 단거리 경주가 아닌 마라톤과 같다. 하루아침에 이루어지는 것이 아니라 수년, 때로는 수십 년의 지속적인 노력이 필요하다. 이 긴 여정에서 가장 중요한 자원은 바로 에너지다. 강한 체력은 이 에너지의 직접적인 원천이 된다. 지속적인 노력을 위한 에너지의 원천, 몸은 최고의 투자 상품이다.

필 박사의 부자병법

② 강한 체력은 비즈니스 성공 비결 중 하나

지금 당장 당신에게 1억을 준다면 어디에 투자하겠는가? 주식? 부동산? 사업? 정답은 바로 당신의 몸이다!

세계적인 투자자 워런 버핏은 90대의 나이에도 여전히 활발한 비즈니스 활동을 이어가고 있다. 그는 젊은 시절부터 규칙적인 생활과 적절한 운동을 통해 체력을 관리했다. 아마존의 창업자 제프 베이조스역시 매일 아침 충분한 수면과 운동을 통해 하루를 시작하며, 이것이그의 성공 비결 중 하나라고 자주 언급한다.

강한 체력은 단순히 오래 일할 수 있는 능력만을 의미하지 않는다.집중력, 창의성, 의사결정 능력 등 비즈니스 성공에 필수적인 인지 기능들도 신체적 건강 상태에 크게 의존한다. 피로하고 지친 상태에서는명확한 판단을 내리기 어렵고, 이는 재정적 손실로 이어질 수 있다.

부를 창출하는 과정에서 실패와 좌절은 불가피하다. 성공한 기업가들은 이러한 역경을 이겨 내는 회복력을 갖추고 있다. 강한 체력은 이회복력의 중요한 구성 요소다. 테슬라와 스페이스X의 창업자 일론 머스크는 주 120시간 일하면서 극도의 스트레스 상황에서도 계속해서혁신적인 아이디어를 내놓는 것으로 유명하다. 그는 바쁜 일정 속에서도 체력 관리를 위한 시간을 확보하며, 이를 통해 높은 수준의 생산성을 유지한다.

부를 쌓기 위해서는 특히 초기 단계에서 장시간의 업무가 불가피한 경우가 많다. 많은 성공한 기업가는 창업 초기에 주 80시간 이상 일하는 것이 일상이었다고 한다. 알리바바Alibaba의 창업자 마윈Ma Yun은 초기 창업 시절, 극도로 강도 높은 업무 환경에서도 끊임없이 회사를 성장시켰다. 그는 체력 관리가 사업 성공의 핵심 요소 중 하나였다고 여러 차례 강조했다. 강한 체력을 갖춘 사람은 피로에 대한 내성이 높아 장시간 집중력을 유지할 수 있으며 회복도 빠르다.

③ 체력 관리에 투자하는 것은 재정적 성공을 위한 전략적 선택

부자가 되기 위한 여정은 단순한 재정적 기술이나 비즈니스 전략을 넘어선다. 강한 체력은 이 모든 요소들이 효과적으로 작동할 수 있는 기반을 제공한다. 지속적인 에너지, 스트레스 관리능력, 명확한 사고, 장시간 업무에 대한 적응력, 그리고 장기적인 지속 가능성은 모두 건강한 신체와 정신에서 비롯된다.

체력 관리에 투자하는 것은 단순히 건강을 위한 것이 아니라 재정적 성공을 위한 전략적 선택이다. 오늘 당신의 체력에 투자한 시간과 노력은 내일의 부로 돌아올 것이다. 부의 마라톤에서 결승선을 통과하기 위해서는 강한 체력이 필수적이다. 이것이 바로 많은 성공한 부자들이 건강과 체력 관리를 삶의 우선순위로 삼는 이유다.

진정한 부는 단순히 재정적 자원의 축적이 아닌, 건강하고 활기찬 상태에서 그 부를 누릴 수 있는 능력에서 온다. 강한 체력은 부의 결승선을 통과하는 데 필요한 가장 중요한 자원 중 하나다.

부촌에 헬스장, 요가 스튜디오, 필라테스 센터가 넘쳐나는 이유는 단순히 외모 관리 때문만이 아니다. 그곳은 부의 결승선을 통과하기 위한 훈련장이자 성공을 향한 또 다른 투자처인 것이다. 그들이 발견한 부의 새로운 방정식은 간단하다.

"강한 체력 = 명확한 판단력 + 높은 생산성 + 장기적 시야 = 지속 가능한 부"

어쩌면 진정한 부자가 되기 위한 첫 투자는 고가의 부동산이나 주식이 아닌, 좋은 러닝화와 PT 트레이너일지도 모른다. 부자들이 이미 증명한 것처럼 체력은 부의 결승선을 통과하기 위한 가장 확실한 연료다. 지금 바로 여러분의 체력에 투자해라. 그것이 부자가 되기 위한 첫 번째 단계다.

"리치네트워킹 기술은
부자가 되기 위한
필요충분조건입니다."

Chapter

03

부자가 되기 위한
리치네트워킹 기술

부자가 되는 것은 많은 사람이 꿈꾸는 목표이지만, 실제로 이를 이루기란 쉽지 않은 일이다. 우리는 종종 '부자'라는 단어에 막연한 동경을 품고 있지만, 정작 부자들이 어떻게 성공을 거두었는지에 대해서는 알지 못한다. 부자가 되고 싶다면 부자들처럼 하면 된다. 그들처럼 공부하고, 그들처럼 저축하고, 그들처럼 투자하면 된다.

부자가 되는 데 필요한 것은 재산만이 아니다. 30년 동안 은행에서 근무하면서 참으로 많은 서울의 부자들을 만났다. 그들의 공통점이 무엇인지 생각해 본다. 그들은 적극적이기도 하고 겸손하며, 열정적이며 해맑은 미소를 지니고 있다. 과감하게 양보도 하고 예상치 못한 실수를 하면서 포기하지 않는다. 강인한 의지와 단호한 카리스마 뒤에는 부드럽고 자상한 배려의 힘도 배어 있다. 판단하기 어려운 상황에서 쉽게 결정을 하기도 하고, 때로는 쉬운 일에도 선뜻 나서지 않으며 대답하지 않는 이도 있다. 이와 같은 부자들의 여러 가지 능력을 한마디로 뭐라고 표현할 수 있을까? 부자가 되기 위한 이 모든 전략과 기술, 태도를 아우르는 용어가 바로 '리치네트워킹 기술(Rich Networking Skill)'이다.

필 박사의 부자병법

부자가 되기 위한 필수적인 요소인 리치네트워킹 기술의 다섯 가지 요인은 다음과 같다.

- 부를 부르는 통찰력
- 대인 관계 영향력
- 인맥 관리능력
- 부를 부르는 진실성
- 온라인 네트워크 역량

01

부를 부르는 통찰력

다른 사람이 보지 못하는 것을 보는 힘이 통찰력이다. 달리 말한다면, 특정 대상을 보편적인 시각이 아닌 다른 시각에서 볼 수 있는 능력을 뜻한다. 일반적으로 보통의 평범한 사람은 특정 대상을 한 가지 관점에서만 바라보지만, 통찰력이 뛰어나다면 그 대상을 여러 가지 관점에서 바라보고 그중 가장 좋은 관점을 선택해서 판단하게 된다. 즉, 통찰력은 나무가 아닌 숲을 보는 능력이라고 할 수 있다. 이 통찰력의 근간은 창의성이다.

부자가 되기 위해서는 무엇보다 통찰력을 키워야 한다. 경제를 이해하는 기초 체력을 다지고, 글로벌경제와 전반적인 사회적 트렌드를 연결할 수 있는 글로벌적 통찰력과 사회적 통찰력을 동시에 가지고 있어야 한다. 통찰력을 심화할 수 있도록 본인의 역량을 키워야 한다.

따라서, 부를 부르는 통찰력은 글로벌적인 통찰력과 사회적 통찰력으로 정의할 수 있다.

① 글로벌의 큰 판을 보며 투자하는 눈, '글로벌적 통찰력'

부자들은 언제나 한국 경제를 넘어 세계 시장 전체를 보려고 한다. 분야 역시 한 곳으로 치우치지 않고 두루 살핀다. 글로벌 관점에서 주식, 부동산, 금리, 외화와 환율, 가상 화폐의 흐름이 어떻게 바뀌고 어떻게 서로 영향을 주고받는지 파악한다. 이러한 글로벌의 큰 판을 보며 투자하는 눈을 '글로벌적 통찰력'이라고 한다. 부자가 되기 위해 글로벌적 통찰력을 키워야 하는 이유는 '반드시 내가 알고 있어야 투자에 실패가 없다'는 걸 머리와 가슴에 새겨야 하기 때문이다. 글로벌 경제를 연구하는 경제학자처럼 내용을 100% 알 필요까지는 없으나, 현재 글로벌 경제 흐름과 투자 분석 기법에 대해 알아 두면 시시각각 변화하는 투자 트렌드에 무분별하게 휩쓸리지 않을 수 있다. 그래서 끊임없이 부자 되는 방법을 공부해야만 한다.

② '사회적 통찰력'은 사람을 다루는 비범한 재능

사회적 통찰력은 다른 사람들의 마음을 알고 이해하는 능력이다. 사회적 통찰력을 가진 부자들은 다른 사람들의 의도를 이해하고 다양한 사회적 상황에 민첩하게 대처한다. 그들은 사회적 상호작용을 이해하며, 다양한 상황 속에서 다른 사람들을 어떻게 대해야 할지를 알며, 다른 사람들에게 영향력을 발휘하기 위해 무슨 말을 하고 어떤 행동을 해야 하는지를 안다. 또한, 부자들은 원하는 것을 얻기 위해서는 다른 사람이 필요로 하는 것이 무엇인지를 정확하게 안다. 사회적 통찰력은 다른 사람의 마음을 알고 그들을 다루는 비범한 재능인 것이다. 부자가 되기 위해서는 사회적 통찰력, 즉 사람을 다루는 비범한 재능을 키워야 한다.

특히, 사업을 벌여 부자가 되기를 원하는 사람들은 반드시 부를 부르는 통찰력을 갖춰야 한다. 사업이란 것이 언제 어떻게 망할지도, 반대로 언제 어떻게 대박이 날지도 모르는 리스크와 비전이 존재하기에 당연히 이를 꿰뚫어 볼 수 있는 통찰력이 요구된다. 실제로 삼성 이건희 회장은 최고경영자가 지녀야 하는 업무의 본질을 '보이지 않는 것을 보는 것'으로 규정하면서 통찰력을 강조하였다. 즉, 잘 보이지 않는 위기와 비전을 보고 해결·실현할 수 있는 명령을 내리는 것을 CEO의 일이라고 정의한 것이다.

그럼 부를 부르는 통찰력은 어떻게 만들어질까? 무엇보다 통찰력은 학교나 군대, 직장 등에서도 쉽사리 배울 수 있는 것이 아니다. 윗사람도 시야가 좁아서 그 통찰을 이해하지 못할 경우, 오히려 헛소리하지 말라고 꾸짖기 십상이다. 사실 많은 사람들이 이 통찰력을 키워 나가는 것을 상당히 어려워한다. 설령 윗사람들이 통찰력을 키워 주는 방법을 알고 있다고 하더라도 그것을 쉽게 설명하기란 어렵다. 그런 만큼 통찰력은 자기 자신이 스스로 계발해야 하는 것이다. 부를 부르는 통찰력을 기르기 위해서는 탄탄한 기본기가 필요하다. 이러한 통찰력을 자기 것으로 만들기 위해서는 꾸준한 독서와 부지런한 사회활동으로 경험을 쌓으면서 열심히 부와 사회에 대한 안목을 갖춰야 한다.

02

대인 관계 영향력

21세기를 특징짓는 대표적인 키워드를 꼽는다면 그것은 단연 '네트워크'일 것이다. 21세기 지식 경제체제의 흐름은 정보통신 기술에 의한 글로벌화와 정보화로 압축할 수 있다. 이 두 가지 현상은 뱀이 꼬리를 물 듯 서로 인과적으로 얽혀 상호 상승작용, 즉 연결 관계의 폭증을 가져와 '네트워크 시대'를 형성한다. 이러한 시대에 다른 사람들에게 영향력을 발휘하는 것이야말로 부와 성공으로 가는 가장 현실적인 솔루션이 될 수 있다.

대인 관계 영향력은 원하는 것을 얻기 위해 자신이 네트워킹하는 사람들을 편하게 만드는 능력이나 동기를 의미한다. 부자가 되기 위해서는 부를 부르는 통찰력으로 습득한 지식을 토대로 자신의 주변에 있는 사람들에게 강력한 영향력을 발휘할 수 있어야 한다. 대인 관계에 있어서 뛰어난 영향력을 갖춘 사람들은 탁월한 유연성을 통해 그들의 행동을 각각의 상황에 적절하게 적응시키고 목표를 정확히 실현시킴으로써 다른 사람들로부터 원하는 응답을 유도해 낸다.

부자들은 대인 관계 영향력이 뛰어난 사람들이다. 대인 관계 영향력이 있는 부자들은 다른 사람들과 효과적인 커뮤니케이션을 하고 있으며, 만나는 사람들과 대부분 편하고 친밀한 관계를 형성하고 있다.

대인 관계 영향력에 관한 역량을 키우고 싶다면, 기본적으로 자신이 원하는 것을 얻고자 하는 만큼 다른 사람이 무엇을 필요로 하는지 생각해야 한다. 다른 사람에게 영향력을 발휘하는 것은 그들에게 뭔가를 줄 수 있는 방법을 찾음으로써 본인이 원하는 목표를 성취하는 것을 뜻한다. 다른 사람의 상황을 고려하지 않고 뭔가를 요구해서는 안 된다.

가령, 직원들이 높은 성과를 내길 원한다면 반대급부로 급여 인상이나 보너스, 추가 휴가를 주는 것이 필요하다. 또 다른 예시로 배달의민족은 쿠팡 이츠처럼 배달 수수료를 인상할 경우, 그 반대급부로 포장 주문 수수료를 없애거나 낮추어 주는 것이 필요하다. 이처럼 자신과 상대방이 모두 이익을 얻는 방안을 모색하여야 한다. 즉, 부자가 되려면 자신이 상대하는 모든 이들에게 받는 것보다 더 많은 것을 돌려줘야 한다.

03

인맥 관리능력

부를 부르는 리치네트워킹 기술에서 통찰력과 대인 관계 영향력이 우선하지만 관계 형성과 연결, 교우 관계 등 인맥 네트워크를 구축하고 관리하는 능력도 부를 부르는 필수적인 스킬이다. 부자가 되기 위해 성공을 부르는 '인스테크'를 하여야 한다. '리치Rich테크=인스테크'이다. 사람 부자가 되어야 한다는 것이다. 즉, 사람이 재산이다. 성공한 부자들은 광범위한 인적 네트워크를 개발하고 이용하는 데 능숙하다.

① 좋은 인맥 한 명은 행복, 두 명은 행운, 세 명은 축복

부자들은 '돈'만큼이나 '인맥'을 중요하게 생각한다. 부자치고 인맥이 좁은 사람은 없다. '돈이 많으니까 인맥이 넓지!'라고 생각할 수도 있지만, 부자들은 그 과정에서 굉장히 다양한 사람들을 두루두루 사귄다. 본능적으로 말이다. 인맥이 넓어지다 보니 거기서 다양한 정보를 얻을 수 있고, 도움이 되는 정보는 즉시 실천에 옮겨 자신이 부자가 되는 데 적극적으로 활용한다.

인맥을 위해 의식적인 노력을 기울이고 있는지 스스로에게 질문해 보자. 만약 그렇다면 성공한 부자들의 습관을 지니고 있다고 할 수 있다. 꼭 부자가 되겠다거나 큰 성공을 이루겠다는 목표가 없더라도 앞으로 인적 네트워크를 형성하고 다양한 정보를 얻어야만 생존이 가능하다는 분석이 잇따르고 있다. 과거에는 한 가지 업종에서 평생직장을 다니며 개인의 커리어를 쌓을 수 있었지만, 이제는 본인이 몸담은 회사나 업종을 넘어 좀 더 적극적인 인맥 쌓기에 나서야 한다.

우리는 인간관계를 통해 생각보다 많은 영향을 서로 주고받고 있다. 보통 우울한 사람 곁에 있으면 쉽게 우울증이 전염되는 것처럼, 매사에 열정적이고 긍정적인 사람 곁에 있으면 무기력증에서 탈피해 새로운 영감이나 에너지를 충전할 수 있다. 인적 네트워킹 전문가들은 만약 주변에 부정적인 분위기를 만들고 자존감을 깎아내리는 발언을 하는 사람이 있다면 서서히 거리를 두라고 조언한다.

각자의 분야에서 성공한 다양한 사람들과 느슨한 네트워크를 구축하는 것만으로도 인생의 또 다른 기회를 만들 수 있다. 달걀을 한 바구니에 몰아넣지 말라는 투자 원칙처럼, 인맥을 만들 때도 특정한 그룹과 네트워킹에만 몰두하지 않도록 주의하여야 한다. 한정된 네트워킹은 오히려 그 그룹과의 관계에 집착하게 되고, 장기적으로 조급함과 강박관념을 만들어 부정적인 결과를 낳을 수 있기 때문이다.

좋은 인맥 한 명은 행복, 두 명은 행운, 세 명은 축복이다. 좋은 인맥은 신이 주는 축복이다. 주변에 성공한 사람이 있다면 크나큰 행운이자 축복이다. 성공의 길을 미리 닦아놓은 지인을 훌륭한 멘토로 활용할 수 있다. 만약 성공을 원한다면 그 길을 먼저 간 친구를 멘토로 삼아 조언을 얻는 편이 부를 향한 지름길이 될 수 있다는 것을 명심하여야 한다.

그럼, 성공한 사람을 곁에 두는 데 필요한 다섯 가지 자세를 알아보자.

첫째, 좋은 인맥을 만들고야 말겠다는 절실함과 간절함을 가질 것. 부를 부르는 좋은 인맥을 만드는 데 제일 중요하고 가장 필요한 것은 절실함과 간절함이다. 내 마음속에 좋은 인맥이 필요하고 꼭 곁에 둬야겠다는 간절함, 절실함이 있어야 한다.

둘째, 비교하지 말 것. 성공한 사람의 생활과 자신의 형편을 단순 비교하는 것은 끊임없는 자신감 하락으로 이어질 수 있다. 차라리 본인의 성과나 계획에 집중하는 것이 훨씬 도움이 된다.

셋째, 자신감을 가질 것. 성공한 사람 앞이라고 해서 주눅들 필요는 없다. 누구나 기회가 있다면 성공할 수 있고, 이미 성공한 사람도 언제까지 성공이 이어질지 장담할 수 없다. 지금 미래를 위해 충분히 노력하고 있다면 자부심을 가져도 된다.

넷째, 정직한 태도를 유지할 것. 거짓된 자신감을 만들 필요는 없다. 모르는 부분에 대해서는 인정하고 배우려는 자세를 유지한다면 본인에게 도움이 될 뿐만 아니라 다른 사람의 신뢰를 얻을 수 있다.

다섯째, 관계를 끝내도 괜찮다는 생각을 가질 것. 자신보다 먼저 성공한 사람이라고 해서 모두 인생에 도움이 되는 것은 아니다. 관계에 이상 신호가 온다면 얼마든지 먼저 관계를 끊을 수도 있다는 마음가짐을 갖는 것도 때로는 필요하다. 인간관계는 일방적인 갑을 관계가 아니라는 점을 명심해야 한다.

② 좋은 인맥이란 '내가 관심을 가지고 도와줄 수 있는 사람'

뛰어난 인적 네트워크를 구축하는 사람은 사교성이 뛰어나다. 때때로 본인이 먼저 관계 형성을 시도하여야 한다. 관계 형성은 그저 어떤 질문을 던지는 것만으로도 시작될 수 있다. 리치네트워킹 기술을 개선하려면 다른 사람들이 나에게 다가올 때를 기다리지 말아야 한다. '거울은 먼저 웃지 않는다.'라는 말이 있다. 내가 먼저 웃어야 거울 속의 내가 웃듯이 인적 네트워킹에서도 내가 먼저 다른 사람에게 관심과 호감을 보여야 한다. 내가 먼저 웃어야만 다른 사람도 나에게 관심과 호감을 보인다는 사실을 잊으면 좋은 인맥을 만들 수 없다. 내가 먼저 다른 사람에게 관심, 공감, 배려를 실천해야만 다른 사람도 나에게 관심, 공감, 배려를 돌려준다. 좋은 인맥이란 '나를 도와줄 사람이 아니라, 내가 관심을 가지고 도와줄 수 있는 사람'이라는 것을 명심해야 한다.

"혼자 빛나는 별은 없다." 별들은 모두 다른 별의 빛을 받아서 그 빛을 다시 반사해서 빛나는 것이다. 부를 부르는 인간관계에서도 마찬가지로 모든 사람이 혼자 빛날 수는 없다. 누군가 다른 사람의 빛을 받아서 빛나는 것이 사람이다. 혼자 빛나는 별은 존재할 수 없기에 우리는 나를 빛내 줄 좋은 인맥을 만나야만 부자가 될 수 있다. 혼자 빛나는 부자는 없다.

인맥 관리는 최대한의 개인적인 친밀감을 제공해 상대방의 마음을 움직이는 데 있다. 그러나 바쁜 일상에 일일이 인맥을 관리하기란 쉽지 않다. 그렇기에 인맥 관리를 위해 많은 시간을 따로 내기보다는 본인의 생활 습관부터 조금씩 바꿔나가는 것도 좋은 방법이다.

"무엇을 아느냐가 아니라 누구를 아느냐가 문제다It's not just what you know, but who you know."라는 말이 있다. 현재의 내 모습과 1년 후 내 모습의 차이는 내가 만나는 사람의 수에 달려 있다. 1년 전 내 모습과 현재의 내 모습에 어떤 차이가 있는지 생각해보라. 그리고 1년 후 내 모습이 현재의 모습과 어떤 차이가 있을 것인지 다시 생각해보라. 그것은 내가 어떤 사람을 만나왔고 앞으로 어떤 사람을 만나게 될 것인지에 달려 있다.

필 박사의 부자병법

04

부를 부르는 진실성

부를 부르는 리치네트워킹 기술에서 가장 중요하고 핵심적인 측면은 '진실성' 혹은 '진정성'이다. 진실성만큼 큰 재산도 없다. 인간관계나 원리 원칙과의 관계에서 진실을 견지하는 것이 그 첫 번째 의미다. 진실성이란 생각이나 말, 행동에 이르기까지의 일관성, 즉 행동과 가치관의 일관성을 말한다. 진실한 사람은 자신의 가치관에 들어맞는 삶을 산다. '말'이 곧 '보증서'인 셈이다. 그래서 진실성은 사람의 마음을 감동시키는 힘이 된다.

부자가 되려면 말과 행동의 진실성이 필요하다. 부자들은 네크워킹을 할 때 진실성에 바탕을 둔 전략을 사용한다. 부자들은 단순히 인맥을 쌓기 위해서만 다른 사람에게 다가가는 게 아니다. 그들은 상대방과의 관계를 진실하게 유지하며 서로를 이해하고 지지하는 관계를 구축하는 데 공을 들인다. 부자들은 참된 네트워킹을 통해 상호 협력과 지식을 공유하며, 이렇게 함으로써 상대방과 유익한 관계를 유지하며 서로의 성장을 도모할 수 있다고 생각한다.

① 부자가 되기 위해서는 무엇보다 진실성이 가장 중요

다른 사람들의 신뢰와 믿음을 불러일으키는 것은 우리들이 '무엇을' 하는가가 아니라, '어떻게' 하는가와 관련이 있다. 진실하고 성실한 태도로 감추어진 동기 없이 다른 사람들에게 영향력을 발휘하여야 한다.

데일 카네기Dale Carnegie는 그의 베스트셀러인 『인간관계론』에서 다른 사람들이 나를 좋아하게 만드는 첫 번째 원칙으로 '남들에게 진실하게 대할 것'을 강조하였다. 대인 관계에서 영향력을 발휘하기 위해서는 남의 단점을 찾지 말고, 상대방을 배려하며 기회가 닿는 대로 사람들과 대화를 나누며, 진실한 태도를 유지할 수 있어야 한다.

사실 부자가 되기 위해서는 무엇보다 진실성이 가장 중요하다. 그런데 어떻게 하면 부를 부르는 진실성을 실천으로 옮길 수 있을까?

전 세계의 영향력 있는 부자들에게서 발견되는, 진실성을 갖춘 사람들의 다섯 가지 특징이 있다. 진실성을 갖춘 부자가 되려면…,

첫째, 작은 것일지라도 거짓말을 하거나 속임수를 써서는 안 된다. 작은 거짓을 반복하다 보면 나중에 돈의 유혹 앞에서 스스로 무너지게

필 박사의 부자병법

된다.

둘째, 마음을 열고 정직해져야 하며, 옳든 그르든 있는 그대로 공개해야 한다. 자신에게 필요한 내용을 포함한 모든 정보를 공유하며, 실수했을 때는 솔직히 인정하고 방향을 수정하여야 한다.

셋째, 약속은 반드시 지킨다. 믿을 수 없는 사람과는 거래를 하지 않는다. 약속하는 것은 '말'이지만 그것을 지키는 것은 '행동'이다. 진실한 행동만이 신뢰를 얻는 길임을 깨달아야 한다.

넷째, 자신의 미덕이나 정직성을 스스로 드러내서는 안 된다. 그것은 자신의 겸손을 자랑하는 것에 지나지 않는다. 말보다 행동을 통해 강한 메시지를 전달하여야 한다.

다섯째, 항상 질문하고, 귀담아듣고, 성찰하고, 멀리 보는 눈을 키워야 한다. 본인의 진실성 코드와 어긋나는 결정을 내려서는 안 된다.

② 진실성을 높이는 좋은 방법은 다른 이들의 말을 경청하는 것

본인이 좋아하거나 영향력이 있는 사람과 대화할 때는 진실한 모습을 보이기가 쉽다. 그러나 부자가 되기 위해서는 좋아하지 않는 사람들에게도 진실하게 보이는 것이 매우 중요하다는 것을 항상 기억해야 한다.

부자가 되기 위해 좋아하는 사람이든 좋아하지 않는 사람이든 진실함을 보여 줄 가장 간단하면서 가장 좋은 한 가지 방법은 다른 사람들의 말을 귀 기울여 듣는 것이다. 불행히도 많은 사업가가 다른 사람들의 말을 듣는 것을 소홀히 한다. 다른 사람의 말을 끊고 중간에 끼어드는 것을 대수롭지 않게 여긴다. 이와 같이 다른 사람의 이야기를 듣는데 있어서 인내가 부족하고 의지가 없는 것은 배려하는 마음이 없는 사람으로 인식되기 쉽다.

그러므로 자신의 진실함을 높이는 가장 좋은 방법은 다른 사람들의 말을 주의 깊게 경청하는 것이다. 진실하게 보이는 것은 말 이외의 행동과도 연관이 있다. 말하는 사람의 눈을 똑바로 쳐다보라. 주변 사람들을 쳐다보거나 핸드폰을 보는 행위 등은 진실하지 않고 존중하지 않는 것으로 비추어질 것이다.

첨단 정보통신 기술이 난무하는 21세기에 들어서도 진정한 진실성의 가치는 조금도 변하지 않았다. 진실성이 있는 사람들은 그들의 행동이 조작적이거나 강제적인 모습으로 비치지 않기에 다른 사람들의 신뢰와 확신을 불러일으킬 수 있다. 성공한 부자들, 경영자들이 공통으로 지닌 가장 중요한 자질이 바로 진실성이다. 하지만 올바른 원칙을 고집하고 행동으로 실천하는 사람을 찾기가 어려운 건 예나 지금이나 마찬가지다. 그래서 진실한 사람을 발견하면 어떡하든 본인의 인적 네트워크에 붙잡아 두려고 한다. 진실성은 지금 세상에서도 여전히 통한다.

05

온라인 네트워크 역량

① 사이버공간(Cyberspace)은 또 다른 하나의 지구, 누구나 부자가 될 수 있다.

사이버공간은 또 다른 하나의 지구다. 누구나 접근이 가능한 공간이며, 수많은 사람들이 관계를 확대하고 있는 공간이다. 인터넷의 변화 속도 또는 가속도는 상상을 크게 뛰어넘을 것이다. 이러한 엄청난 변화는 급속하고 단편적인 변화가 아닌 본질적인 변화이기 때문에 사회를 근본적으로 바꿔 나갈 것이다. 여기서는 학력, 집안, 나이에 상관없이 누구나 부자가 될 수 있다.

일본의 IT 칼럼니스트 우메다 모치오Umeda Mochio는 인터넷에서 지금까지 보아 온 그 어떤 것과도 닮지 않은, 현실 세계와는 전혀 다른 새로운 법칙이 사이버공간에서 존재한다고 주장한다. 그가 주장하는 인터넷 세계의 새로운 법칙을 구체적으로 살펴보면 다음과 같다.

첫째, 인터넷에서 가장 주목해야 할 부분은 '불특정 다수 무한대'의 사람들과 연결되는 데 드는 비용이 거의 '제로(0)'에 가깝다는 사실이다. 우메다 모치오는 인터넷이 네트워크를 "불특정 다수를 무한대까지 확장함으로써 그전까지는 의미 없거나 가치가 없던 일들로부터 전혀 새로운 의미와 가치를 만들어 내고 있다."라고 말하면서 이를 다음과 같은 방정식으로 표현하였다. (≒무한대) × (≒無) = Something의미 있는 존재, 그 결과 사람들의 네트워크에 큰 변화가 올 것으로 전망된다.

둘째, 사이버공간은 모방과 융복합으로 끊임없이 진화하는 공간이다. 1991년 3월 인터넷상에 월드와이드웹World Wide Web이 도입된 이후 www는 진화하는 공간이 되었다. 온라인상의 불특정 다수를 능동적인 표현 행위자로 인정하고 관계를 맺음으로써 웹 세계 전체가 자기 증식 현상을 일으키며 발전해 나간다는 것이다. 즉, 웹은 분화하며 성장한다.

셋째, '무어의 법칙'[1]이 지배하는 치프Cheap혁명[2]의 결과로 우리는 IT 세상을 사는 데 필요한 모든 기능을 '누구나', '비용 걱정 없이' 손에 넣을 수 있게 되었다. 치프혁명 덕분에 표현 행위를 위한 '가격의 문턱'

---

1. 인텔의 창업자인 고든 무어가 1965년에 제창한 법칙. "반도체의 성능은 1년 반을 주기로 두 배씩 향상된다."라는 뜻으로, 요즘에 와서는 "각종 IT 관련 제품의 가격은 매년 30~40%씩 하락한다." 라는 다소 넓은 의미로 사용되고 있다.
2. 치프(cheap)혁명은 반도체 기술의 발전으로 컴퓨팅 비용이 극적으로 낮아지는 현상을 가리킨다.

필 박사의 부자병법

이 낮아지면서 표현 행위는 놀랄 정도로 늘고 있으며, 그 결과 온라인 상의 소셜네트워킹Social Networking[3] 형성이 가속화되고 있다.

넷째, 오픈소스[4] 현상이다. 우메다 모치오에 따르면 오픈소스의 본 질은 "지적 자산이 인터넷에 무상으로 공개… 세계적으로 그리고 자발 적으로 연결되고 정보가 공유되어 중앙의 리더십이 없어도 문제들을 해결하는 것"이라고 주장한다.

이러한 새로운 법칙이 존재하는 사이버공간은 전문가의 지식을 능 가하는 대중의 지혜를 끌어내는 장이 될 수도 있다. 정보가 아닌 사람 자체를 대상으로 하는 인간관계 지도, 소셜네트워킹이 가능하다. 또한, 인터넷이 영향을 미치는 분야는 이제 정치, 사회, 문화, 교육 등 우리가 일상생활을 영위하는 데 관련되는 거의 모든 분야라고 할 수 있다.

현재 우리들은 사이버공간에서 세계인들과 새로운 관계를 교류하 는 방법, 정보를 공유하는 방법, 서로 협력하는 방법 등을 배우고 웹의 진화라는 커다란 변화에 직면하고 있다. 이제 사이버공간은 단순한 가 상의 공간이 아니라 인간의 삶과 문명이 또 하나의 형태로 펼쳐지는 새로운 지구라 할 수 있다.

부자가 될 수 있는 무한한 기회의 문이 또 다른 지구에서 누구에게 나 열려 있다. 여기서 당신도 부자가 될 수 있다.

---

3. 소셜네트워킹이란 세계의 모든 사람들을 포함하는 거대한 인간관계 지도를 구축하는 과정이라 고 할 수 있다.

4. 오픈소스는 소프트웨어의 소스코드(컴퓨터 프로그램을 기계언어가 아닌 사람이 이해할 수 있는 언어로 기록해 놓은 것)를 인터넷에 무상으로 공개하는 것이다.

② 부를 부르는 온-오프라인 네트워크의 통합

현재 사람들은 사이버공간에서 온라인 커뮤니티를 통해 공간을 초월하는 새로운 인간관계, 즉 온라인 사회적 네트워크를 형성하고 있다. 트위터, 페이스북, 링크드인 등과 같은 소셜네트워크서비스SNS로 사회적 관계의 장을 옮겨 가고 있다. 이곳에서는 같은 생각과 고민을 하는 사람들이 서로 친구를 맺고 '이들도 나와 같은 고민을 하고 있구나!'라는 위로를 얻는다. 또한, 사생활을 표현하고 자신에 관한 이야기를 하면서 보상을 받는 느낌을 받는다. 이렇듯 새로운 인간관계, 온라인 네트워크는 개인과 개인, 개인과 조직 간을 연결하는 의사소통 및 정보 흐름의 매개체이자 통로 역할을 하고 있다.

오프라인에서 실제로 사람들이 직접 만나서 교류하는 사회적 네트워크를 형성하는 것이 더욱 바람직하겠지만 그러기에는 한계가 있다. 누구나 갖고 있는 시간과 노력의 절대량이 한정되기에 실제로 만날 수 있는 사람이 제한될 수밖에 없고, 다양한 사회적 속성을 지닌 사람들을 만나기도 어렵다. 이에 반해 온라인은 사용 방식에 따라 일상생활의 오프라인 네트워크를 보완하는 다양한 사람들로 구성된 네트워크를 형성하거나 유지·활용할 수 있다. 온라인 네트워크는 서로 연대가 가능하며, 일상생활 공간으로도 확대되고 있다. 미국의 비평가 하워드 라인골드Howard Rheingold는 온라인은 새로운 커뮤니케이션 양상의 출현뿐만 아니라 새로운 사회관계의 형성에 도움을 주며, 이렇게 형성된 사회적 관계는 온라인과 오프라인의 상호작용 속에서 지속되는 것으

필 박사의 부자병법

로 보고 있다.

일본의 미디어 학자 미야타 가쿠코Miyata Kakuko는 온−오프라인은 상호 밀접한 영향을 주고 있으며, 온라인 공간에서 새롭고 다양하게 형성된 온라인 네트워크는 오프라인의 일상생활 공간으로 확대되기도 한다고 보았다. 이런 의견을 빌리면, 사회적 자본이 온라인 공간뿐만 아니라 오프라인의 일상생활 공간과 맞물렸을 때 좀 더 큰 효과를 발휘할 수 있다고 볼 수 있다. 이때 온라인과 오프라인 네트워크는 대체 관계가 아니라 서로 보완적 관계로 온라인 이용을 촉진함으로써 오프라인 네트워크의 형성과 활동을 한층 강화할 수 있는 존재가 된다.

온−오프라인은 서로 보완적 관계이기는 하지만 사회적 자본의 내용과 질은 다르므로 온−오프라인 네트워크를 통합해 나가는 것이 상당히 중요하다. 즉, 온라인에서 형성된 새롭고 다양한 사회적 네트워크는 일상생활 공간에 상당한 영향을 미치므로 온−오프라인 네트워크를 최적화로 통합시키는 것이 현대 부자들의 필수 생존 전략이자 성장 동력인 것이다.

③ 온라인 네트워킹은 부자가 되기 위한 필요충분조건

미래에는 온라인 네트워킹의 중요성이 더욱 커질 것이다. 특히, 메타버스와 같은 가상현실 공간이 확대되면서 온라인상에서의 인간관계는 더욱 복잡하고 다층적으로 변할 것이다. 부자가 되기 위해서는 이러한 변화에 발 빠르게 대응해 새로운 형태의 네트워킹 전략을 구축해야 한다.

온라인 네트워킹을 통해 정보를 선점하고, 영향력을 확장하여 새로운 비즈니스 협력 기회를 창출할 수 있다. 이를 위해 전문가 네트워크 플랫폼, 소셜미디어, 온라인 커뮤니티 등을 전략적으로 활용하고, 관계의 질적 관리를 통해 지속 가능한 네트워크를 구축해야 한다. 디지털 시대에 온라인 네트워킹은 부자가 되기 위한 핵심 전략으로 자리 잡고 있다. 부자가 되기 위해서는 온라인 네트워킹 역량을 강화하는 것이 필수적이다. 당신이 부자가 되는 기회는 클릭 한 번 앞에 있을지도 모른다. 자산을 보유하고 있는 사람들에게 온라인 네트워킹은 단순한 도구가 아니라 자산 관리 및 확장의 필수적인 핵심 요소이다. 부자들은 비즈니스 기회를 모색하고, 자산을 더욱 증식하며, 글로벌 네트워크를 구축하기 위해 사이버공간을 적극 활용해야 한다.

현대사회에서 부를 창출하고 증식하는 방법은 끊임없이 진화하고 있다. 특히, 디지털 시대가 본격화하면서 온라인 네트워킹 역량이 자산 형성에 중요한 요소로 부상했다. 부자가 되기를 원하는 사람들이 온라인 네트워킹에 주목해야 하는 이유는 다양하다.

우선, 온라인 네트워킹은 새로운 비즈니스 기회를 창출하는 창구가 된다. 지리적 제약 없이 전 세계의 투자 기회와 유망한 스타트업을 접할 수 있으며, 글로벌 비즈니스 파트너들과 연결될 수 있다. 링크드인과 같은 전문가 네트워크 플랫폼을 통해 업계 동향을 실시간으로 파악

필 박사의 부자병법

하고 새로운 사업 기회를 발견할 수 있다. 또한, 온라인 커뮤니티나 포럼에서 전문가들의 의견을 수집하여 자신의 비즈니스 전략을 보완하고 발전시킬 수 있다. 디지털 공간은 모든 이에게 열려 있어 배경이나 초기 자본에 관계없이 누구나 새로운 부를 창출할 수 있는 가능성을 제공한다.

둘째, 온라인 네트워킹은 부를 창출하고 필요한 통찰력을 확보하는 데 도움이 된다. 경제, 금융, 기술 트렌드는 매우 빠르게 변화하고 있으며, 이러한 변화에 발 빠르게 대응하는 것이 자산 증식의 핵심이다. 온라인 네트워킹을 통해 최신 정보와 트렌드를 신속하게 습득하고, 이에 기초한 의사결정을 내릴 수 있다. 특히, 금융시장의 변동이 심한 시기에는 정확한 정보를 바탕으로 한 빠른 대응이 부의 창출과 보전에 결정적인 역할을 한다.

셋째, 온라인 네트워킹을 통해 대인 관계 영향력을 확장하고 자기 브랜딩을 구축할 수 있다. 소셜미디어 플랫폼을 활용하면 자신의 아이디어와 비전을 광범위하게 전파하고 더 많은 사람들에게 영향을 미칠 수 있다. 오프라인과 마찬가지로 온라인에서도 신뢰 구축은 부의 창출에 중요한 요소다. 트위터, 인스타그램, 페이스북 등의 소셜미디어를 통해 자신의 가치와 비전을 일관되게 전달하면 강력한 개인 브랜드를 구축할 수 있다. 이렇게 형성된 개인 브랜드는 그 자체로 중요한 자산이 되어 새로운 경제적 기회를 창출하는 원동력이 된다.

넷째, 온라인 네트워킹은 고부가가치 인맥을 형성하고 관리하는 데 효과적이다. 성공한 사람들은 종종 자신과 같거나 더 높은 수준의 사람들과 교류하며 시너지를 창출한다. 온라인 네트워킹을 통해 글로벌 수준의 사업가, 투자자, 전문가들과 연결되면 이전에는 접근하기 어려웠던 인맥과 지식의 장벽을 넘을 수 있다. 이러한 고부가가치 인맥은 새로운 사업 기회, 투자 정보, 멘토링 등 다양한 형태로 부의 창출에 기여한다.

마지막으로, 온라인 네트워킹은 자본과 지식 공유의 장을 활용할 수 있게 한다. 디지털 공간에는 다양한 금융과 사업 관련 커뮤니티가 활성화되어 있으며, 이를 통해 새로운 비즈니스 모델과 혁신적인 아이디어를 접할 수 있다. 클라우드펀딩 플랫폼, 온라인 투자 커뮤니티, 스타트업 네트워크 등을 활용하면 전통적인 방식으로는 얻기 어려운 자금 조달 기회와 지식을 확보할 수 있다.

디지털 시대에 부를 창출하고 증식하기 위해서는 온라인 네트워킹 역량을 강화하는 것이 필수적이다. 새로운 비즈니스 기회 창출, 통찰력 확보, 자기 브랜딩, 고부가가치 인맥 형성, 자본과 지식 공유의 장 활용 등 다양한 측면에서 온라인 네트워킹은 부의 창출에 결정적인 역할을 한다. 디지털 변혁이 가속화하는 시대에 온라인 네트워킹은 더 이상 선택이 아닌 부자가 되기 위한 필요충분조건이 되었다.

"부자병법의 기본전략은
생애 주기별
리치테크 마인드입니다."

01 부자가 되기 위한 돈 모으기 전략을 공부하라.

02 부를 부르는 생애 주기별 리치테크(Rich-Tech) 계획과 목표 설정을 공부하라.

03 부자가 되기 위해서는 투자 상품을 공부하라.

Chapter

부자가 되기 위한
부자병법의 기본 전략

01

부자가 되기 위한
돈 모으기 전략을 공부하라.

부자의 시작, 종잣돈 마련하기 시작이 반이다.

직장인으로 사회생활을 시작하여 월급을 받게 되면 적은 금액이라도 꾸준히 저축하여 종잣돈을 모으는 것이 꼭 필요하다. 결혼이나 출산, 주택 마련 등 앞으로 경험하게 될 수많은 라이프 이벤트에 대비하여 재무 목표를 세우고 재무 자원의 관리를 시작해야 한다. 종잣돈을 모은 사람과 그렇지 못한 사람은 결혼이나 주택자금의 마련, 노후 대비 등에서 큰 차이를 보인다.

또한, 종잣돈은 재테크의 시작이기도 하다. 종잣돈은 부자가 되기 위한 첫발이라고 생각하면 된다. 투자를 하기 위해서는 기초적인 자금이 필요한데 이것이 종잣돈이고, 종잣돈은 클수록 투자처를 다양화할 수 있고, 투자처가 다양할수록 그만큼 돌아오는 수익도 커진다.

종잣돈을 효과적으로 모으기 위해서는 자신의 소득과 투자 성향, 금융 상품의 수익성과 안전성, 자금 필요 시점 등을 종합적으로 고려하여 신중하게 저축 방법을 선택해야 한다. 소득의 50% 이상을 저축한다는 원칙을 가지고 저축부터 먼저 한 후 지출하는 것이 필요하다. 예산을 세워서 불필요한 지출을 줄이고 매월 꾸준히 저축하는 습관을 길러 보자.

지금부터라도 하나씩 준비하면 된다. 자금 마련에 있어 시간이 많다는 것은 그만큼 가능성이 많다는 뜻이다. 잘 준비하고 대처해 나가면 걱정 없는 미래를 맞이할 수 있다. 이를 위해 은행 생활 30년의 노하우를 담아 종잣돈을 슬기롭게 모으는 방법을 정리해 보았다.

① 첫 번째, 일찍 시작하라.

아인슈타인Einstein은 "복리는 인간의 가장 위대한 발명"이라고 말했다. 복리란 원금에 이자를 합친 금액에 다시 이자가 붙는 것을 말한다. 미국의 사업가 워런 버핏은 주식시장에서 작은 규모의 자산이라도 장기적으로 투자할 경우, 속도가 붙어 불어나는 현상을 눈덩이가 불어나는 과정에 빗대어 '눈덩이 효과Snowball Effect'라고 불렀다. 작은 규모로 시작한 것이 가속도가 붙어 큰 효과를 불러오는 것을 뜻한다. 워런 버

핏은 성공적인 투자를 하기 위해서는 일정 수준 이상의 수익률로 장기
투자를 해야 하는데, 이는 마치 조그마한 눈덩이를 언덕 아래로 굴리
면 점점 눈덩이가 불어나고, 그 언덕이 길면 길수록 좋다고 말했다.

긴 언덕을 굴러내리는 눈덩이가 더 커진다는 말에서 알 수 있듯, 복
리 효과의 가장 중요한 요인은 시간이다. 그래서 복리를 시간의 마술
이라고도 부른다.

예를 들어, 노후를 위해 60세에 1억 원을 마련한다는 계획을 세우고
5% 금리의 상품에 가입한다고 했을 때, 예컨대 20세와 50세인 두 사
람이 각각 매월 적립해야 하는 금액은 얼마가 될까? 20세는 월 6만 5
천260원이고, 50세는 64만 1천320원이다. 이들 두 사람의 적립 기간
은 4배20세는 40년 적립, 50세는 10년 적립 차이가 나지만, 적립금은 무려 10
배나 차이를 보인다. 이처럼 일찍 종잣돈 만들기를 시작한다면 복리
효과에 의해 더 많은 종잣돈을 모을 수 있는 것이다.

② 두 번째, 금융 역량을 키워라.

일반적으로 종잣돈을 모으기 위해 위험부담이 적은 정기적금과 적
립식펀드에 가입하라고 권한다. 정기적금은 원금 손실 위험은 없지만
이자가 적고, 적립식펀드는 주식·채권시장 상황에 따라 수익률이 변
동하기 때문에 정기적금에 비해 높은 수익을 기대할 수는 있지만 원금
손실 위험이 있다. 정기적금에 가입하더라도 은행별, 상품별로 이자율

이 다르고, 적립식펀드 또한 금융 투자회사별, 상품별로 운용 실적과 수수료 등에서 차이가 있으므로 꼼꼼하게 비교해 보아야 한다.

이를 위해 금융감독원은 금융 소비자 정보 포털 '파인http://fine.fss. or.kr'을 제공하고 있다. 파인 메뉴 중에 '금융 상품 한눈에'에서 은행, 증권, 보험사 등이 판매하고 있는 다양한 금융 상품 정보를 쉽고 간편하게 비교할 수 있으니 이용해보기 바란다.

금융감독원 금융 소비자 정보 포털 파인 화면

그리고 경제 신문을 꾸준히 탐독하기를 권한다. 자본주의 사회에서의 경제는 흐르는 속성이 있기에 흐름에 올라타려면 가장 좋은 방법이 경제 신문을 읽는 것이다. 경제의 흐름, 돈의 흐름을 배움으로써 금융역량이 다져지는 것을 확인할 수 있다. 또한, 부자들이 최근 많이 가입하는 상품 등을 짚어 주는 기사들도 많아 종잣돈을 키우기 위한 용도로 벤치마킹할 수도 있다.

③ 세 번째, 자신만의 소비 법칙을 세워라.

습관이 인생을 바꾼다는 말이 있다. 돈을 모으는 소비 법칙에 대해서 알아보고 나만의 소비 법칙을 만들어 보기 바란다.

'1-10-30 법칙'은 1만 원을 지출하기 전에는 한 시간을 고민하고, 10만 원을 지출하기 전에는 열흘을 고민하고, 100만 원을 지출할 때는 한 달을 고민한 후에 소비하는 방법이다. 이처럼 돈을 쓰기 전에 고민하는 습관은 충동 소비를 막을 수 있어서 올바른 소비 습관을 만드는데 도움이 된다.

'카페라떼 효과'란, 카페라떼 한 잔 비용인 4천 원을 아껴 현재 적금 금리 3.5%의 금융 상품으로 꾸준히 운용한다면 10년 후에는 약 1천 700만 원, 20년 후에는 약 4천만 원이라는 엄청난 목돈이 되어 돌아온다는 효과를 말한다. 카페라떼 효과의 핵심은 단지 커피를 줄여서 돈을 아끼는 것이 아니라 자신에게 불필요한 소액 지출을 줄여 필요한 곳에 활용하거나, 장기적으로 저축하면 목돈을 만들 수 있다는 것을 의미한다. 택시비, 스마트폰 게임 구독료 등 지금 당장 나의 카페라떼는 어디에 있는지 찾아보고 실천해보기 바란다.

④ 네 번째, 현명하게 은행 거래하기

은행들은 고객의 예금, 카드, 대출 등 거래 실적에 따라 고객을 분류

필 박사의 부자병법

하고 이를 기준으로 금리 우대, 수수료 면제 등 각종 우대 혜택을 제공한다. 따라서, 여러 은행으로 분산하여 거래하기보다는 주거래 은행을 정해서 거래하는 것이 유리하다. 은행마다 직업, 나이 등에 따라 여러 맞춤형 혜택을 제공하는 다양한 입출금 통장 상품을 판매하고 있다. 특히, 직장인과 개인 사업자를 위한 다양한 인터넷·모바일뱅킹 전용 상품이 나와 있으니, 본인에게 가장 유리한 통장으로 신규 개설하거나 전환하면 혜택을 누릴 수 있다.

마지막으로, 거래 은행의 어플에 자주 접속해보자. 입출금 내역을 체크하면서 본인의 저축과 소비 상태를 확인할 수 있다. 은행들은 신규 예·적금 고객 유치, 유동성 관리 등을 목적으로 기본 금리에 추가 우대금리를 제공하는 특판 예·적금을 수시로 출시하기 때문에 이를 적극적으로 이용할 수 있다.

⑤ 다섯 번째, 슬기로운 신용 관리하기

신용카드를 사용할 때는 반드시 본인의 상환 능력을 고려하여 신중하게 결정해야 한다. 본인의 상환 능력을 벗어나서 카드를 사용하지 않도록 체크카드를 사용하는 것도 현명한 방법이다. 또한, 소액이라도 연체하면 안 된다. 연체 기록은 신용 등급 평가에 부정적인 영향을 끼치는 요인이므로, 특히 액수가 크지 않아도 연체 기록이 남기 때문에 꼭 주의해야 한다. 그리고 결제 대금은 자동이체를 이용하는 것이 좋다.

제2금융권, 대부 업체에서 대출, 카드사 대출 등은 가능한 이용하지 말아야 한다. 신용 조회 회사들은 개인 신용을 평가할 때, 앞서 나열한 대출을 은행 대출에 비해 부정적으로 평가하기 때문이다.

지금까지 종잣돈 마련을 위한 다섯까지 실천 키워드를 알아보았다. 최근 치솟는 물가로 가계경제에 적신호가 켜지면서 욜로YOLO, 인생은 한 번뿐, 플렉스FLEX 등 과시형 소비 트렌드가 지고 절약과 저축을 실천하는 종잣돈 모으기, 무지출 챌린지가 뜨고 있다고 한다. 돈을 모으는 것은 결코 쉬운 일이 아니다. 자신을 통제하고 노력해서 목표한 종잣돈을 잘 모은다면 어느 시기에는 성공할 가능성이 더 높아질 것이다.

필 박사의 부자병법

1억은 리치테크의 시작이다. 최대한 일찍 1억 종잣돈 모으기

① 리치테크의 시작은 종잣돈으로부터

주변에서 재테크에 관해 이야기할 때나 투자 관련 서적을 공부하다 보면 유독 종잣돈을 먼저 모아야 한다는 말을 많이 듣게 된다. 왜, 최종 목표인 10억 원, 20억 원을 이야기하지 않고 우선 종잣돈부터 모으라고 할까?

2000년 초만 하더라도 10억 원만 있어도 강남의 아파트를 살 수 있는 부자라고 했으나, 지금은 서울 어디를 가도 10억 원 아래의 아파트를 찾아보기 힘들다. 그래서 상대적으로 1억 원은 큰돈이 아니라는 생각을 할 수 있다. 1억 원으로는 집 한 채도 살 수 없고, 설사 1억 원이 있다고 해도 크게 달라지는 게 없어 보이기까지 한다.

그럼에도 1억 원을 먼저 모으는 게 중요한 이유를 설명하고자 한다. 투자에서 유의미한 수익을 내려면 종잣돈이 필요하다. 돈이 많을수록 불어나는 속도가 빨라지기 때문이다. 누군가가 100만 원을 투자해서 10% 수익을 냈다면 10만 원을 손에 쥘 수 있지만, 1억 원을 투자해서 10% 수익을 봤다면 1천만 원을 손에 쥘 수 있다. 같은 10% 수익률이지만 투자 원금의 크기에 비례해서 수익 금액이 커지는 것을 알 수 있다. 그리고 그 수익을 재투자한다. 그러면 종잣돈이 1억 1천만 원이 되고, 수익 금액은 더 커지게 된다. 1억 원의 종잣돈을 모으는 데 5년이

걸렸다고 치면, 1억 원을 2억 원으로 만드는 데 필요한 시간은 이보다 훨씬 줄어들 수 있다.

또한, 종잣돈을 쥐고 있으면 부동산, 주식, 펀드 등 다양한 투자 상품에 접근할 수 있는 기회도 늘어난다. 자본이 적을 때는 투자 옵션이 제한적일 수 있지만, 어느 정도의 자금을 확보하면 더 유리한 투자 기회를 잡을 가능성이 높아진다. 이것을 바로 자본소득 확보라고 한다. 여러분께서 종잣돈을 모으기까지는 거의 대부분이 노동에서 나오는 소득, 즉 월급을 아껴서 저축한다. 그러나 종잣돈을 모아 이 돈을 투자한다면, 노동에서 나오는 소득뿐만 아니라 종잣돈에서 발생하는 자본소득도 확보할 수 있게 된다. 이 자본소득은 쉽게 말해 돈이 돈을 버는 소득이다. 당신이 직장에서 일할 때, 밤에 잠을 잘 때도 종잣돈은 계속 스스로 일을 해서 당신의 자본소득을 만들어 낸다.

심리적 안정감 역시 종잣돈을 모아야 하는 중요 요인이다. 충분한 종잣돈이 있으면 급변하는 경제 상황에서도 투자에 대한 여유와 안정감을 가질 수 있다. 이는 섣부른 판단을 줄이고, 장기적인 투자 관점을 유지하는 데 도움을 준다.

② 한국인 종잣돈의 상징 '1억 원'

우리 한국인의 재테크에서 '1억 원'은 단순한 금액 이상의 상징성을 갖는다. 이는 심리적, 경제적, 그리고 실질적인 이유로 인해 많은 사람

필 박사의 부자병법

들에게 중요한 기준점이 된다.

예부터 성공의 상징인 1억 원은 일반적으로 많은 사람들이 '목표 달성'의 기준으로 삼기 좋은 금액이었다. 특히, 사회 초년생이나 재테크 초보자에게는 이 금액이 달성하고 싶은 첫 번째의 큰 성과일 수 있다. 지나치게 낮은 목표는 동기를 자극하지 못하고, 지나치게 높은 목표는 현실성이 떨어진다. 그렇기에 1억 원은 적절한 도전 과제로 설정되며, 적절한 기간 안에 모을 수 있는 금액으로 여겨지는 것이다. 그리고 숫자 자체가 크고 명확하기에 이 목표를 이루는 과정에서 강한 동기를 제공한다. '일곱 자리 숫자의 금액'이라는 심리적 임계점은 성취감을 높여 주기 쉽다.

또한, 1억 원은 경제적 기반으로서 실질적 투자 여력을 의미하기도 한다. 1억 원은 투자 시장에서 진입할 수 있는 여러 기회를 제공한다. 소형 아파트나 상가, 토지 매입 등 초기 자본이 필요한 때 적절히 활용할 수 있는 금액이다. 주식과 금융 상품에 투자할 경우, 안정적이거나 고수익을 노리는 다양한 투자 전략, 즉 포트폴리오를 구사할 수 있는 토대가 된다.

사회적 인식 측면에서 1억 원은 단순한 금전적 가치 외에도 '경제적으로 자립했다'는 인식을 줄 수 있는 상징적인 금액이다. 한국 사회에서는 '종잣돈'의 대명사 1억 원을 '뭔가를 시작할 만한 금액'으로 여기는 경향이 있다. 이는 대중매체, 금융 교육, 투자 컨설팅 등에서도 종종 등장한다.

③ 평범한 직장인, 3년에 1억 모으기 프로젝트 실행

돈을 모으기 위해서는 구체적인 목표 설정이 필요하다. 목표는 구체적일수록 달성하기 쉬워진다. 단순히 '1억 원을 모아야지'라고 생각하는 것보다 '몇 년 안에, 어떤 방법으로 모아야지'라고 구체적인 계획을 세워야 한다. 목표 기간을 정하고 기간에 따른 전략을 세우면 1억 모으기가 한층 더 현실적으로 다가올 것이다.

목표 기간	3년
수익률	연 5% 가정 (2024년 12월 시중은행 적금 평균 금리)
필요 저축액	매달 약 260만 원 적금 불입

··· 종잣돈이므로 손실 위험 없는 은행 적금 불입으로 가정

일반적인 직장인을 기준으로 매달 약 260만 원을 저축하려면 무엇보다 본인도 모르게 많이 지출하고 있는 돈을 막는 것이 가장 중요하다. 예를 들어, 주거비가 월 소득의 15%를 넘어가면 돈을 모으기 어렵다. 주거비란 전세 자금 대출이자나 월세를 뜻하며, 이게 월 소득의 15%를 넘어간다면 교통비를 감안한 주거비가 15% 이내인 곳으로 이사 가는 것도 생각해보아야 한다.

그리고 혹시 해마다 하계·동계 휴가철에 비싼 항공료와 숙박 요금을 내면서까지 여행을 다녀오고, 면세를 활용해 과하게 쇼핑하거나 비

필 박사의 부자병법

싼 명품을 구매하는 것은 아닌지 잘 살펴봐야 한다. 향후 자녀가 크면 자녀의 방학 기간에 맞추어 불가피하게 하계·동계 휴가철을 이용해 휴가를 다녀올 경우가 많다. 현재 자녀가 없다면 가급적 비수기를 활용해 알뜰하게 휴가를 다녀오는 것이 좋다.

마지막으로, 본인 소득의 6개월 치 이상 되는 차량을 구매해 타고 있는지 점검해야 한다. 필요에 따라 중고차나 경차를 활용할 수 있지만 대중교통이 잘 갖추어진 수도권이나 광역시에 거주할 경우, 월 400만 원 이상의 소득이 아니라면 차량 구매는 미루는 게 좋다. 우리나라에서 가장 많이 팔리는 중형 SUV 차량의 경우 차량 가격의 감가와 유류비, 보험료 등을 모두 따지면 월 유지비가 146만 원 정도라고 한다. 자가용 대신 대중교통을 이용하는 비용을 고려하더라도 월 100만 원 이상이 저축에서 빠지고 있는 셈이다.

앞의 예시처럼 과한 지출을 저축으로 돌리고 꾸준하게 돈을 모으는 것이 필요하다. 돈을 모으는 팁을 드리면, 우선 매달 정해진 금액을 급여일에 자동이체로 저축하기 바란다. 소비 생각이 들지 않도록 급여가 들어오자마자 일정 부분을 저축으로 전환함으로써 강제 절약 효과를 만드는 것이다.

또, 매일 혹은 최소한 주별 단위로 수입과 지출을 기록하여 예산을 관리하는 습관을 들이자. 지출 중에는 당장은 필요하지 않은 지출, 조금 더 줄여도 되는 지출이 분명히 있다. 특히, 당신이 갖고 싶은 제품을 샀다고 했을 경우, 그 물건은 사지 않아도 무방한 것일 확률이 높다. 이 말이 무슨 뜻이냐면, 예컨대 치약이나 비누를 당신이 갖고 싶어 하겠는가? 아닐 것이다. 갖고 싶다는 생각이 들리 없는 생필품이기 때문이다. 당신이 갖고 싶다고 생각하는 물건은 가지고 싶어 하는 마음만큼 꼭 필요한 물건이 아닐 가능성이 높다. 이처럼 가계부를 쓰면서 지출 내역을 피드백하면 지출을 줄일 수 있을 뿐만 아니라 계획적으로 살아가는 습관도 생기는 일석이조一石二鳥의 효과를 누릴 수 있다.

비상금 통장은 꼭 만들어야 한다. 지방에 가면 흔히 볼 수 있는 게 저수지다. 가뭄이 들면 쓰려고 비가 많이 올 때 물을 가둬 둔다. 비상금 통장이 바로 이런 역할을 한다. 비정기적인 지출, 명절이나 이벤트 등 예상치 못한 지출이 생기면 저축 계획에 차질이 생기고 꾸준히 실행했던 저축 의지가 꺾여 중간에 포기하는 일도 생길 수 있다. 이를 방지하기 위해 일정 금액은 저수지처럼 비상금 통장에 꼭 넣어 두고 반드시 비상시에만 활용하고, 저축해야 할 금액에서 꺼내 쓸 생각을 아예 하지 말아야 한다.

이렇게 절약만 하고 살면 무슨 재미로 사냐고 생각할 수 있다. 그렇다면 당신은 지금까지 '돈 쓰는 재미'만 맛본 것이다. 당신이 경험을 안 해봐서 그렇지 돈 모으는 재미도 생각보다 흥미롭다. 돈 쓰는 재미가 아니라 돈 모으는 재미로 관심을 돌려야 한다. 돈 모으는 일에는 재미 이상의 것이 있기 때문이다.

'재미'의 관점에서 보면 돈이라는 건 두 가지 방식으로 작동한다. 첫째는 물건으로 교환하는 것인데, 최신형 스마트폰이나 게임기를 사서 매일 조작하면서 재미를 느끼는 '기능의 재미'다. 둘째는 이 기능의 재미를 꾹 참고 돈을 통장에 넣는 것으로, 돈을 불리며 보관하는 '가능성

필 박사의 부자병법

의 재미'다. 자수성가한 많은 사람이 젊은 날 이 가능성의 재미에 중독돼 저축하고 부자가 됐다. 요즘 사람들은 너무 기능의 재미에만 빠져 있는 것이 현실이다.

또, 이런 질문을 할 수 있다. 그럼 1억 원만 모으면 끝나는 건인가? 그렇다. 단연코 1억 원만 모으면 끝난다. 본인의 계획에 맞추어 과감히 소비를 줄이고 철저히 저축해서 1억 원을 만들 정도의 태도를 지닌 사람은 1억 원을 모으는 3년 동안 분명히 많은 성장을 할 것이다. 태도가 곧 모든 것이다. 돈에 대한 여러분의 태도가 여러분의 미래를 결정한다.

내가 1억 원을 모으고 나면 그 1억 원이 나에게 어떤 변화를 줄 수 있느냐에 집중하지 말고, 돈에 대한 본인의 태도를 바꾸고 자기를 성장시키는 과정이라고 생각하면 된다. 1억 원을 모으기까지 무수한 지뢰밭을 만나게 되고, 이 지뢰를 밟거나 피해 나가는 과정에서 장차 부자가 될 수 있는 좋은 습관을 기르게 된다. 1억 원 만들기 과정에서 여러 시행착오를 겪으며 돈에 대한 마인드가 단단해지고 목표를 달성했다는 자신감과 성취감을 얻는다면, 그 1억 원이 2억 원, 3억 원으로 불어나는 데는 앞서 1억 원을 만드는 데 들었던 시간의 절반도 걸리지 않을 것이며, 막연한 저축이 아니라 투자로 돈이 불어나는 속도를 올릴 수 있다.

그래서 1억 원 모으기는 최종 목적지가 아니라 부자로 가는 경유지라고 한다. 지금부터 다시 돈을 모으겠다고 마음먹었다면 꼭 1억 원 모으기부터 도전해보기를 권한다.

즐거운 나의 집, 주택 마련 자금 관리

교외의 높은 산이나 도심의 빌딩에 올라가 주변을 내려다보면 아파트, 주택, 빌딩 등 수많은 건물들이 눈에 들어온다. 그 건물들을 보면서 '이렇게 많은 집이 있는데 이 가운데 내 집은 왜 없을까?'라고 생각해 본 적이 있을 것이다. 많지 않은 월급을 받아서 빠듯하게 생활하고 있는데, 그 생활비를 쪼개 살 집을 마련하기 위해 저축까지 하려니 가슴이 답답할 것이다.

주택자금 마련은 많은 사람들이 1순위로 꼽는 재무 목표인 동시에 여러 재무 목표 중에서 가장 비용이 많이 드는 목표이기도 하다. 따라서, 다양한 형태의 주택에 대해 알아보고, 주택자금 마련을 위해 차근차근 준비해 나갈 필요가 있다. 특히, 신혼부부를 위한 다양한 제도가 마련되어 있으므로 알아보고 준비한다면 더욱 도움이 될 것이다. 또한, 자금을 모으고 불리기 위한 저축 및 투자 상품을 이용하거나 대출 상품을 이용하는 등 금융 상품을 많이 활용하게 되는데, 이에 대한 지식도 갖춰야 한다. 대출 상품을 이용할 때는 적정 수준에서 벗어나지 않도록 해야 하고, 본인의 상황에 적합한 상품을 선택해야 한다. 더불어 미리미리 신용 관리를 해 둔다면 부채 부담을 줄이고 가계경제에 많은 도움을 줄 수 있다.

이를 위해 '나의 보금자리 마련을 위한 저축·대출 방법'이라는 주제로 좀 더 현명하게 주택자금을 마련하는 방법을 알아본다.

필 박사의 부자병법

① 주택자금 마련을 위한 저축 방법

살아갈 주택을 장만하는 데 있어 가장 중요한 것은 자금을 마련하는 것이다. 주택자금을 마련하는 방법은 꾸준한 저축이나 안전한 투자로 돈을 모으는 것과 부족한 돈을 빌리는 방법이 있다. 현실적으로는 이 두 가지 방법을 적절하게 잘 활용해서 주택자금을 마련해야 한다.

: 종잣돈 마련을 위한 상품

주택자금 종잣돈 마련을 위한 금융 상품으로는 적립식 저축을 생각해볼 수 있다. 대표적인 적립식 저축 상품은 정기적금과 적립식펀드가 있는데 각자의 위험 수용 성향에 맞게 선택할 수 있다.

정기적금은 매월 일정 금액을 정기적으로 납입하고 만기일에 원리금을 지급받는 상품이다. 정기적금은 원금 손실의 위험이 없어 안정성은 매우 높지만, 시중은행의 정기적금 이자율이 3~4%대라 큰 수익을 기대하기는 어려운 현실이다.

반면, 적립식펀드는 일정 기간 본인이 원하는 유형의 펀드주식형, 채권형 등를 선택하여 투자하는 상품이다. 정기적금과 달리 약정된 금리가 아닌 투자 실적에 따라 배당금이 주어지기 때문에 투자 성과에 따라 더 높은 수익도 가능하지만, 그만큼 위험성도 크다. 그러나 매월 똑같은 금액으로 주식을 사는 형태로, 주가가 떨어지면 주식을 많이 사고, 주가가 오르면 주식을 적게 사기 때문에 평균 매입 단가를 낮추는 효과가 있어 장기 투자하면 시장 금리보다 높은 수익을 기대할 수도 있다.

: 목돈을 투자하는 상품

어느 정도의 목돈이 마련되면 그 돈을 불리기 위한 투자 상품을 선택해야 한다. 그러나 수익률이 높은 투자 상품은 원금 손실의 위험이 함께 수반되므로 무리하게 투자하기보다는 본인의 위험 수용 성향과 위험 수용 능력을 파악한 후 적절한 금융 상품을 선택해야 한다. 시중 금리가 낮기에 정기예금은 목돈을 투자하는 용도로 활용하기는 어렵고 대신 목돈 예치가 필요한 경우 활용할 수 있다.

주가지수 연동예금Equity-Linked Deposit, ELD은 원금이 보장되며 예금자보호법이 적용되는 상품으로, 투자 원금의 일부는 확정 금리가 주어지는 정기예금에, 나머지는 주가지수와 연계한 파생 상품에 투자해 좀 더 높은 수익을 추구하는 상품이다. 원금이 보장되니 안정적이고 시중 금리보다 높은 수익을 기대할 수 있다.

ELD와 유사한 상품으로 국공채에 투자하는 주가연계증권Equity Linked Securities, ELS과 주가연계펀드Equity Linked Fund, ELF 등이 있다. ELS는 자금의 대부분을 국공채에 투자하고 나머지를 주가지수와 연계된 파생 상품에 투자하는 상품으로, 원금이 보장되지 않을 수 있고 사전에 약정한 금액만 보장받는 상품이다. ELF는 ELS와 마찬가지로 자산의 대부분을 국공채에 투자하고 나머지 자산을 증권회사에서 발행한 ELS를 사서 수익률을 높이는 상품이다. 두 상품 모두 위험성이 상당히 높

필 박사의 부자병법

은 상품이므로, 본인의 투자 성향을 명확히 파악하고 상품의 위험성을 충분히 인지한 후에 투자 의사 결정을 하는 것이 바람직하다.

금융 상품이 너무 어렵다 보니 판매 직원의 말을 믿고 상품을 추천받아 돈을 모으고 싶은 마음이 들 수 있다. 그렇지만 현명한 금융 소비자로서 소중한 자산을 지키려면 상품에 대해 충분히 공부하고 판단하는 능력을 기르기 위해 노력해야 한다.

② 주택자금 마련을 위한 대출 방법

주위에 집을 마련한 사람들을 살펴보자. 그들 대부분이 은행 등에서 대출을 받아 집을 산 경우가 많다. 이처럼 주택을 마련할 때 대출을 받는 가계가 늘고 있는데, 집을 사기 위한 현명한 대출 방법은 무엇이 있는지 알아 둘 필요가 있다.

: 첫째, 적정 대출 금액 결정

대출은 받을 수 있는 한도만큼 최대한 많이 받는 것이 좋을까? 아니다. 대출은 현재 소득 수준, 기존 대출 정도, 대출 상환금을 감당할 수 있는 정도 등을 종합적으로 판단해 적정한 수준으로 받는 것이 중요하다. 우리나라는 부동산 시장을 안정화하기 위하여 몇 가지 적정 대출수준을 판단할 수 있는 지표를 정해 두고 있다.

💰 총부채상환비율 (DTI : Debt To Income)

주택 담보대출 원리금과 그 외의 대출이자가 연소득에서 차지하는 비중으로, 이 수치가 낮을수록 부채를 상환할 수 있는 능력이 높다고 인정된다. 2024년 8월 현재 DTI 한도는 지역에 따라 투기 과열 지구 및 투기 지역, 조정 대상 지역, 조정 대상 지역 외 수도권, 기타 지역으로 나뉘며, 세대에 따라 서민 실수요자, 무주택 세대, 1주택 보유 세대, 2주택 이상 보유 세대로 나뉘어 그 비율을 다르게 적용하고 있다.

$$DTI = \frac{\text{주택 담보대출 연간 원리금 상환액 + 기타 부채 이자 상환 추정액}}{\text{연소득}} \times 100$$

💰 총부채원리금상환비율 (DSR : Debt Service Ratio)

2018년부터 도입된 정책으로 차주借主. 돈을 빌려 쓴 사람가 보유한 금융 부채의 원리금 상환액이 연소득에서 차지하는 비율을 의미하며, 차주의 총체적 상환 능력을 알아볼 수 있다. 즉, 주택 담보대출 원리금뿐만 아니라 신용카드 대금, 장기 신용카드 대출카드론, 한도 대출마이너스 통장, 학자금 대출, 자동차 할부금 등 모든 빚의 원금과 이자를 포함해 산출하는 비율이므로 DTI보다 더욱 엄격한 기준이다.

$$DSR = \frac{\text{금융회사 대출의 연간 원리금 상환액}}{\text{연소득}} \times 100$$

필 박사의 부자병법

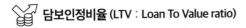 **담보인정비율 (LTV : Loan To Value ratio)**

주택의 담보 가치 대비 대출 금액 비율을 의미하는 것으로, 금융회사는 대출 채권 상환에 부족분이 발생하지 않도록 정해진 담보 인정 비율 이내에서 담보대출을 취급한다. 이 또한 DTI와 같이 2024년 8월 현재 지역에 따라 투기 과열 지구 및 투기 지역, 조정 대상 지역, 조정 대상 지역 외 수도권, 기타 지역으로 나뉘며, 세대에 따라 서민 실수요자, 무주택 세대, 1주택 보유 세대, 2주택 이상 보유 세대로 나누어 비율을 다르게 적용하고 있다.

$$LTV = \frac{대출\ 취급\ 가능\ 금액}{주택의\ 담보\ 가치} \times 100$$

: 둘째, 대출금리 유형 선택

대출금리는 크게 변동형, 고정형으로 구분할 수 있다. 결론을 먼저 말하자면 금리 상승기에는 고정 금리가, 금리 하락기에는 변동 금리가 유리하다.

변동형

금융시장의 단기금리 지표인 CD^{양도성예금증서}, COFIX^{자금조달비용지수}

금리 등을 기준으로 3개월, 6개월 등 주기로 금리가 변경되는 유형이다. 시장의 금리 변동 위험을 소비자가 주로 부담하는 구조로, 대체로 고정 금리 대출에 비해 낮은 금리를 적용한다.

고정형

대출 시점에서 결정된 금리가 대출 만기까지 똑같이 적용되는 유형이다. 금리 변동이 없어 안정적으로 부채를 관리할 수 있는 것이 장점이며, 대체로 변동 금리 대출에 비해 높은 금리를 적용한다.

: 셋째, 대출 상환 방식 결정

대출을 갚아 나가는 방법에는 원리금균등분할상환, 원금균등분할상환이 있다. 각 방식의 특징을 알고 가계에 무리를 주지 않는 대출 상환 계획을 수립해야 한다.

원리금균등분할상환 방식은 원금과 이자를 함께 만기까지 매월 동일하게 갚는 방식으로, 매월 동일한 금액을 상환하기 때문에 계획적인 자금 운용이 가능하다. 반면에 원금균등분할상환 방식은 매월 똑같은 금액의 원금을 상환하고 줄어든 대출 원금에 대한 이자를 납입하므로, 초기에는 상환금액이 크지만 시간이 흐르면서 상환금액이 감소해, 만기까지 이자 상환금액이 가장 적은 상환 방식이다.

이처럼 상환 방식별 차이와 장점 등을 이해하고 예상되는 본인의

필 박사의 부자병법

소득 수준과 상환 계획을 종합적으로 고려하여 자신에게 맞는 방식을 선택해야 한다.

현재 정부에서는 사회 초년생이나 신혼부부가 안정적인 가정생활을 시작할 수 있도록 주택 마련을 위한 다양한 지원 정책을 시행하고 있다. 이 중 대표적인 지원 정책인 주택도시기금 대출과 시중은행 대출 중 가장 많이 활용되는 아파트 담보대출을 비교하여 본인의 소득 수준과 구입하고자 하는 주택 가격에 맞추어 선택하면 된다.

날이 갈수록 부동산 시장 예측이 어려워지고 주택자금 마련도 어려워지고 있다. 그러나 주택은 우리 삶의 필수 요소에 해당하는 것으로 어떤 형태로든 마련하여야 할 대상임에는 분명하다. 비용이 많이 필요한 만큼 주택자금 마련은 장기적인 계획과 실천이 중요한 재무 목표다. 또한, 주택자금 마련을 위해서는 국가가 제공하는 다양한 정책이나 제도에 대한 정보를 수집하고 이용할 수 있어야 하고, 시중의 금융 상품을 이해하고 본인에게 맞는 상품을 선택할 수 있어야 한다. 따라서, 이러한 재무적 역량을 기르기 위한 노력이 꾸준히 이루어져야 할 것이다.

정부 지원 대출(주택도시기금)과 시중은행 주택(아파트) 담보대출 비교

구분	내 집 마련 디딤돌 대출 (주택도시기금)	아파트 담보대출 (시중은행)
자격 요건	- 주택을 취득하기 위하여 주택 매매 계약을 체결하였으며, 대출 접수일 현재 민법상 성년인 세대주이며, 세대원 전원이 무주택 (주택도시기금 대출 및 은행 재원 주택 담보 대출 미이용자)	- 아파트를 담보(분양 아파트 후취담보 포함)로 제공하는 개인
소득 요건	- 부부 합산 연소득 6천만 원 이하인 자 (단, 생애 최초 주택 구입자, 2자녀 이상 가구는 7천만 원)	- 은행별 소득 증빙 자료 제출 및 신용 등급 등 심사 기준을 충족 (소득 ↑ ⇒ DSR 기준 충족↑ ⇒ 대출 금액 ↑)
대상 주택	- 주거 전용면적이 85m² 이하인 주택으로 대출 신청일 현재 담보주택의 평가액이 5억 원을 초과하는 주택은 대출 대상 제외 (신혼 가구 및 2자녀 이상 가구의 경우 6억 원)	- 아파트를 담보 (일반적으로 KB시세가 있는 아파트) ※ 빌라 등 일반 주택은 부동산 담보 대출로 취급 (각 은행 홈페이지 참조)
대출 한도	- 일반 가구 : 최대 2.5억 원 (생애 최초 주택 구입 일반 가구 3억 원) - 신혼 가구 및 2자녀 이상 가구 : 최대 4억 원	- 담보 인정 비율을 감안한 유효 담보 가액 범위 내 (일반적으로 최대 10억 원)
대출 기간	10년, 15년, 20년, 30년	최장 40~50년 이내
대출 금리	- 소득 수준과 대출 기간에 따라 다르게 적용 (국토부에서 매월 금리 고시) - 2024년 8월 현재 2.45~3.55%	- 신용 조건 및 은행 거래 상황에 따라 다르게 적용 (은행별 수시로 금리 게시) - 2024년 8월 현재 3.00~4.88%

새로운 시작을 위한 준비, 노후 자금 마련하기

한국인의 기대 수명

년도	기대 수명	비고
2023년	83.5세	
2050년	88.6세	추계치
2072년	91.1세	추계치

50대 노후 생활비

구분	최소 노후 생활비	적정 노후 생활비	비고
50대	219만 원	322만 원	부부 기준

한국인의 기대 수명 90세, 현재 50대가 필요한 노후 자금

① 20년간 필요한 은퇴 후 생활 자금 7억 7천280만 원

② 30년간 필요한 은퇴 후 생활 자금 11억 5천920만 원

③ 40년간 필요한 은퇴 후 생활 자금 15억 4천560만 원

우리나라는 세계에서 찾아보기 어려울 만큼 빠른 속도로 인구 고령화가 진행되고 있다. 이에 따라 노후 생활에 대한 준비가 중요하다는 인식도 강해지고 있다. 그러나 실제로 은퇴를 준비하고 있는 사람들은 전체의 절반에도 미치지 못하고 있으며, 많은 경우 현재의 저축과 자산으로는 은퇴 후 희망하는 생활을 누리지 못할 가능성이 큰 것으로 분석되고 있다.

이제는 정말이지 100세 시대가 오는 것 같다. 아마 지금의 40~50대는 100세 시대의 서막을 알리는 나이대가 될지도 모른다. 물론 100세 시대가 마냥 좋은 것만은 아닐 수 있다. 대부분 50대 중반부터 60대 초반에 은퇴하고 무려 40년은 기본으로 더 살아가야 하는데, 이 40년은 노화에 따른 건강 문제 등 다양한 고비용 지출 시기가 될 수밖에 없다. 이런 이유로 요즘은 은퇴 후 생활과 은퇴 후 경제력, 즉 돈에 관한 이야기가 많이 강조되고 그 중요성도 점점 더 커지고 있다.

이처럼 개인의 기대 수명이 점차 늘어나고 있는 시점에서 은퇴는 인생 후반기 제2의 인생을 살기 위한 새로운 출발점이 될 수밖에 없다. 따라서 은퇴 이후 중요한 문제인 재무, 주거, 건강 관리, 그리고 생애의 마지막을 미리부터 차근차근 준비할 필요가 있다. 은퇴 전보다 소득이 줄어드는 시기에 대비해 생활비에 대한 걱정을 줄이고 정기적인 소득을 안정적으로 창출할 수 있는 방법을 알아야 한다.

지금 당장 자녀 교육비와 주택자금 대출 상환도 힘든데 어떻게 노후 준비까지 할 수 있느냐고 반박할지도 모른다. 하지만 적은 금액이라도 일찍부터 시작하는 것이 좋다.

필 박사의 부자병법

① 은퇴 준비가 필요한 이유

여러분이 은퇴 준비를 하지 못한 채 노후를 맞게 된다면 그에 대한 부양 부담은 대부분 자녀 세대가 지게 된다. 하지만 우리나라는 2024년 12월 기준으로 이미 초고령사회로 진입하였다. 초고령사회는 65세 이상 인구가 전체 인구의 20% 이상인 사회를 말한다. 자녀 세대의 경제적인 부담은 더욱 가중될 게 뻔하다. 또한, 본인이 원하는 은퇴 생활을 하지 못할 가능성도 높다. 자녀 세대의 부담을 완화하고 본인이 원하는 은퇴 생활을 하기 위해서는 준비가 필요하다.

부모 부양에 대한 청소년들의 생각이 달라지는 것도 스스로 은퇴 준비를 해야 하는 이유가 된다. 통계청에서 15세 이상 인구를 대상으로 조사한 결과를 보면, 부모 부양에 대해 가족이 담당해야 한다는 의견은 최근 급격하게 감소하는 반면, 부모 스스로 해결해야 한다는 의견이 크게 증가하고 있다. 또한, 가족과 정부, 사회가 함께해야 한다는 의견도 꾸준히 증가하고 있다.

경제·금융 환경의 변화로 경제 수명이 짧아지는 것도 은퇴 준비를 해야 하는 중요한 이유다. 예전에는 퇴직금이나 연금 일시금을 은행에 넣어 두고 연 10%에 달하는 이자로 노후 생활을 꾸릴 수 있었다. 하지만 이제는 그렇게 높은 이자를 주는 상품이 없기에 더 높은 수익률을 제공하는 투자 상품에 장기적으로 투자해야 할 필요성이 커졌다. 더욱이 정년 보장이 어려워지고 경제활동 기간은 줄어드는데, 은퇴 후 살아가야 하는 기간은 길어졌기 때문에 충분한 노후 자금을 준비하는 일이 더 어려워졌다. 따라서, 금융 투자 상품을 이용하여 노후 자금을 만드는 것은 저금리 시장에서는 더 나은 방법이기는 하지만, 수익률이 높은 만큼 위험도 높아 신중히 결정해야 한다. 본인의 투자 성향에 맞는 금융 상품을 가능한 일찍부터 준비하여 장기간 유지 관리함으로써 위험을 줄여야 한다.

② 노후 자금, 얼마나 필요할까?

은퇴 준비를 하는 가장 큰 목적은 노후에 원하는 수준으로 생활하기 위해서다. 따라서, 내가 원하는 수준을 위해서 어느 정도의 자금이 필요하며, 그 자금을 모으기 위해 어느 정도의 금액을 저축해야 하는지를 계산하는 과정이 필요하다. 이를 통해 은퇴 준비를 위한 저축 금액을 결정할 수 있으며, 다른 재무 목표 달성을 위한 저축 금액과 배분을 어떻게 할지 조정할 수 있다.

은퇴 후를 살아가기 위한 이상적인 생활비는 얼마나 될까? 대개 은퇴 전 수입의 약 70%라고 한다. 통계청 조사 결과, 은퇴를 앞둔 50대 가장들은 적정 노후 자금으로 월평균 322만 원이 필요하다고 응답한 것으로 나타났다. 이를 기준으로 계산해보면, 은퇴 후 20년간 필요한 총액은 약 7억 7천280만 원, 30년간 필요한 총액은 약 11억 5천920만 원이다.

최근 평균수명의 증가로 '장수위험Longevity Risk'이라는 말이 회자하고 있다. 장수위험은 오래 살기 때문에 발생하는 위험이다. 예를 들어, 은퇴 기간을 30년으로 예상해서 필요한 자금을 준비해 두었는데 실제로는 40년을 산다면 예상하지 못했던 추가 10년을 견딜 자금 문제가 발생할 수밖에 없다. 이런 상황을 바로 장수위험이라고 한다. 장수위험에 빠지지 않으려면 은퇴 기간을 넉넉하게 예상하고 노후 준비를 하는 것이 좋다.

국민연금관리공단에서는 노후준비지원법에 따라 '노후준비종합진단'을 제공하고 있으며, 이를 통해서도 자신의 노후 생활 준비 수준과 유형을 진단하고 재무, 건강, 대인 관계 영역에서 균형 잡힌 노후 준비를 할 수 있도록 도움을 주고 있다. 이를 활용하여 본인의 노후 준비 상황을 진단해보기 바란다.

③ 노후 자금, 어떻게 준비할까?

재무적인 차원에서 은퇴 준비는 노후 생활을 위한 자금을 마련하는 것으로, 얼마가 필요할지 계산하는 것도 중요하지만 은퇴하기 전에는 그 자금을 다른 용도로 사용하지 않아야 하는 것 또한 매우 중요하다. 은퇴 후 정기적인 소득원으로 이용할 수 있는 금융 상품의 기본은 연금 상품이다.

연금은 일정 기간 정기적으로 일정한 금액을 수령하는 형태의 금융 상품을 말한다. 모아 놓은 은퇴 자금을 목돈으로 보유하고 조금씩 인출하여 생활비로 쓸 수도 있지만, 그럴 경우 무절제한 지출을 할 수도 있고, 자녀나 지인으로부터 빌려 달라는 부탁을 받는 등 목적과는 다른 용도로 사용될 가능성이 높다. 이런 일을 막기 위한 가장 좋은 방법의 하나는 연금으로 노후 자금을 준비하는 것이다.

은퇴 준비를 위한 연금은 3층 연금 구조를 기본으로 한다. 가장 기본이 되는 1층에 해당하는 공적 연금은 법령에 따라 국민의 기본적인 노후 생활을 보장하기 위해 실시하는 제도로 국민연금이 있다. 2층에 해당하는 퇴직연금은 근로자의 안정적인 노후 생활을 위한 것이며, 3층에 해당하는 개인연금은 개인이 여유 있는 생활을 위해 선택적으로 가입하는 사적 연금이다. 이 가운데 개인의 선택으로 가입과 적립의 양을 조절할 수 있는 3층 개인연금 대표 상품에 대해 알아보자.

첫 번째는 개인형 IRP^Individual Retirement Pension이다. 기본적으로는 향후 퇴직금을 수령하기 위해 반드시 개설해야 하는 개인형 IRP 계좌는 본 목적 외에도 개인 부담금을 함께 적립하고 운용할 수 있어 노후 대비 연금 상품으로 활용되고 있다. 가장 큰 장점 중의 하나로 연 최대한도 900만 원까지 세액공제가 되어 절세를 위해 활용할 수 있다. 연금저축펀드와 개인형 IRP 계좌 합계 연간 1천800만 원 한도로 납입할 수 있어 본인 스스로 자유롭게 미래를 위해 저축할 수 있을 뿐만 아니라 합산 900만 원까지 세액공제를 받을 수 있다. 또한, 향후 퇴직급여가 개인형 IRP 계좌로 이전되면, 인출 시점까지 퇴직 소득세를 납부하지 않고 운용 자금으로 활용할 수도 있다. 연금 수령 시 연금 수령 기간을

필 박사의 부자병법

10년 초과로 설정한다면 퇴직 소득세를 최대 40%까지 감면받고, 운용 수익과 세액공제 받은 개인 부담금은 3.3~5.5% 저율로 과세 혜택을 받을 수 있다.

두 번째는 연금 저축이다. 연금 저축은 최소 5년 이상 납입하고 만 55세 이후부터 연금을 받는 대표적인 노후 대비 금융 상품이다. 매년 과세표준 구간에 따라 연말정산 시 세액공제 혜택이 있다는 게 최대 강점으로, 연간 납입액 중 400만 원까지 세액공제 혜택을 받을 수 있다. IRP와 마찬가지로 세액공제 상품이지만, 연금을 수령할 때는 연령별로 연금소득세가 차등 과세되어 3.3~5.5%의 저율 과세 혜택을 받을 수 있다.

세 번째는 투자 상품으로 대표적인 ETF^{Exchange Traded Funds, 상장 지수} 펀드이다. 필요 은퇴 자금을 계산해본 결과 현재 자산의 운용 수익률로는 원하는 노후 생활을 하기 힘들겠다는 생각이 들거나, 예·적금 위주로 운용하고 있는 금융자산의 수익률을 올리고 싶은 경우 가입해볼 수 있다.

ETF는 인덱스 펀드의 일종이다. 인덱스 펀드는 KOSPI 200 같은 특정 지수의 수익률을 따라가도록 설계하고 운용되는 펀드를 말한다. 지수를 추종한다는 의미에서 일종의 인덱스 펀드라고 했지만, 일반적인 인덱스 펀드와는 달리 일반 주식처럼 거래소에 상장되어 있다. 또한, 한국의 KOSPI나 미국의 S&P처럼 주식시장 전체 지수를 기초 지수로 하여 만들 수도 있지만 자동차, 반도체 등 특정 산업섹터이나 이차전지 등 트렌드테마를 기초 지수로 삼을 수도 있다. 그리고 채권이나 금리,

환율, 원재료, 파생 상품 등을 기초 자산으로 하는 지수 역시 가능하다. 따라서, 증권회사나 홈트레이딩 시스템, 스마트폰을 통한 MTSMobile Trading System로 일반 주식처럼 장 중에 투자자가 직접 매매할 수 있다. 운용 성과를 6개월 지나 운용 보고서 형태로 알려 주는 일반 펀드와 달리 ETF는 구성 종목과 비중, 그리고 순자산 가치를 매일 발표한다. 투자 대상의 다양성, 지수를 통한 분산투자, 저렴한 비용, 편리성과 투명성 등의 장점을 갖춘 ETF의 인기는 날로 고공 행진 중이다.

④ 은퇴 준비는 선택이 아닌 필수

기대 수명 83세이면 아흔 살 넘게 사는 일이 다반사가 되고, 백수白壽를 누리는 이도 심심치 않게 찾아볼 수 있는 시대라고 해도 과언이 아니다. 이처럼 의학의 발달로 수명이 길어졌지만 장수는 마냥 축복만이 아니다. 앞서 언급한 장수위험처럼 열악한 재정 상황으로 여생을 보낼 수도 있기 때문이다.

그러므로 은퇴 준비는 다양한 재무 목표 중에서도 나와 가족을 생각할 때 가장 기본적이며 필수적인 목표다. 공적 연금이나 퇴직연금으로는 부족한 은퇴 소득을 조달하려면 구체적인 방안을 마련해 실천하여야 한다. 인구 고령화로 노인 인구의 증가 속도가 빨라지면서 국민연금 수급자 수도 증가하고 있다. 이로 인해 국민연금 지출이 늘어나면서 재원 조달에도 빨간불이 켜졌다. 따라서, 개별적인 노후 준비의 필요성이 더욱더 부각하고 있다.

인생 제2막, 은퇴 이후의 삶. 그동안 자신을 포함해 가족을 위해 스트레스 받으며 지냈던 직장 혹은 사업장 생활을 끝내고 본인이 하고 싶은 취미, 소일거리, 봉사 등으로 여생을 보낼 수 있으니, 은퇴는 오랜 직장 생활에 대한 보상의 시간이 되어야 한다. 소박하지만 여유로운 은퇴 이후의 삶을 위해서라도 지금까지 은퇴 필요 자금을 계산해보지 않았다면 지금이 바로 그러한 계산을 해야 할 때다. 내가 원하는 은퇴 생활을 고려할 때, 은퇴 시기까지 모아야 하는 자금을 계산해보고 하루라도 빨리 준비를 시작하는 것이 중요하다.

02

부를 부르는 생애 주기별 리치테크(Rich-Tech) 계획과 목표 설정을 공부하라.

우리는 일반적으로 학교를 졸업한 후, 경제활동을 시작하고, 때가 되면 결혼해 자녀를 출산, 양육하고, 그들이 성장해 결혼하면 독립시키고, 은퇴와 노후를 맞이하게 된다. 이렇듯 우리가 살아가면서 거치게 되는 일련의 과정이 바로 생애 주기이다. 그리고 이러한 생애 주기 각 단계의 이벤트는 큰 지출을 동반한다. 그러므로 생애 주기에 따른 재무 목표를 설정하고, 이에 따라 적절한 재무 계획을 세우는 것은 행복한 삶을 위해 매우 중요한 과정이다.

다음의 '생애 주기 단계별 라이프 이벤트와 재무 목표'에서 볼 수 있듯이 생애 동안 생활수준을 유지하거나 향상시키기 위해서는 장기적인 재정 계획이 필요하다. 인생은 언제나 계획대로 흘러가지는 않는다. 갑작스러운 실직, 건강 문제, 경제적 위기 등 본인의 계획대로만 흘

생애 주기 단계별 라이프 이벤트와 재무 목표

생애 주기 단계	라이프 이벤트	재무 목표
사회 초년기 (20대)	취업 주거 독립 결혼	경제적 독립, 결혼 자금·전세 자금 마련, 투자 설계 - 저축 습관을 형성하고 학자금·신용카드·부채 관리 - 금융 지식 습득해 다양한 상품에 투자하여 포트폴리오 다양화
가정 형성기 (30대)	출산 및 육아 주택 마련	육아 비용 및 자녀 교육 자금·주택 구입 자금 마련 - 자녀 교육비, 청약저축 활용 등 주택 마련 준비 - 노후 및 절세를 위한 퇴직연금(IRP) 등 저축
자녀 양육 및 학령기 (40대)	자녀 교육 주택 확장	주택 확장 자금·자녀 교육 자금·은퇴 자금 마련 - 자녀 교육비, 주택 확장 등을 위해 리스크를 줄이고 안정적 투자로 전환
자녀 독립 및 은퇴기 (50대)	은퇴 준비 자녀 결혼	자녀 결혼 자금·은퇴 자금 마련, 부채 상환 - 자녀 결혼 자금 마련, 은퇴 이후 생활을 위한 부채 단계적 상환
노후 생활기 (60대 이후)	노후 여가 건강 문제	의료·건강 자금 관리, 상속 자산 점검, 노후 여가 활용 자금 관리 - 부채 없는 삶을 위해 남은 부채 정리 - 갑작스러운 질병, 사고 대비 의료 자금 관리

러가지 않으므로 수입과 지출을 적절히 관리하고, 자산을 효율적으로 운용하여야 개인이나 가정이 목표로 하는 생활수준을 지속적으로 유지할 수 있다.

사회 초년생의 '똑똑한 리치테크' : 돈 공부의 시작

사회 초년기는 청년기라고도 부른다. 우리나라 청년기본법에서는 19~34세를 청년으로 정의한다. 즉, 고등학교를 졸업하고 경제적으로 독립을 하는 대학생, 첫 직장을 다니기 시작하는 사회 초년생부터 보통 결혼하기 전까지의 단계를 말한다.

주위의 사회 초년생들을 보면, 기본적인 돈 공부나 재테크에 대해 '그건 돈 많은 부자들이나 하는 거 아닌가?'라고 생각하는 청년들이 많다. 그러나 사회 초년생 시절이야말로 앞으로 경험하게 될 수많은 라이프 이벤트에 대비하여 재무 목표를 명확하게 세우고 재무관리를 시작해야 하는, 미래를 설계하는 중요한 시기이다.

높고 튼튼하게 치솟은 건축물들의 시작은 정밀한 설계와 기초 다지기에 있다. 튼튼한 재무 상태의 미래를 원한다면, 사회 초년생 때부터 구체적인 계획을 세우고, 이를 차근차근 실행에 옮겨야 한다. 꿈에 그리던 취업에 마침내 성공했다고 해서 마냥 기뻐하며 시간을 보내기만 하면 안 된다. 취업은 결코 끝이 아니다. 곧 다가올 결혼과 이어지는 출산과 육아, 식구가 늘어나면 내 집도 마련해야 한다.

"리치테크를 좀 더 일찍 시작하면 남보다 10년 앞서간다."라는 말이 있다. 사회 초년기에는 장·단기 재무 목표를 설정한 후, 자신의 투자 성향과 목표 금액, 기간을 고려해 급여 및 지출관리, 저축과 투자 방법 설계 등 구체적인 플랜을 짜고 차근차근 실행해 나가야 한다.

① 사회 초년생의 자금관리 계획

사회 초년생은 경제적 자립의 첫걸음을 내딛는 매우 중요한 시기이다. 특히, 현실에서 첫 직장인들이 마주하는 재정적 도전 과제들은 결코 만만치 않다. 높은 물가와 주거 비용, 그리고 미래에 대한 불확실성은 체계적인 자금관리의 필요성을 더욱 절실하게 만들고 있다.

효율적인 자금관리를 위해서는 우선 본인의 수입과 지출 구조를 정확히 파악하는 것이 중요하다. 일반적으로 사회 초년생이 받는 월 300만 원의 급여를 기준으로 살펴보면, 지출 구조는 고정 지출, 변동 지출, 그리고 저축 및 투자로 나눌 수 있다. 고정 지출에는 월세나 관리비와 같은 주거 비용이 가장 큰 비중을 차지하며 교통비, 통신비, 보험료 등이 포함된다. 변동 지출에는 식비, 여가 활동비, 의류비 등이 해당되며, 이는 개인의 생활 패턴에 따라 조절이 가능한 항목들이다.

월수입 300만 원 직장인을 기준으로 한 현실적인 자금관리 방안

1. 고정 지출 **(50%, 150만 원)**	• 주거비 : 월세, 관리비 70만 원 • 교통비 : 대중교통 및 택시 30만 원 • 통신비 : 휴대폰, 인터넷 15만 원 • 보험료 : 실손보험, 종신보험 등 25만 원 • 기타 공과금 : 10만 원
2. 변동 지출 **(30%, 90만 원)**	• 식비 : 직장 식대 및 외식비 45만 원 • 여가 활동비 : 취미, 운동, 문화생활 20만 원 • 의류, 미용비 : 15만 원 • 기타 잡비 : 10만 원
3. 저축 및 투자 **(20%, 60만 원)**	• 은행 적금 : 30만 원 • 주택청약 저축 : 20만 원 • 투자금 : 10만 원

    사회 초년생의 똑똑한 리치테크의 시작은 꾸준히 저축하는 습관을 기르는 것이다. 이를 위해서는 소비는 통제하고 소득을 늘려야 한다. 특히, 주목할 만한 점은 '통장 쪼개기' 전략이다. 월급 통장, 생활비 통장, 투자 통장, 비상금 통장, 여가 통장 등 최소한 5개 통장으로 구분하여 관리하는 것이 효과적이다. 급여가 입금되면 즉시 생활비와 저축액을 분리하여 관리함으로써, 불필요한 지출을 방지하고 계획적인 소비가 가능해진다. 또한, 모바일 가계부 앱을 활용하면 실시간으로 지출을 모니터링하고 예산을 관리할 수 있어 더욱 효율적이다.

필 박사의 부자병법

: 통장 쪼개기 - 최소한 통장 5개로 자금관리 할 것을 추천

① 월급 통장

급여를 받는 기본 통장. 은행에서는 보통 대출을 해 줄 때 급여를 이체하고 있으면 금리를 우대한다. 하나의 주거래은행을 선택해 꾸준히 거래하는 것이 중요하다. 주거래은행 선택의 팁은 먼저 본인 회사가 어느 은행과 거래하는지 아는 것이다. 은행은 회사의 거래 기여도에 따라 임직원에게도 혜택을 제공하는 경우가 많다.

② 투자 통장

적금, 예금, 펀드 등 투자를 위한 통장. 월급에서 최소한 50% 이상을 매월 이체하는 것을 추천한다.

③ 생활비 통장

월급의 30% 정도를 이체하고, 각종 공과금, 통신료 등의 자동이체 통장으로 활용하고 잔액을 체크하며 용돈으로 사용한다.

④ 비상금 통장

혹시 모를 비상 상황에 대비하여 조금씩 모아두는 용도의 통장이다.

⑤ 여가 통장

혈기 왕성한 사회 초년기에 무조건 저축만 한다면 인생이 너무 재미없다. 때론 휴식을 위해 여행도 가고, 자기만족을 위한 취미 생활을 해야 한다. 여가 통장에 월급의 10%씩 꾸준히 모아 자기만족을 위해 활용한다.

이렇게 통장을 쪼개서 저축과 투자를 하게 되면 돈을 굴리기 위한 다양한 금융 지식과 금융 상품 정보를 탐색하게 되고, 금융회사별로 상품을 비교하여 선택할 수 있는 능력이 생기게 된다.

② 종잣돈 마련하기

사회 초년기에 종잣돈을 마련하는 것은 향후 재무적 성공의 토대가 된다. 현재의 금융 환경에서는 다양한 방법으로 종잣돈을 마련할 수 있다. 우선 청년을 위한 특화된 금융 상품을 적극적으로 활용할 필요가 있다. 시중은행들은 20·30 청년층을 위한 다양한 고금리 저축 상품을 제공하고 있다. KB국민은행의 'KB청년도약적금'이나 신한은행의 '청년도약계좌' 등은 일반 저축 상품보다 최대 1~2%p 높은 금리를 제공하여 종잣돈 마련에 큰 도움이 된다.

정부의 청년 지원 정책도 적극적으로 활용해야 한다. '청년내일채움공제'는 2년 만기로 1,600만 원 상당의 목돈을 마련할 수 있는 대표적인 정책이다. 여기에 '청년희망키움통장'과 같은 자산 형성 지원 사업도 함께 고려할 만하다. 이러한 정책들은 정부와 기업의 매칭 지원을 통해 종잣돈 마련에 큰 도움이 된다.

단기 목돈 마련을 위해서는 CMA^{자산관리계좌}나 MMF^{Money Market} Fund와 같은 단기금융 상품도 고려할 수 있다. 이러한 상품들은 은행 예금보다 높은 수익률을 제공하면서도 안정성을 갖추고 있어, 여유 자금을 운용하기에 적합하다. 특히, 목돈 마련 과정에서 발생하는 유휴 자금을 효율적으로 관리할 수 있다는 장점이 있다.

 종잣돈 마련 전략

단계별 종잣돈 마련 전략	**1. 초기 6개월 (비상금 마련)**
	- 목표 금액 : 300~500만 원
	- 급여의 30% 강제 저축
	- 초기 정착금 지출 최소화
	2. 1~2년차 (안정적 종잣돈 형성)
	- 목표 금액 : 2,000만 원
	- 정기적금 + 청약 종합 저축 결합
	- 청년형 금융 상품 적극 활용
	3. 3년차 이후 (자산 증식 준비)
	- 목표 금액 : 5,000만 원
	- 분산투자 시작
	- 재테크 포트폴리오 구성

고금리 상품 활용 전략	**1. 청년 우대 금융 상품 (최대 연 6%)** - KB 청년도약적금 : 연 4.5% + 우대금리 - NH 청년도약계좌 : 연 4.5% + 우대금리 - 신한 청년도약계좌 : 연 4.5% + 우대금리 **2. 정부 지원 청년 정책 활용** - 청년내일채움공제 : 2년 만기 1,600만 원 - 청년희망키움통장 : 근로소득 장려금 지원 - 청년형 ISA : 비과세 혜택 **3. 단기 고수익 상품 활용** - CMA : 대기 자금 운용 - MMF : 단기 여유 자금 운용 - 특판 고금리 예금·적금 활용
추가 수입원 발굴	**1. 부업 및 프리랜서 활동** - 주말 강의, 번역, 웹디자인 등 - 전문성 활용한 온라인 콘텐츠 제작 - 공유 경제 플랫폼 활용 **2. 소액 투자 시작** - 매월 10만 원 적립식 펀드 - 배당주 중심 주식 투자 - P2P 소액 투자시작

③ 결혼 자금과 주택자금 마련을 위한 계획 세우기

사회에 첫발을 내딛는 순간부터 많은 청년들은 결혼과 내 집 마련이라는 두 가지 큰 재정적 목표에 직면하게 된다. 2024년 기준 수도

권 평균 결혼 비용은 약 2억 3천만 원에 달하며, 여기에는 예식 비용약 3,500만 원, 신혼여행약 500만 원, 예단 및 예물약 3,000만 원, 신혼집 보증금과 가구·가전 구입비약 1억 6,000만 원 등이 포함된다. 이처럼 높아진 결혼 비용과 주택 가격은 철저한 계획 없이는 달성하기 어려운 과제가 되었다.

우선, 목표 금액과 기간을 명확히 설정하는 것이 중요하다. 위에서 언급된 수도권 평균 결혼 비용을 기준으로 하되, 자신의 상황과 선호도에 맞게 조정하여 구체적인 목표 금액을 설정해야 한다.

둘째, 소득 대비 적정 저축률을 유지하는 것이 중요하다. 일반적으로 소득의 50%는 필수 생활비, 30%는 저축, 20%는 자기계발과 여가에 사용하는 '50-30-20' 법칙을 참고할 수 있다. 그러나 수도권의 결혼과 주택 비용을 고려하면, 가능하다면 저축 비율을 더 높이는 것이 좋다.

셋째, 다양한 금융 상품을 활용해 자산을 늘리는 전략이 필요하다. '청년우대적금', '주택청약종합저축', '청년주택드림청약통장' 등 세제 혜택을 받을 수 있는 상품들을 적극 활용하고, 장기적으로는 펀드나 ETF 같은 투자 상품도 고려할 수 있다. 특히, 신혼부부 전용 금융 상품이나 청년 우대 금리 상품을 적극 활용하면 목표 달성 시간을 단축할 수 있다.

넷째, 정부 지원 제도를 적극 활용하는 것도 중요하다. 2024년 기준으로 신혼부부 전용 전세 자금 대출, 생애 최초 주택 구입자 대출 지원, 신혼부부 주택 특별 공급 등 다양한 정부 지원 프로그램이 있다. 이러한 제도들은 자격 요건이 까다로울 수 있으므로, 사회 초년생 때부터 필요한 요건을 갖추도록 준비해야 한다.

마지막으로, 소비 습관을 개선하고 불필요한 지출을 줄이는 노력이 필요하다. 월 3만 원씩 지출되는 구독 서비스만 줄여도 연간 36만 원, 5년이면 180만 원을 절약할 수 있다. 또한, 결혼식 규모를 축소하거나 비용이 많이 드는 항목⑩ 고가 예물을 줄이는 방식으로 총비용을 낮추는 방안도 고려해볼 수 있다.

결혼 자금과 주택자금 마련은 하루아침에 이루어지지 않는다. 사회 초년생 때부터 2024년 수도권 평균 결혼 비용인 2억 3천만 원을 기준으로 명확한 목표 설정, 꾸준한 저축, 현명한 투자, 정부 지원 활용, 그리고 합리적인 소비 습관을 통해 체계적으로 준비한다면 인생의 중요한 이정표를 자신감 있게 맞이할 수 있을 것이다.

④ 위험에 대비하기 위한 보장성 보험 가입하기

사회 초년생에게 있어 보험은 미래의 불확실성에 대비하는 중요한 수단이다. 특히, 의료비 부담과 사회보장 체계를 고려할 때 적절한 보험 가입은 필수적이다. 가장 기본이 되는 것은 실손 의료보험이다. 20대 후반을 기준으로 월 3~4만 원 수준의 보험료로 의료비에 대한 충분한 보장을 받을 수 있다. 실손 의료보험은 국민건강보험을 보완하여 급여는 물론 비급여 항목까지 보장받을 수 있어, 예기치 못한 의료비 지출에 대비할 수 있다.

소득 보장 보험도 중요한 고려 사항이다. 질병이나 사고로 인한 소득 상실 위험에 대비하여 장해 소득 보장 보험이나 상해보험 가입을 검토해야 한다. 회사에서 제공하는 단체보험이 있다면 이를 먼저 확인하고 부족한 보장을 개인 보험으로 보완하는 것이 효율적이다. 이를 통해 보험료 부담을 줄이면서도 충분한 보장을 받을 수 있다.

보험 가입 시에는 보험사의 재무 건전성과 보험금 지급률도 꼼꼼히 살펴봐야 한다. 또한, 정기적인 보장 분석을 통해 불필요한 특약은 정리하고, 필요한 보장은 보완하는 등 지속적인 관리가 필요하다.

⑤ 사회 초년생의 재무 설계 및 금융 역량 강화

사회 초년생의 재무 설계는 단순한 저축과 투자를 넘어 종합적인 금융 역량 강화가 필요하다. 금융 교육은 이러한 역량 강화의 첫걸음이다. 금융감독원의 '금융교육센터'나 각 은행의 금융 교육 프로그램을 활용할 수 있으며, 최근에는 유튜브나 파인FINE과 같은 온라인 플랫폼을 통해서도 양질의 금융 교육 콘텐츠를 접할 수 있다.

정기적인 재무 상태 점검도 중요하다. 월간으로는 수입과 지출을 분석하고, 분기별로는 저축과 투자 성과를 점검하며, 연간으로는 전반적인 재무 목표 달성도를 평가해야 한다. 이러한 정기적인 점검을 통해 필요한 경우 목표나 전략을 수정할 수 있다.

또한, 투자 역량을 강화하기 위해 주식 투자의 기초 지식을 습득하고, 분산투자의 원칙을 이해하며, 정기적으로 경제 뉴스를 구독하고 분석하는 습관을 들이는 것이 좋다. 신용 관리도 중요한 부분이다. 신용 점수 관리 방법을 숙지하고, 신용카드를 적절히 사용하며 각종 할인 혜택을 잘 활용하는 것도 필요하다.

이러한 체계적인 금융 생활 관리를 통해 사회 초년생에 탄탄한 재무적 기반을 마련할 수 있다. 특히, 우리의 경제 환경에서는 조기에 시작하는 재무 설계가 향후 안정적인 자산 형성에 매우 중요한 역할을 한다. 따라서, 본인의 상황에 맞는 맞춤형 재무 계획을 수립하고 꾸준히 실천하는 것이 무엇보다 중요하다.

⑥ 사회 초년생의 재무 설계 프로세스

재무 설계 프로세스는 총 5단계로 구분할 수 있다. 1단계는 재무 목표를 설정하고, 2단계는 현재 본인의 재무 상태를 분석하는 것으로, 자신을 하나의 작은 회사로 생각하고 재무 부채 상태표와 현금 흐름표를 작성해보자. 3단계는 재무 설계안을 작성하고 전략을 수립하며, 4단계는 전략에 따라 실행하는 것이다. 그리고 마지막 5단계는 목표와 전략에 따라 실행하고 있는지 점검하고 수정하는 피드백 단계이다.

필 박사의 부자병법

1단계	➡	재무 목표 설정
2단계	➡	재무 상태 분석 (자산 부채 상태표, 현금 흐름표 작성)
3단계	➡	재무 설계안 작성 및 전략 수립
4단계	➡	재무 설계안 실행
5단계	➡	주기적 피드백

: 1단계 - 재무 목표 세우기

앞으로 내가 살아가며 목돈이 필요한 경우를 생각해보고, 목표를 적어 보자. 목표를 적어 보면 기억하기도 좋고 책임감도 느낄 수 있다. 목표는 5년을 주기로 단기, 중기, 장기로 나누는 것이 적당하다. 또한, 기간에 따라 우선순위의 목표를 중요도에 따라 1, 2, 3순위로 나누어 세우면, 한정된 자원으로 원하는 목표를 달성하기가 수월하고 체계적인 재무 설계도 가능하다.

기간	우선순위	내용	목표 기한
단기 (1년 이내)	1순위	학자금 대출 상환	올해 6/30
	2순위	해외여행 자금 마련	올해 11/30
	3순위		

중기 (5년 이내)	1순위	결혼 자금 마련	4년 내
	2순위	전세 자금 마련	4년 내
	3순위		
장기 (10년 이내)	1순위	주택자금 마련	40세 이전
	2순위	자녀 교육비 마련	38세 이전
	3순위		

∶ 2단계 - 재무 상태 분석

목표를 설정했다면 본인의 현재 재무 상태를 파악하기 위해 자산부채 상태표와 소득 지출 흐름표를 작성해보자.

자산 부채 상태표

자산 부채 상태표는 일정 시점에서 개인의 재무 상태를 보여 주는 표다. 자산은 내가 소유한 재산 일체를 뜻하며 현금, 은행에 예치한 예금이나 적금, 투자 상품, 부동산 등이 여기에 해당한다. 부채는 쉽게 생각해서 내가 지고 있는 모든 빚을 말한다. 신용 대출, 학자금 대출, 카드론, 자동차 할부금, 타인에게 빌린 돈 등이 여기에 해당한다.

이렇게 구한 총자산에서 총부채를 차감하면 순자산이다. 순자산이 마이너스 금액이면 부채가 더 많다는 뜻이다. 재무 계획대로 실천하여 저축이 늘어날수록 자산이 증가하고 빚을 청산하면서 부채가 감소한다.

필 박사의 부자병법

나의 자산 부채 상태표 (예시)

2024년 12월 31일 기준 (단위 : 만원)

자산		부채	
항목	금액	항목	금액
현금성 자산		**단기성 부채**	
입출금 예금	100	신용 대출	1,000
소계	100	카드 할부 대금	100
저축 및 투자자산		소계	1,100
정기적금	500	**장기성 부채**	
정기예금	1,000	학자금 원리금 잔액	500
펀드	300	소계	500
IRP	100		
소계	1,900		
부동산			
월세 보증금	2,000		
소계	2,000		
총자산	4,000	**총부채**	1,600
		순자산	2,400

위의 예시처럼 자산 부채 상태표를 통해 자산과 부채 규모를 비교하고, 자신의 투자 포트폴리오, 부채의 특징 등을 분석할 수 있다. 자산에서 부채를 차감한 순자산을 주기적으로 평가하여 순자산이 지속해서 증가하고 있는지 피드백해야 한다.

소득 지출 흐름표

소득 지출 흐름표는 일정 기간의 소득과 지출 흐름을 정리한 표다. 소득도 구체적으로 급여, 이자소득, 투자 소득 등으로 구분하여 기재하고, 지출도 고정 지출, 변동 지출로 구분하여 기록한다. 참고로 고정 지출은 주거비나 대출 원리금처럼 정기적으로 지출하는 것으로 쉽게 줄이기 어려운 반면, 변동 지출은 개인의 노력에 따라 얼마든지 조정이 가능한 지출을 뜻한다. 소득 수준에 비해 지출이 많다면 고정 지출보다는 변동 지출 항목에서 줄이는 방안을 찾아야 한다.

나의 소득 지출 흐름표 (예시)

2024년 1월~12월(단위 : 만원)

소득		지출	
항목	금액	항목	금액
급여소득	4,000	고정 지출	
이자소득	50	월세	600
투자 소득	70	관리비 등 공과금	240
기타 소득	1,000	학자금 원리금	120
소계	5,120	보험료	120
		소계	1,080
		변동 지출	
		식비	600

		피복비	150
		여가비	300
		교통비	100
		소계	1,150
		순수입	2,890

소득 지출 흐름표를 통해 생활비 등이 적절하게 지출되고 있는지, 저축과 투자는 적정한지, 특정 항목에 너무 많이 지출하는 것은 아닌지 평가할 수 있다. 또한, 가장 중요한 사항인 소득에서 지출을 차감한 값이 양의 값을 나타내고 있는지도 확인할 수 있다.

: 3단계 - 재무 설계안 작성 및 전략 수립

자신의 현재 재무 상태를 분석하였으면 다음 단계는 재무 설계안을 작성하는 것이다. 재무 설계안은 재무 목표별로 필요 자금을 계산하고, 매월 저축 또는 투자할 금액을 정하고, 어떤 금융 상품을 선택할 것인지 등을 적으면 된다.

금융시장에는 여러 금융기관과 다양한 금융 상품이 있다. 경제 상황에 따라 금리가 변동하고, 투자 상품의 수익률도 이익 및 손실의 위험이 있다. 재무 목표에 따라 원금을 손실해서는 안 되는 항목이 있고, 기간이 여유가 있어 어느 정도의 위험을 감수할 수 있는 항목이 있다. 그러므로 금융 상품을 선택할 때는 안정성, 수익성, 유동성을 고려하여 자신의 투자 성향에 맞게 골라야 한다.

투자 성향 유형별 특성

투자 성향	특성
공격 투자형	- 시장 평균 수익률을 훨씬 넘어서는 높은 수준의 투자 수익을 추구하며, 이를 위해 자산 가치의 변동에 따른 손실 위험을 적극 수용함. - 투자 자금의 대부분을 주식, 주식형 펀드 또는 파생 상품 등의 위험 자산에 투자할 의향이 있음.
적극 투자형	- 투자 원금의 보전보다는 위험을 감내하더라도 높은 수준의 투자 수익 실현을 추구함. - 투자 자금의 상당 부분을 주식, 주식형 펀드 또는 파생 상품 등의 위험 자산에 투자할 의향이 있음.
위험 중립형	- 투자에 상응하는 투자 위험이 있음을 충분히 인식하고 있음. - 예·적금보다 높은 수익을 기대할 수 있다면 일정 수준의 손실 위험을 감수할 수 있음.
안정 추구형	- 투자 원금의 손실 위험은 최소화하고, 이자소득이나 배당소득 수준의 안정적인 투자를 목표로 함. - 예·적금보다 높은 수익을 위해 자산 중 일부를 변동성 높은 상품에 투자할 의향이 있음.
안정형	- 투자 원금에 손실이 발생하는 것을 원하지 않음. - 예금 또는 적금 수준의 수익률을 기대함.

금융 투자 상품에는 예금과 적금, 주식, 채권, 펀드 등 다양한 금융 투자자산이 있다. 한 가지 종류의 자산에 올인하기보다는 수익성, 안

필 박사의 부자병법

정성, 유동성을 고려하여 다양한 자산에 분산하는 것이 좋다.

앞의 표 투자 성향 유형별 특성처럼 본인의 투자 성향을 확인하고 투자 성향에 따라 안정적인 상품, 위험 추구적인 상품에 분산투자해야 한다.

: 4단계 - 재무 설계안 실행

저축 목표 금액과 기간, 본인의 투자 성향을 확인했다면 이제는 실행에 옮길 차례다. 각 금융기관의 상품을 비교해보고 장단점을 파악한 후 신중하게 가입해야 한다.

그런데 예·적금 상품만 하더라도 1금융권, 2금융권에 따라 이율이 다르고 펀드의 종류도 주식형, 채권형, ETF 등 다양하다. 또한, 국내외 경제 상황에 따라 금리나 주가가 크게 변동하는 시기도 찾아온다. 그때그때 경제 상황에 맞추어 본인의 포트폴리오를 확인하고 예금 해지 후 펀드에 가입하면 되는데, 수익률이 저조한 펀드는 다른 펀드로 교체하는 등 적극적인 포트폴리오 리밸런싱Rebalancing 전략도 필요하다. 리밸런싱이란 '운용 자금의 일시적 증가 혹은 시장 상황의 변경에 합리적으로 대응하기 위해 자신의 포트폴리오를 수정하여 미래 수익의 극대화를 추구하기 위한 조정 과정'을 뜻한다. 그렇게 하기 위해서는 무엇보다도 공부를 많이 해서 금융 상품에 대한 이해를 높이는 일이 필수적이다.

: 5단계 - 주기적 피드백

우리는 한 치 앞도 모르는 세상에 살고 있다. 자신과 국내외 금융 환경의 변화를 항상 주의 깊게 살피고 주기적으로 재무 상태를 점검해야한다. 필요에 따라 재무 설계안을 수정하고 보완하여 지속 가능한 재무관리를 실시하여 최적의 자산 상태를 유지하도록 해야 한다.

지금까지 사회 초년기에 꼭 해야 할 재무 설계 프로세스 5단계를 알아보았다. 각 단계에 따라 충실히 재무 설계를 한다면, 이 과정에서 자연스럽게 금융 상품, 세금, 투자 전략 등과 같은 다양한 재무 지식을 습득할 수 있다. 이는 향후 더 나은 재정 결정을 내리는 데 도움을 주며, 재정적 문제를 예방하는 데도 이바지할 것이다.

결론적으로 사회 초년기에 재무 목표를 세우는 것은 재정적 독립을 유지하고, 미래에 발생할 수 있는 재정적 어려움에 대비하는 데 중요한 역할을 한다. 이를 통해 올바른 재정 관리 습관을 형성하고, 장기적인 재정 안정성을 확보할 수 있을 것이다.

필 박사의 부자병법

신혼부부의 '전략적 리치테크'

결혼 전 연애기에는 서로에 대한 사랑에 푹 빠져 상대방의 경제관념에 대해서는 신경 쓰지 않는 경우가 대다수다. 그렇다 보니 서로 결혼을 약속하고서도 '향후 돈 관리는 따로 하자', '한쪽으로 몰아서 같이 하자' 등 대략적인 결정만을 할 뿐, 상대방의 구체적 씀씀이에 대해서는 잘 모르고 결혼한다.

그렇지만 결혼을 하면 결혼하기 전에는 몰랐던 배우자의 소비성향이나 씀씀이를 알게 되면서 서로 당황하거나 실망하게 되는 경우가 많다. 두 사람이 결혼하기까지 오랜 시간 다른 환경에서 자라온 만큼 오해와 갈등은 자연스러운 현상이며, 신혼기에는 이를 해결하기 위한 노력이 필요하다.

급여 수준, 경제관념, 소비성향, 대출과 신용카드 사용액 등이 서로 다르다 보니 경제 공동체로 합쳐지는 과정에서 많은 신혼부부들이 어려움을 만나게 된다. 이러한 경제적 수준 차이에서 오는 갈등은 서로의 자존심을 할퀼 수도 있어 해결하기가 쉽지 않은 만큼 부부의 적극적인 문제 해결 의지와 노력이 필요하다.

가족, 즉 경제 공동체가 되었으니 행복한 인생을 그리며 함께 살아가야 할 부부 공동의 목표를 생각하면서 서로를 이해하고, 공동의 삶을 준비해야 한다. 그러려면 먼저 지금까지 알고 있던 상대방에 대한 이해에서 한 걸음 더 깊이 들어가 서로를 알아야 한다. 다음으로는 자녀 수, 주택의 크기 및 소유 형태, 직장 생활 기간 등 미래를 구체적으로 그려 보아야 한다. 마지막 단계는 앞서 인생 전반의 방향을 설정한 것에 대한 공동의 목표를 설정하고 실행해야 한다.

① 신혼부부의 경제생활 적응하기

결혼 초기에는 두 사람의 경제관념과 소비 패턴을 하나로 조율하는 과정이 매우 중요하다. 특히, 신혼부부들이 겪는 가장 큰 어려움은 서로 다른 소비 습관과 재무관리 방식의 차이를 극복하는 것이다.

서울에 거주하는 신혼부부 A씨32세, 회사원와 B씨30세, 교사의 사례를 살펴보면, 이들은 결혼 초기 각자의 수입을 개별적으로 관리하다가 재정적 혼란을 겪었다. 이후 부부는 함께 가계부를 작성하고 매주 지출 현황을 점검하는 시간을 가지면서 점차 안정적인 재정 관리가 가능해졌다. 이들은 월 700만원의 총수입 중 고정 지출에 30%, 변동 지출에 20%, 저축과 투자에 35%, 그리고 비상금으로 15%를 배정하는 원칙을 세웠다. 특히, 주목할 만 한 점은 부부 공동 계좌를 개설하여 고정 비용을 처리하고, 각자의 개인 계좌에서는 정해진 용돈만 관리하는 투 트랙 전략을 활용했다. 최근에는 디지털 기술을 활용하여 뱅크샐러드 banksalad나 토스toss와 같은 가계부 어플리케이션으로 실시간 지출 현황을 공유하고 있다.

② 신혼기 부부의 재무 설계 : 새로운 시작을 위한 금융 로드맵

결혼은 두 사람의 삶이 하나로 합쳐지는 중요한 전환점이다. 개인의 재무관리가 가족 단위의 재무 설계로 확장되는 이 시기에 수립하는 재무 계획은 부부의 미래를 좌우할 수 있는 중요한 기반이 된다. 신혼부부들이 재정적으로 안정된 미래를 준비하기 위해서는 체계적이고 단계적인 접근이 필요하다.

신혼부부의 재무 설계는 생애 주기에 따라 단계별로 접근하는 것이 효과적이다. 결혼 초기 1~2년 동안에는 무엇보다 안정적인 재정 기반을 마련하는 데 집중해야 한다. 이 시기에는 예상치 못한 상황에 대비하여 6개월 치 생활비에 해당하는 비상 자금을 확보하는 것이 중요하다. 비상 자금은 언제든지 현금화할 수 있는 안전한 금융 상품에 보관하여 긴급 상황에 대비해야 한다. 또한, 부부의 위험 보장을 위한 보험 설계를 완료하여 미래의 불확실성에 대비해야 한다. 사망, 질병, 상해 등 다양한 위험에 대한 보장을 검토하되, 과도한 보험료 지출은 지양하며 필요한 보장을 효율적으로 설계하는 것이 중요하다. 이와 함께 주택청약 통장 가입 및 관리를 시작하여 장기적인 내 집 마련의 기반을 다지는 것도 이 시기에 시작해야 할 중요한 과제다.

자녀 출산기에 해당하는 결혼 3~5년차에는 가족 구성원의 증가로 인한 재정적 변화에 대응해야 한다. 출산과 육아에는 예상보다 많은 비용이 소요되므로, 매월 100만 원 이상의 육아 자금을 꾸준히 저축하는 것이 바람직하다. 또한, 자녀의 미래 교육비 마련을 위한 교육보험이나 적립식 금융 상품에 가입하여 장기적인 교육비 부담을 줄이는 준비를 시작해야 한다. 이 시기에는 가족에 대한 책임이 커진 만큼, 투자 포트폴리오를 보수적으로 조정하여 불필요한 리스크를 줄이는 것이 중요하다. 안정적인 수익을 추구하는 금융 상품 위주로 자산을 배분하되, 인플레이션을 고려한 적절한 수익률 목표를 설정해야 한다.

자녀 양육기인 결혼 5~10년차에는 재무적 부담이 더욱 가중된다. 이 시기에는 본격적인 주택 마련 자금 확보에 집중하면서도 증가하는 교육비 충당과 노후 준비를 동시에 시작해야 하는 복합적인 재무 과제가 있다. 주택 구입은 일생에서 가장 큰 재정적 결정 중 하나이므로, 부동산 시장 상황과 자신의 재정 상태를 면밀히 검토하여 무리한 대출을 지양하고 적정한 주택 가격을 선정하는 것이 중요하다. 또한, 자녀의 성장에 따라 증가하는 교육비에 대비한 자금 계획을 수정하고, 부부의 노후 생활을 위한 연금 저축도 본격적으로 시작해야 한다.

특히 맞벌이 부부의 경우, 효율적인 재무관리를 위한 투 트랙 전략을 고려할 수 있다. 주 수입원의 소득은 생활비와 고정비용주거비, 공과금, 보험료 등으로 활용하고, 부 수입원의 소득은 가능한 한 저축과 투자에 집중적으로 배분하는 방식이다. 이러한 전략은 소비성 지출을 효과적으로 관리하면서도 자산 형성에 집중할 수 있게 해 준다. 물론 부부의 소득 수준과 고용 안정성에 따라 이 전략은 유연하게 조정될 수 있다.

재무 설계 시에는 다양한 세제 혜택을 충분히 활용하여 절세 효과를 극대화하는 것도 중요하다. 신혼부부 주택청약과 주택 마련 저축에 대한 소득공제, 보장성 보험료 세액공제, 연금 저축 세액공제 그리고 주택자금 대출이자 상환액 소득공제 등을 통해 세금 부담을 줄이면서 자산을 효율적으로 증식할 수 있다. 특히, 연간 세금 계획을 수립하여 공제 한도를 최대한 활용하는 것이 좋다.

이러한 종합적인 재무 설계는 부부의 상황과 목표에 따라 유연하게 조정되어야 하며, 최소 분기별로 재무 상태를 점검하고 계획을 수정하는 것이 바람직하다. 특히, 급변하는 경제 환경과 부동산 시장 상황, 세제 변화 등을 고려하여 탄력적인 자금 운용이 필요하다. 부부가 함께 재무 목표를 설정하고 정기적으로 소통하며 재무 계획을 점검하는 과정은 단순한 자산 관리를 넘어 부부간의 신뢰와 파트너십을 강화하는 중요한 활동이 될 수 있다.

또한, 재무 설계는 단순히 돈을 모으는 것에 그치지 않고, 부부가 함께 꿈꾸는 미래를 실현하기 위한 도구임을 기억해야 한다. 내 집 마련, 자녀 교육, 여행, 취미 활동, 그리고 편안한 노후 생활 등 부부가 중요하게 생각하는 가치와 목표에 맞춰 재무 계획을 수립하고 실천해 나가야 한다. 필요한 경우 전문 재무 설계사의 조언을 받아 더욱 맞춤화된 전략을 수립하는 것도 좋은 방법이다.

신혼부부의 재무 설계는 단기적인 생활 안정과 장기적인 자산 형성, 그리고 미래의 불확실성에 대한 대비를 균형 있게 고려해야 한다. 생애 주기별 접근과 체계적인 계획 수립, 그리고 지속적인 관리를 통해 부부가 함께 꿈꾸는 재정적 안정과 풍요로운 미래를 실현할 수 있을 것이다.

③ 자녀 출산 및 양육비 준비

자녀 출산과 양육은 신혼부부에게 있어 가장 큰 재정적 부담이 되는 이벤트다. 2024년 기준으로 자녀 한 명을 출산하고 초등학교 입학 전까지 양육하는 데 필요한 비용은 평균 8천~1억 2천만 원으로 조사되었다. 이는 단순히 기본적인 양육 비용뿐만 아니라, 교육비와 의료비 등을 모두 포함한 금액이다.

강남구에 거주하는 C씨가명 부부의 사례를 보면, 임신 확인 직후부터 체계적인 준비를 시작했다. 먼저, 정기검진 비용으로 150~200만 원, 출산 비용으로 250~350만 원, 그리고 산후조리원 비용으로 300~400만 원이 필요했다. C씨 부부는 '국민행복카드'를 통한 임신·출산 진료비 지원100만 원과 첫 만남 이용권200만 원 등 정부 지원 제도를 적극 활용했으며, 직장 단체보험의 출산 축하금도 받았다.

영아기0~24개월에는 월평균 100만 원의 양육비가 발생하는데, 이는 분유와 이유식 비용40만 원, 기저귀와 물티슈15만 원, 의류와 용품 구입비20만 원, 의료비10만 원, 보험료15만 원 등으로 구성되었다. 유아기25~48개월에 들어서면서는 보육료와 교육비의 비중이 높아져 월평균 135만 원으로 지출이 증가한다.

자녀의 영·유아기 동안의 소득 수준을 예상해 보고 부족 자금을 예측하여 준비하면 된다. 자녀 양육비는 출산비보다 비교적 훗날에 필요한 자금이므로 정기적금이나 적립식 펀드 등 자신의 위험 성향에 따라 적절한 금융 상품을 활용하여 준비할 수 있다.

필 박사의 부자병법

④ 전셋집 준비하기 및 아파트 청약으로 당첨되기

서울 마포구에 거주하는 신혼부부 D씨가명의 사례는 전세 자금 마련과 청약 준비를 동시에 진행한 좋은 예시다. D씨 부부는 4억 5천만 원의 전세 자금을 마련하기 위해 본인들의 저축 1억 5천만 원, 양가 부모님의 지원 1억 원, 그리고 전세 자금 대출 2억 원을 활용할 예정이다.

전세 자금 대출은 신혼부부 전용 상품을 이용해야 하는데, 이는 일반 전세 자금 대출에 비해 금리가 낮고 한도도 충분하다. 다만, 부부 합산 소득이 9천만 원 이하여야 한다는 조건이 있다. 청약을 위해서는 부부가 동시에 청약통장을 개설하여 매월 최대 금액을 납입했고, 청약 포인트도 꾸준히 관리한다.

신혼부부 특별 공급 자격을 얻기 위해서는 도시 근로자 월평균 소득의 140% 이하, 총자산 3억 3천1백만 원 이하라는 조건을 충족해야 한다. 무주택 요건은 혼인신고 일을 기준으로 인정받을 수 있다.

⑤ 가족의 위험관리를 위한 보험 가입

가족의 안정적인 생활을 위협하는 두 가지 큰 위험 요소는 가장의 실직과 가족 구성원의 질병이다. 특히, 맞벌이 부부가 늘어나는 추세에서 양쪽 모두의 소득 중단 위험에 대비할 필요가 있다. 서울의 E씨가명 부부는 다음과 같은 보험 포트폴리오를 구성했다.

가장인 남편을 위해서는 종신보험 3~5억 원의 보장 금액과 함께 자녀가 성인이 될 때까지를 보장하는 20년 만기 정기보험, 그리고 중대 질병에 대비한 CI보험Critical Illness Insurance 2억 원을 설계했다. 배우자를 위해서는 종신보험 2억 원과 고급형 암보험, 그리고 실손 의료보험을 준비했다. 자녀를 위해서는 출생 직후 어린이 보험에 가입하여 30세까지의 보장을 확보했고, 실손 의료보험과 교육보험도 추가했다.

실업에 대비해서는 비상 자금 확보가 무엇보다 중요하다. 6개월 치의 생활비1,500만 원와 대출 상환금500만 원, 의료비 예비 자금500만 원 등 총 2,500만 원 정도의 긴급 자금을 마련해 두는 것이 바람직하다. 여기에 실업 급여 외 추가 소득을 보장받을 수 있는 소득 보상 보험 가입도 고려할 만하다.

⑥ 주택 마련을 위한 저축 (예시)

송파구에 거주하는 F씨가명 부부는 월 소득 합계 800만 원의 맞벌이 가정으로, 효율적인 내 집 마련을 위한 저축 전략이 필요했다. 이들의 소득 수준을 고려할 때, 세금과 4대 보험료, 생활비 등을 제외하면 약 430만 원 정도를 저축과 투자에 활용할 수 있을 것으로 보인다. 효과적인 자산 형성을 위해 단기, 중기, 장기로 나누어 전략을 수립하는 것이 바람직하다.

단기 전략으로는 우선 주택청약 종합 저축에 월 50만 원을 납입하는 것이 좋다. 이는 청약 가점을 최대한 빨리 쌓아 향후 특별 공급이나 일반 공급에서 유리한 위치를 선점하기 위함이다. 또한, 목돈 마련을 위해 고금리인 정기예금이나 적금에 월 100만 원을 배정하면 안정적인 단기 자금을 확보할 수 있다. 여기에 비교적 안전하면서도 은행 예금보다 높은 수익을 기대할 수 있는 단기 국채 펀드에 월 50만 원을 투자하는 것도 현명한 방법이다. 이렇게 단기 전략에는 총 200만 원을 배정함으로써 향후 1~2년 내 필요할 수 있는 계약금이나 초기 비용을 준비할 수 있다.

중기 전략은 3~5년 후를 대비한 투자다. 주식과 채권에 분산투자하는 펀드에 월 80만 원을 적립식으로 투자하는 것이 좋다. 이때 투자 비율은 주식 60%, 채권 40% 정도로 설정하여 적절한 위험 분산을 도모할 수 있다. 또한, 3년 이상 유지 시 세제 혜택을 받을 수 있는 특별 해약 환급금형 저축보험에 월 30만 원을 납입하면 중기 자금 형성에 도움이 된다. 주식형 ISA개인종합자산관리계좌에는 월 40만 원을 투입하여 비과세 혜택을 최대한 활용하는 것이 현명하다. 중기 전략에 총 150만 원을 배정함으로써 내 집 마련 시기가 가까워졌을 때 필요한 중간 규모의 자금을 준비할 수 있다.

장기 전략은 5년 이상의 시간을 두고 자산을 불려 나가는 방법이다. 세액공제 혜택을 받을 수 있는 연금 저축 펀드에 월 40만 원을 투자하면 세금 절감과 동시에 장기 자산 형성이 가능하다. 퇴직연금에 월 30만 원을 추가 납입하면 세제 혜택과 함께 노후 대비도 할 수 있어 효율적이다. 또한, 글로벌 자산 분산을 위해 해외주식형 ETF에 직접 투자하는 방식으로 월 30만 원을 배정하는 것이 바람직하다. 장기 전략에는 총 80만 원을 배정하여 시간의 힘을 활용한 복리 효과를 극대화할 수 있다.

이와 함께 정부의 다양한 주택 지원 정책도 적극 활용할 필요가 있다. 신혼부부를 위한 '신혼희망타운' 특별 공급 등의 자격 조건을 미리 확인하고 준비해야 한다. 또한, 소득 수준에 따라 내 집 마련 디딤돌대출이나 생애 최초 주택 구입자 특별 공급 등의 혜택을 받을 수 있는지 검토해야 한다.

F씨 부부는 이런 저축 전략과 더불어 몇 가지 추가적인 재무 계획도 세워야 한다. 우선 생활비 6개월분에 해당하는 1,800~2,400만 원 정도의 비상 자금을 유동성 높은 상품에 별도로 준비하는 것이 중요하다. 또한, 희망하는 주택 가격의 20~30%는 자기자본으로 준비할 필요가 있으므로 목표 금액을 명확히 설정하는 것이 좋다. 내 집 마련 시기가 가까워지면 투자 비율을 조정하여 안전 자산의 비중을 높이는 전략적 접근도 필요하다. 마지막으로 부부 합산으로 연말정산 시 소득공제와 세액공제를 최대화하는 전략을 수립하면 세금 부담을 줄이고 저축 여력을 높일 수 있다.

이러한 종합적인 저축 전략을 통해 F씨 부부는 계획적으로 자산을 불려 나가며 내 집 마련이라는 목표에 한 걸음씩 다가갈 수 있을 것이다. 다만, 개인의 구체적인 재무 상황과 주택 시장의 변화, 정부 정책 등에 따라 전략을 유연하게 조정해 나가는 지혜가 필요하다.

신혼부부의 경제생활 적응 단계

아래의 단계별 내용을 잘 이행한다면, 어떤 신혼부부라도 서로를 더 잘 이해하고 행복한 인생을 설계할 수 있을 것이다.

: 1단계 - 서로에 대해 잘 알기

부부이기에 서로에 대해 잘 알아야 한다는 것은 부부라는 이유로 자신의 경제 상황과 가치관을 배우자에게 무조건 100% 공개해야 한다는 걸 의미하지는 않는다. 이제 막 신혼의 단꿈을 꾸기 시작한 젊은 부부가 서로의 경제 상황을 이해하고 조율한다는 것은 결코 쉬운 일이 아니다. 그렇지만 이런 과정을 거치면서 이들 부부는 앞으로의 재정적 안정과 행복한 결혼 생활에 무엇이 중요한지를 깨우치게 될 것이다.

그렇다면 무엇을 알아가야 할까? 사람들은 대개 급여는 얼마나 받는지, 한 달 카드 결제 금액이 어느 정도인지, 대출은 지금 얼마나 있는지 등 금액으로 측정할 수 있는 정량적인 것만 떠올리기 쉽다. 그러나 돈에 대한 태도, 소비성향과 같은 정성적인 면을 놓쳐서는 안 된다. 돈에 대한 정성적인 측면을 알고 이해하는 것이 부부 공동의 재무 목표를 달성할 수 있는 중요한 시작점이다. 이를 위해 다음과 같이 해보자.

솔직하게 대화하기
서로의 소득, 부채, 저축, 투자 상황 등을 솔직하게 공유해야 한다.

그리고 돈을 어떻게 관리하고 사용하는지에 대한 각자의 생각과 우선순위를 이야기하자.

또한, 각자의 소비성향도 털어놓아 보자. 사람마다 소비를 통해 궁극적으로 원하는 것이 있기 마련이다. 어떤 사람은 성능을 중요한 가치로 생각하고, 어떤 사람은 가격을 중요한 가치로 생각하고, 또 어떤 사람은 심미적인 부분을 중요한 가치로 둘 수 있다. 이러한 소비성향은 사람마다 서로 다를 수밖에 없는데, 충분한 대화를 통해 서로에 대해 알고, 부부 공동의 소비 원칙을 만들어 가야 한다.

현재 재정 상태 공유

보너스, 프리랜서 수입 등 모든 수입을 파악해보자. 지출 또한 고정비(월세, 보험료 등)와 변동비(식비, 쇼핑 등)를 나누어 정리한다. 그리고 학자금 대출, 카드 빚, 자동차 할부금 등 부채의 규모와 상환 계획을 공유한다. 예금, 주식, 부동산 등 보유한 자산도 정리한다.

: 2단계 - 부부의 미래에 대해 구체적으로 설계해보기

서로에 대해 잘 알고 이해했다면(1단계), 이제는 부부의 미래에 대한 계획을 구체적으로 그려 볼 필요가 있다. 결혼 전부터 자녀, 집에 관한 이야기는 많이 나눴을 것이다. 자녀에 대한 대화로는 "우리 결혼하면 아이는 낳을까? 낳는다면 몇 명 낳을까? 또 언제쯤 아기가 생기면 좋을까?" 집에 대한 대화로는 "신혼집은 어디서 시작할까? 전세로 할까,

월세로 할까? 집은 언제쯤 마련할 수 있을까?" 정도일 것이다.

여기서 한 걸음 더 나아가서 부부의 인생 설계도를 작성해보자. 여러분만의 인생 설계도를 그리고 꿈을 향해 노력하는 모습이 가장 중요하다. 설계도이므로 언제든 수정할 수 있다. 부담 없이 그려 보라는 뜻이다. 부부의 재무 상태가 변하고 돈에 대한 가치관이 성장할 때 더 좋은 설계도로 계속 수정해 나갈 수 있다.

: 3단계 - 부부 공동 목표 설정 및 실행

돈을 모으기 위해서 가장 중요한 것은 소비지출을 줄이는 것이다. 벌어들인 돈소득에서 지출하고 남은 돈을 저축하기보다는 저축할 돈을 정하고 그에 맞는 소비를 하는 것이 돈을 빨리 모으는 방법이다. 그러므로 부부간에 지출 수준을 파악하고 합리적인 저축액을 정해야 한다.

먼저, 부부가 한 달 동안 각자 지출한 것에 대해 가계부를 작성한다. 작성 후 함께 지출 내역을 살펴보고, 고정 지출과 변동 지출로 나누어 본다. 고정 지출은 월세, 보험료, 대출이자, 공과금 등 정기적으로 고정된 비용이 나가므로 당장 줄이기는 어렵다. 반면 외식비, 취미 관련 비용 등 변동 지출은 마음먹기에 따라 얼마든 줄일 수 있는 지출이므로 부부가 상의해서 합리적으로 줄일 수 있다.

요즘에야 맞벌이가 일상적인 부부의 형태지만, 예전에는 외벌이 가정이 많았고 그에 따라 보통 남편이 벌어 온 소득만으로 가족이 생활했었다. 그러나 오늘날은 거의 맞벌이 형태가 됐다. 그러다 보니 결혼

후에도 돈 관리를 각자 또는 합쳐서 하는 이슈도 발생하고 있다. 돈을 모으고 싶다면 통장을 합쳐서 부부 공동으로 관리하는 것을 추천한다.

슬기로운 통장 합치기

•1단계 : 급여 오픈

본인의 월급을 오픈하는 것을 꺼릴 수도 있지만, 버는 돈을 알아야 지출 계획도 세울 수 있다. 여기에서 월급은 매월 정기 급여뿐만 아니라 비정기적 성과급, 부수입 모두를 포함한다.

•2단계 : 저축 습관, 소비 습관 파악하기

평생 손실 위험이 없는 은행 적금만 가입했던 사람, 위험을 감수하더라도 주식이나 펀드에 비중을 높게 두고 운용했던 사람, 저축은 일절 하지 않았던 사람 등 소득의 몇 %를 저축하고 소비해 왔는지 저축 습관과 소비 습관은 사람마다 다를 수밖에 없다.

모임이 많은 사람에게 단번에 모임을 다 끊으라고 하는 것도 쉽지 않고, 자산을 불리는 것을 목표로 한 사람에게 저축액을 턱없이 줄이자고 하는 것도 쉬운 일은 아니다. 이런 부분은 부부 서로가 일정 부분 양보해서 타협점을 찾아야 한다.

•3단계 : 목표별로 통장을 쪼개고, 지출 규칙 정하기

크게 생활비 통장, 저축 통장, 비상금 통장으로 나누어 보자. 저축 통장은 원하는 목표, 예컨대 집, 자동차, 육아 등으로 세분화할 수도 있

필 박사의 부자병법

다. 생활비 통장은 수시 입출금 통장으로, 저축 통장은 정기적금처럼 중도 해지가 어렵고 자동이체로 월 불입금이 꼬박꼬박 들어가도록 해야 한다. 마지막으로 비상금 통장은 MMDA^{수시 입출금식예금}, CMA^{자산관리계좌} 통장처럼 입출금이 가능하고, 이자도 주는 통장으로 하면 좋다. 경조사비, 부모님 용돈 등 개별적인 지출 상황이 발생할 수 있는데, 지출 규칙이 없으면 서로 기분이 상하는 상황에 놓일 수 있다. 예를 들어 명절, 생신에 따라 양가 부모님께 드리는 용돈을 미리 정해 놓거나, 경조사가 생기면 어떤 기준에 따라 어느 정도로 할지 등 지출 규칙을 세우는 게 좋다.

또, 신혼기는 자산 형성을 위한 기초를 다지는 중요한 시기이다. 이 시기의 자산 형성 목표는 단기, 중기, 장기 목표로 나누어 구체적으로 설정하는 것이 효과적이다.

단기 목표 (1~2년)

① 생활비 및 비상금 마련
- **목표** : 신혼 생활을 위한 생활비와 갑작스러운 지출 대비 비상금 준비
- **방법** : 적금 또는 MMDA, CMA 등 자유 입출식 통장 활용

② 부채 관리
- **목표** : 학자금 대출, 신용카드 등 부채를 조속히 상환하여 저축에

집중

    - 방법 : 고금리 부채부터 상환 우선순위를 정하고 갚기

③ 소비 패턴 정립

    - 목표 : 지출을 체계적으로 관리하고 저축 습관 형성

    - 방법 : 가계부예산 관리 어플 등 활용, 공동 예산 수립

중기 목표 (3~5년)

① 주택 마련

    - 목표 : 내 집 마련을 위한 자금 준비

    - 방법 : 주택청약 저축에 가입하여 장기적으로 청약 당첨 기회 확보

② 투자 기반 마련

    - 목표 : 주식, 펀드, 연금 등 투자 포트폴리오 구성하여 인플레이션 대비 장기적인 자산 증식

    - 방법 : 손실 가능 상품은 소액 분산투자하고, 안정적인 상품에 투자

장기 목표 (5년 이상)

① 자녀 계획 자금 마련

    - 목표 : 자녀 출산에 따른 양육, 교육 자금을 단계적으로 준비

    - 방법 : 자녀 양육을 위한 전용 계좌를 만들어 꾸준히 적립안정형 펀드 등

② 자산 포트폴리오 확장

- **목표** : 다양한 자산에 투자해 안정성과 수익성을 동시에 추구
- **방법** : 내 집 마련, 수익형 부동산상가 등, 주식 등으로 포트폴리오 확대

인생에서 가장 큰 변화이자 새로운 시작을 의미하는 결혼. 서로 다른 곳에서 살아온 두 사람이 만나 하나가 되는 만큼 갈등으로 인해 어려운 시작을 할 수도 있다. 그러나 부부가 충분한 대화와 이해심으로 솔직하게 각자의 경제 상황을 오픈하는 게 좋다. 그리고 공동의 목표를 정하고 그에 따른 합리적인 저축, 지출 규칙을 세우고 실행한다면, 공동 경제생활에 잘 적응하고 행복한 결혼 생활을 할 수 있을 것이다.

자녀와 함께하는 '윈-윈 리치테크'

1970~1980년대 우리나라를 배경으로 하는 드라마를 보면, 부모 간의 대화 중에 이런 말을 가끔 들을 수 있다. "아버지, 어머니가 소 팔아서 너희들 공부 시켰어!" 후진국과 개발도상국을 겪은 50·60세대 부모님들은 가난이 대물림되지 않도록 자식 교육에 누구보다 열성적이었다. 지금까지도 우리나라 사람들의 자식 교육에 대한 열성은 조금도 식지 않고 있다. 오히려 예전에는 '소'라도 팔면 교육할 수 있었지만, 요즘은 소 한 마리 팔아도 사립 대학교 한 학기 등록금조차 감당하기 어렵게 됐다. 어렸을 때부터 각종 사교육비로 부모들의 등골이 휘고 있는 거다.

자녀가 한창 자랄 때, 부모들 또한 직장에서의 위치가 높아져 소득은 증가한다. 그러나 자녀 교육비, 주택 확장, 노부모 봉양 등 큰돈이 들어갈 곳이 많아지면서 고민도 더욱 늘어나게 된다. 따라서, 자녀 성장기에는 다양한 재무 목표에 따라 저축과 지출, 대출과 그에 따른 상환 등의 균형을 맞추는 것이 무엇보다 중요하다.

특히, 대부분 지출을 줄여야 할 일이 생기면 식비, 의복비 등 생활비를 줄이지 자녀의 교육비는 줄이지 못하는 것이 우리의 현실이다. 이렇게 자녀의 교육비에만 집중하다 보면 노후 준비는 뒷전으로 밀려나게 된다. 자녀가 독립해 교육비가 더는 들어가지 않게 됐을 때 노후를 준비하면 시간도 부족할 뿐만 아니라 줄어드는 소득으로 인해 모을 수

필 박사의 부자병법

있는 자금도 적어질 것이 뻔하다.

자녀 교육비에 대한 부담은 자연스럽게 부모들의 노후 생활을 위한 준비 자금에도 영향을 미친다. 그러므로 최대한 일찍 자녀 교육비 계획을 세우고 돈을 모아야 한다. 자녀들이 무럭무럭 커가며 행복을 느끼는 동시에 본인의 노후 생활에 대한 막막함으로 걱정이 많다면 안 될 것이다. 조금씩 미리 준비해서 자녀와 부모가 윈-윈 할 수 있는 리치테크를 해야만 한다.

① 자녀의 교육 자금 마련하기

자녀 교육비는 가계의 가장 큰 재정적 부담 중 하나다. 2023년 통계청 자료에 따르면, 자녀 한 명이 초등학교부터 대학교를 졸업할 때까지 드는 총교육비는 약 2억 원에 달한다. 여기에 사교육비까지 포함하면 그 금액은 더욱 커지게 된다. 따라서, 교육 자금 마련을 위한 체계적인 계획이 꼭 필요하다.

교육 단계별로 살펴보면, 초등학교 시기에는 월평균 50~70만 원의 사교육비가 발생하며, 중학교 시기에는 70~90만 원, 고등학교 시기에는 90~120만 원까지 증가한다. 대학교 시기에는 연간 등록금 800~1,000만 원에 생활비 600~800만 원이 추가로 필요하다. 이러한 비용을 감당하기 위해서는 자녀의 출생 직후부터 계획적인 저축이 시작되어야 한다.

교육 자금 마련을 위한 가장 효과적인 방법은 장기 적립식 금융 상품을 활용하는 것이다. 예를 들어, 자녀 출생 직후부터 월 50만 원씩 15년간 적립하면, 연 수익률 3% 기준으로 약 1억 1,500만 원, 5% 기준으로는 약 1억 3,800만 원의 자금을 마련할 수 있다. 여기에 교육보험이나 학자금 저축과 같은 세제 혜택이 있는 상품을 활용하면 더욱 효율적인 자금 마련이 가능하다.

또한, 정부의 다양한 지원 제도를 적극적으로 활용할 필요가 있다. 국가 장학금은 소득 분위에 따라 차등 지원되며, 한국장학재단의 '든든학자금ICl' 대출은 취업 후 상환하는 방식으로 대학 교육비 부담을 줄일 수 있다. 최근에는 '청년도약계좌'와 같은 정부 지원 자산 형성 프로그램도 활용할 수 있다.

② 아이에게 물려줄 자산인 금융 이해력 키우기

금융 이해력은 현대사회를 살아가는 데 필수적인 생존 능력이다. 아이들의 금융 이해력을 키우기 위해서는 연령대별로 적절한 교육이 필요하다. 이는 단순한 용돈 관리부터 시작하여 점차 복잡한 금융 개념의 이해까지 이어지는 장기적인 과정이다.

초등학교 저학년 시기에는 용돈 관리의 기초를 가르치는 것이 중요하다. 주간 단위로 1만 원 정도의 용돈을 주고, 이를 용돈 기입장에 기록하는 습관을 들이도록 하자. 이 시기에는 '쓸 돈', '모을 돈', '나눌 돈'

초등학교 저학년 (7~9세)	• 용돈 관리 시작 : 주간 용돈 1만 원부터 시작 • 용돈 기입장 작성 습관화 • 저축의 개념 이해 : 돼지 저금통 활용 • 용돈 분배 법칙 : 쓸 돈(60%), 모을 돈(30%), 나눌 돈(10%)
초등학교 고학년 (10~12세)	• 월간 용돈 제도 도입 : 월 5~10만 원 범위 • 통장 개설 및 카드 발급 체험 • 가계부 작성 참여 • 소비의 개념과 합리적 소비 교육
중학교 시기 (13~15세)	• 장기 저축 목표 설정하기 • 투자의 기초 개념 학습 • 모의 주식 투자 게임 참여 • 신용의 개념과 중요성 이해
고등학교 시기 (16~18세)	• 실전 자산 관리 연습 • 생애 설계와 재무 설계 기초 • 신용카드와 부채 관리 교육 • 금융 상품의 이해와 선택

이라는 개념을 이해시키고, 각각 60%, 30%, 10%의 비율로 분배하는 방법을 가르치면 효과적이다.

초등학교 고학년이 되면 월간 용돈 제도를 도입하고, 실제 통장 개설과 카드 발급 체험을 통해 금융 생활을 직접 경험하게 한다. 이 시기에는 가계부 작성에 참여시켜 수입과 지출의 개념, 합리적인 소비의 중요성을 이해시킬 수 있다.

중학교와 고등학교 시기에는 더욱 심화한 금융 교육이 가능하다. 장기 저축 목표를 설정하고, 투자의 기초 개념을 학습하며, 모의 주식 투자 게임 등을 통해 실전 감각을 키울 수 있다. 또한, 신용의 개념과 중요성, 신용카드와 부채 관리, 다양한 금융 상품의 특징과 선택 기준 등을 교육해야 한다.

③ 주택 확장하기

자녀가 학령기에 접어들면서 많은 가정이 주거 공간 확장을 고민하게 된다. 이 시기의 주택 선택에서 가장 중요한 고려 사항은 단연 교육 환경이다. 좋은 학군에 자리한 주택은 자녀의 교육 여건을 개선할 뿐만 아니라 향후 자산 가치 상승의 가능성도 크다.

주택 선택 시에는 학교 정보 포털을 통해 해당 지역의 진학률과 학업 성취도 등을 꼼꼼히 확인해야 한다. 또한, 통학 거리와 안전성, 주변의 도서관이나 문화시설 등 교육 인프라, 대중교통 접근성 등도 중요한 고려 사항이다. 특히, 사교육 시설의 분포와 질적 수준도 실제 거주시 중요한 요소가 된다.

주택 구입 자금 마련을 위해서는 주택 가격의 약 130%를 목표로 저축해야 한다. 여기에는 취득세와 각종 부대 비용이 포함된다. 자금 마련은 청약통장, 적금, 펀드 등 다양한 금융 상품을 활용하여 계획적으로 진행해야 하며, 총필요 자금의 10% 이상은 비상 자금으로 별도 확보하는 것이 안전하다.

특히, 청약을 통한 신규 아파트 구입을 고려한다면 청약 가점 관리
가 매우 중요하다. 무주택 기간32점, 부양가족 수35점, 청약통장 가입
기간17점 등을 종합적으로 관리하여 최대한의 가점을 확보해야 한다.
중도금 대출을 활용할 때는 DTI, DSR 등 각종 대출 규제를 충족할 수
있도록 미리 준비해야 한다.

④ 신용·부채 관리와 투자 설계

안정적인 가계 운영을 위해서는 철저한 신용 관리가 필수적이다.
신용 관리의 기본은 신용카드의 적절한 사용에서 시작된다. 카드는
2~3개로 제한하여 사용하고, 월 사용액을 소득의 30% 이내로 유지하
는 것이 바람직하다. 특히, 할부 결제는 최소화하고, 현금 서비스는 가
급적 사용하지 않는 것이 좋다.

대출을 이용할 때는 총부채원리금상환비율DSR을 40% 이내로 유지
하는 것이 중요하다. 대출은 목적별로 금리를 비교하여 선택하고, 가
능한 한 원리금 분할상환 방식을 선택하여 계획적인 상환을 하는 것이
바람직하다. 특히, 고금리 대출이 있다면 저금리 대출로 바꾸는 것을
적극적으로 검토해야 한다.

투자는 안전 자산과 위험 자산의 적절한 배분이 중요하다. 일반적
으로 안전 자산예금, 적금 40%, 위험 자산주식, 펀드 40%, 대체 투자부동산

펀드 등 20%의 비율로 구성하는 것을 권장한다. 투자 상품 선택 시에는 수익성과 안정성의 균형, 투자 기간, 세제 혜택, 수수료 등을 종합적으로 고려해야 한다.

⑤ 노후 자금 마련 시작하기

자녀 교육비가 많이 드는 시기이지만 노후 준비도 소홀히 해서는 안 된다. 은퇴 후에 필요한 자금은 현재 생활비의 70~80% 수준으로 추정되며, 여기에 의료비와 여가 활동 비용, 물가 상승률 등을 고려해야 한다.

자녀가 성장한다고 해도 자녀는 그들 나름대로 아등바등 살아갈 것인데, 과연 그런 자녀들에게 의존할 수 있을까? 최근 많은 사람이 고령화의 이슈로 노후 대비가 중요하다는 데에 동의하고 있다. 그러나 실제로 실행에 옮기는 사람은 그리 많지 않다. 지금 당장 미래의 자녀 교육비도 준비해야 하고, 주택 구입이나 확장을 위해 대출까지 받아야 하는데 어떻게 노후 준비까지 할 수 있겠냐고 하소연할지도 모르겠다.

젊을 때 노후 준비는 선택이 아닌 필수다. 적정 교육비 지출이 중요하다. 자녀의 미래 교육 자금을 설계해보면, 출생과 양육의 기쁨에 앞서 자녀를 번듯하게 키우려면 비용이 얼마나 될지 걱정부터 앞설 수 있다. 자녀 교육에 비용이 많이 드는 것은 사실이지만, 한 번이 아니라 20년이란 긴 세월에 걸쳐 들어가는 비용이니 차근차근 준비하고 대처

하면 되니 많이 걱정할 필요는 없다. 아마도 자녀의 성장에서 느끼는 행복과 보람이 교육비로 지출된 비용보다 훨씬 클 것이다. 시대가 변해 예전처럼 다자녀의 든든한 후원을 받는 시대는 끝났다. 더는 자녀가 부모의 노후를 뒷받침해 주기는 힘들다.

자녀 교육비와 노후 준비의 비율을 미리 정해야 한다. 가장 좋은 비율은 자녀 교육비와 노후 준비의 비율을 1:1로 하는 것이다. 그러나 시기적으로 자녀 교육비가 더 일찍 필요하므로 본인의 경제적 상황에 맞게 노후 준비의 비율을 조금 감소시켜도 된다. 그러나 적어도 1:0.7 이상으로 할 것을 추천한다.

인생 후반기 '세컨드 액트 준비 리치테크'

자녀가 무럭무럭 자라 학교를 졸업하고 힘든 취업 문을 열고 취직하면 자녀 스스로 돈을 벌게 된다. 그러나 자녀에게 쓰던 지출이 멈추고 안정기를 찾을 즈음 자녀는 자신의 짝을 찾아 독립하려 한다. 이때 또다시 가계에는 자녀 독립 비용 혹은 결혼 비용이라는 큰돈이 필요할 수 있다. 이 무렵이면 부모들은 회사에서 점점 은퇴 시기가 다가오고 건강 문제도 닥쳐올 수 있다. 물론, 자녀 스스로 결혼 자금을 마련할 수 있지만, 부모가 자녀의 독립에 지원해 주고자 하는 계획이 있다면 이에 대한 사전 준비도 필요하다.

정성으로 키운 자녀를 품에서 떠나보내며 상실감을 느끼고 점점 노쇠해 가는 자신을 바라보아야 하는 인생의 중후반 시기, 다양한 변화를 맞이하는 이 시기를 어떻게 관리하느냐에 따라 남은 인생 후반기가 달라질 수 있다.

① 자녀의 독립 및 결혼 재무 설계

자녀의 성년기를 맞이하면서 부모가 가장 먼저 고민하게 되는 것이 바로 자녀의 결혼 자금 마련이다. 최근 결혼 비용은 지속해서 상승하여, 2024년 기준 수도권의 경우 평균 2억 5천만 원을 웃도는 수준에 이

📑 자녀와 함께하는 결혼 재테크 계획 체크리스트

☐ 결혼은 몇 년 후에 할 것인가?

☐ 신혼집은 어디에 마련할 것인가?

☐ 결혼식장, 신혼살림, 신혼여행 등 비용은?

☐ (자녀) 결혼 자금 마련을 위해 저축 가능한 금액은?

☐ (부모) 결혼 자금 마련을 위해 저축 가능한 금액은?

르렀다. 여기에는 신혼집 마련을 위한 전세 자금, 결혼식 비용, 기본적인 혼수 비용 등이 포함된다.

자녀의 결혼 준비를 위한 재무 설계는 가능한 한 일찍 시작하는 것이 바람직하다. 보통 자녀가 대학교에 입학하는 시점부터 본격적인 준비를 시작하는 것이 좋다. 특히, 주거 비용의 경우 청약통장 가입을 통해 장기적으로 준비하는 것이 효과적이다. 또한, 신혼부부 전세 자금 대출과 같은 정책 지원도 적극적으로 활용할 수 있다.

결혼식 자체의 비용도 상당한 준비가 필요하다. 예식장 대관료, 드레스와 메이크업, 하객 식사 비용 등을 포함하여 평균 3,000만 원에서 5,000만 원 정도가 소요된다. 여기에 기본적인 혼수 비용으로 5,000만 원에서 7,000만 원, 신혼여행 비용으로 500만 원에서 1,000만 원 정도를 예상해야 한다.

이러한 큰 비용을 준비하기 위해서는 체계적인 저축과 투자 계획이 필수적이다. 월 100만 원 정도의 정기적인 저축을 시작으로 이를 안정적인 포트폴리오로 운용하는 것이 바람직하다. 예를 들어, 정기예금 30%, 주식형 펀드 40%, 채권형 펀드 30% 정도의 비율로 분산투자하는 것을 고려해볼 수 있다.

② 자녀 성년기의 위험관리

인생을 살다 보면 예상 밖의 위험을 만나기도 한다. 그렇기에 닥쳐올지 모를 위험에 대비하여 비상금을 미리 준비하고 있어야 한다. 주변에서 이런 이야기를 가끔 들을 수 있다. "○○가 암에 걸렸다는군. 그 집 애들이 이제 고등학교에 올라간다던데 참 딱하군." "○○ 자녀가 교통사고를 크게 당했다는군. 병원비가 많이 들 텐데…" 가족 구성원이 늘어나고 부모의 나이가 들면서 각종 위험이 주변에 도사리고 있다. 이 시기에 큰 병에 걸리거나 사고, 실직 같은 일이 벌어지면 소득이 단절되어 가계에 큰 부담이 된다.

인생의 중·후반기에 접어들면서 가장 중요한 것은 안정적인 소득 기반을 유지하는 것이다. 이를 위해서는 철저한 위험관리가 필수적이며, 그 첫 번째 단계가 바로 비상 자금의 마련이다. 현재 한국의 4인 가구 기준 월평균 생활비가 450만 원에서 500만 원 수준임을 생각할 때, 최소 6개월에서 1년 치의 생활비를 비상 자금으로 확보해야 한다. 이는 2,700만 원에서 6,000만 원 정도의 금액에 해당한다.

비상 자금은 언제든지 현금화가 가능한 형태로 보관하는 것이 중요하다. MMF^{Money Market Fund}와 같은 단기금융 상품이나 저축은행의 정기예금, 안정성이 높은 단기 국채 등을 활용할 수 있다. 이러한 상품들은 연 3~5% 정도의 수익률을 기대할 수 있으면서도 필요할 때 즉시 현금화가 가능하다는 장점이 있다.

또한, 질병이나 상해로 인한 소득 중단 위험에 대비하기 위한 보험 설계도 매우 중요하다. 실손 의료보험의 경우 입원 의료비의 90~95%, 통원 의료비의 80~85%를 보장받을 수 있으며, 연간 한도는 보통 1억 원 수준이다. 여기에 3대 질병_{암, 뇌졸중, 심근경색}에 대한 중대 질병보험을 추가하여 진단 시 5,000만 원에서 1억 원 정도의 보장을 받을 수 있도록 설계하는 것이 좋다.

소득보상 보험도 고려해 볼 만한 상품이다. 이는 상해나 질병으로 인해 소득 활동이 불가능해졌을 때 월 소득의 50~70% 정도를 보장받을 수 있는 보험이다. 보장 기간은 2년에서 종신까지 다양하게 선택할 수 있다. 다만, 전체 보험료가 소득의 10~15%를 넘지 않도록 적절히 조절하는 것이 중요하다.

③ 인생 후반기 새로운 시작을 위한 준비

우리나라의 평균 은퇴 나이가 49.3세로 OECD 국가 중 가장 빠른 편에 속하는 현실을 고려할 때, 인생 후반기를 위한 새로운 시작 준비는 필수적이다. 재취업이나 창업을 통한 제2의 인생 설계가 그 핵심이 될 수 있다.

재취업을 준비하는 경우, 전문성 강화를 위한 자격증 취득이 우선 고려되어야 한다. 이외에도 고용노동부의 직업훈련 프로그램이나 산업인력공단의 교육과정을 활용할 수 있다. 재취업 분야는 크게 경력을 활용하는 분야와 새롭게 도전하는 분야로 나눌 수 있다. 전문직 컨설턴트, 교육 강사, 기술 자문 등은 기존 경력을 활용할 수 있는 대표적인 직종이다. 반면, 사회 서비스 분야나 디지털 콘텐츠 제작, 온라인 커머스 등은 새롭게 도전해볼 만한 분야다.

창업을 준비하는 경우에는 더욱 철저한 준비가 필요하다. 먼저, 철저한 시장조사와 상권 분석이 선행되어야 하며, 경쟁업체 조사와 소비자 니즈 파악도 필수적이다. 자금 측면에서는 보통 1억 원에서 3억 원 정도의 창업 자금과 최소 6개월 치의 운영자금이 필요하다. 정부의 다양한 창업 지원 사업을 활용하는 것도 좋은 방법이다.

프랜차이즈 창업의 경우, 브랜드 선정과 가맹 계약 검토, 수익성 분석이 중요하다. 독립 창업을 선택한다면 더욱 철저한 사업 계획서 작성과 상권 선정, 각종 인허가 절차 확인이 필요하다.

④ 안정적인 노후 생활 준비

노후 생활을 위한 준비는 크게 재무적 준비와 비재무적 준비로 나

필 박사의 부자병법

눌 수 있다. 재무적 측면에서 가장 먼저 해야 할 일은 필요한 노후 자금을 정확히 예측하는 것이다. 현재 부부 기준으로 월 300만 원에서 350만 원의 기본 생활비에 의료비 50만 원, 여가 활동비 50만 원에서 100만 원 정도를 고려해야 한다. 여기에 연간 2~3%의 물가 상승률을 반영하면 30년 후에는 실질적으로 더 많은 금액이 필요하게 된다.

이런 계산을 바탕으로 총노후 자금을 추정해보면, 월 400만 원을 기준으로 30년간 필요한 금액이 약 14억 4천만 원에 이르며, 물가 상승을 고려하면 실질적으로 20억 원 정도가 필요할 것으로 예상한다.

이 같은 노후 자금 마련을 위해서는 다양한 연금제도를 활용해야 한다. 국민연금의 경우 연금 수령액을 최대한 높이는 것이 중요하다. 퇴직연금은 IRP를 통해 적극적으로 운용하면서 세제 혜택도 최대한 활용해야 한다. 사적 연금으로는 연금 저축과 연금보험을 고려할 수 있다. 연금 저축의 경우 세제 혜택 한도를 최대한 활용하면서 수익률 제고를 위한 포트폴리오를 구성하는 것이 중요하다. 또한, 주택 연금을 통해 보유 주택의 가치를 연금화하는 것도 좋은 방법이다.

은퇴를 앞두고 있다면 부채 관리도 매우 중요하다. 직장 생활을 할 때는 급여로 대출 원리금을 상환하는 데 큰 문제가 없지만, 은퇴 이후에는 부족한 생활비를 쪼개어 대출 상환에 써야 한다. 대출 이용자의 은퇴 전후의 대출 심사는 현저하게 다르다. 신용 대출을 예로 들면, 보통 1년마다 은행에서는 대출 이용자의 신용 상태를 측정해서 연장 여부를 결정한다. 신용 상태에 따라 대출 금액과 금리가 달라지는데, 은퇴 전은 회사에 재직 중이고 일정한 소득이 있으므로 대출 상환 능력이 높게 평가된다. 그러나 은퇴 후에 따로 구직 활동을 하지 않아 소득이 없다면 대출 상환 능력은 낮게 평가될 수밖에 없다. 따라서, 금리도 오르고 대출 한도도 축소될 가능성이 크다. 가뜩이나 생활비를 쪼개 대출을 상환하는 데 금리까지 오르면 엎친 데 덮친 격이 될 수밖에 없다.

은퇴기에 접어들기 전에 가능한 부채는 모두 상환한다는 생각을 가져야 한다. 대출 상환 구조가 매달 원리금으로 빠져나가지 않고 만기 일시 상환 구조로 대출을 이용한다면 원리금 상환 구조로 변경하는 것이 좋다. 그래야 매달 일정 금액을 상환하면서 원금을 줄여나갈 수 있기 때문이다. 비상금 혹은 대출 상환 용도로 적립식으로 저축을 해도 좋다. 꾸준히 일정 기간 저축하다가 급하게 필요할 때 사용해도 되고, 그렇지 않다면 대출을 상환하면 된다.

젊을 때는 자산 증가를 위해 대출, 즉 레버리지를 이용해 주택도 구입하고 금융 상품에 투자할 수도 있다. 그러나 은퇴 준비 시기에 접어들게 되면 소득 중단 시기를 고려하여 안정적인 자산 관리가 급선무다. 총부채상환비율DTI은 40% 이하로 유지하는 것이 바람직하다.

비재무적 투자도 매우 중요하다. 정기적인 건강검진과 운동을 통해 건강을 관리하고, 다양한 문화예술 활동이나 평생교육을 통해 삶의 질을 높일 수 있다. 또한, 재능 기부나 봉사 활동, 다양한 커뮤니티 활동을 통해 사회적 관계를 유지하는 것도 매우 중요하다.

⑤ 금융 사기로부터 자산 보호하기

현대사회에서 금융 사기의 위험은 나날이 증가하고 있다. 특히, 중장년층을 대상으로 한 보이스피싱과 투자 사기가 빈번하게 발생하고 있어 각별한 주의가 필요하다. 은퇴한 고령층은 비록 근로소득은 없지만 노후 대비 자금으로 퇴직금이나 예금을 보유하고 있는 경우가 많다. 그리고 은퇴 후 사회로부터 한 걸음 물러나게 되므로 정보력이 감소하고 신체적·정신적으로도 약해진다. 반면에 소득은 생겨나지 않으나 지출은 지속하는 불안감이 있다 보니 수익을 내세워 유혹하는 금융 사기, 대출 사기 등 각종 사기에 빠지기 쉽다.

특히, 최근 금융 사기범들은 불법으로 개인의 이름, 주민번호, 거주지 등 민감한 정보를 탈취해 피해자들에게 접근하기 때문에 금융 지식이 있는 사람도 사기당하는 사례가 늘고 있다. '남들은 몰라도 나는 안 당해'라는 생각을 버리고 사기의 방법과 피해 사례에 항상 관심을 기울이고 주의해야 한다.

이러한 종합적인 금융 생활 관리는 단순히 현재의 자산을 보호하는 것을 넘어, 장기적인 관점에서 안정적인 노후를 준비하는 데 필수적이다. 특히, 자녀의 독립과 결혼 지원, 그리고 본인의 노후 준비라는 두 가지 큰 과제를 동시에 달성하기 위해서는 체계적이고 계획적인 접근이 필요하다. 각각의 영역별로 정기적인 점검과 조정을 통해 변화하는 환경에 탄력적으로 대응하면서 궁극적으로는 안정적이고 풍요로운 노후 생활을 영위할 수 있도록 준비해야 한다.

은퇴, 그리고 '행복 리치테크'

　금융회사 광고나 잡지를 보면 은퇴 설계, 노후 설계라는 문구를 자주 볼 수 있다. 은퇴가 가깝거나 은퇴를 이미 한 이들은 본인의 일이기에 관심을 보이게 된다. 그렇지만 구체적으로 은퇴 설계라는 걸 어떻게 해야 하는지 추상적이고 막연하여 어렵게 느껴질 것이다.

　은퇴 시기에 중요한 항목을 몇 가지 꼽는다면 재정 관리, 건강관리, 취미 계획, 사회적 관계 관리 등을 들 수 있다. 물론, 건강해야 다른 것을 할 수 있지만, 어느 정도 여윳돈이 있어야 취미 생활도 하고 사회적 관계도 유지할 수 있으며 건강 유지를 위해 투자도 할 수 있다. 그렇기에 은퇴 시기의 재정 관리는 아무리 강조해도 지나치지 않는다.

　우리나라는 세계에서 가장 빠른 속도로 고령화가 진행되고 있는 국가 중 하나다. 2024년 현재 65세 이상 고령 인구 비율이 18%를 넘어섰으며, 2025년에는 초고령사회 진입이 예상된다. 평균수명이 증가하면서 은퇴 후 생활 기간이 20~30년으로 길어졌고, 이에 따라 체계적인 노후 재무 설계의 중요성이 더욱 커지고 있다.

① 은퇴 후 재무 상태 파악

　은퇴 후 안정적인 생활을 위해서는 정확한 재무 상태 파악이 가장 기본이 되어야 한다. 재무 상태 파악은 크게 자산평가, 부채 현황 분석, 그리고 지출 구조 분석의 세 가지 측면에서 이루어져야 한다. 먼저 자산평가에서는 보유하고 있는 모든 자산을 현재 가치로 평가해야 한다. 여기에는 예금, 적금, 주식, 채권, 펀드 등의 금융자산과 주택, 상가 등의 부동산 자산, 그리고 귀금속, 예술품 등의 기타 자산이 포함된다. 특히, 부동산의 경우 실거래가를 기준으로 하되 처분 시 발생할 수 있는 비용도 고려해야 한다.

부채 현황 분석에서는 주택 담보대출, 신용 대출, 신용카드 대출 등의 금융 부채뿐만 아니라 임대 보증금과 같은 비금융 부채, 그리고 채무보증 등 향후 부채가 될 수 있는 우발 부채까지 모두 파악해야 한다.

지출 구조 분석은 최근 6개월에서 1년간의 지출 내용을 바탕으로 고정 지출, 변동 지출, 비정기 지출로 구분하여 진행해야 한다. 이때 주거비, 관리비, 보험료와 같은 고정 지출과 식비, 의료비, 교통비 등의 변동 지출, 그리고 경조사비, 여행비와 같은 비정기 지출의 규모를 정확히 파악하는 것이 중요하다.

② 은퇴 후 자산 관리 및 부채 관리

은퇴기의 자산 관리는 안정성을 최우선으로 하되 인플레이션에 대비한 수익성도 고려해야 한다. 연령대별로 적절한 자산 배분이 필요한데, 60대의 경우 안전 자산 60~70%, 위험 자산 30~40%, 70대는 안전

자산 70~80%, 위험 자산 20~30%, 80대 이상은 안전 자산 80~90%, 위험 자산 10~20% 정도의 비중을 유지하는 것이 바람직하다.

안전 자산으로는 예금, 적금, 국채, 지방채 등을 고려할 수 있으며, 특히 2년 정도의 생활비에 해당하는 금액은 수시로 현금화할 수 있는 형태로 보유해야 한다. 위험 자산으로는 주식, 주식형 펀드, 부동산 펀드 등을 고려할 수 있는데, 이는 인플레이션 헤지 목적으로 제한적인 비중만을 투자하는 것이 좋다.

부채 관리는 고금리 부채의 우선 상환이 가장 중요하다. 특히, 신용카드 대출이나 신용 대출과 같은 고금리 부채는 은퇴 전에 최대한 정리하는 것이 바람직하다. 주택 담보대출의 경우 전액 상환이 어렵다면, 만기 연장이나 저금리 대출로의 전환을 고려해볼 수 있다. 또한, 주택 연금제도를 활용하여 부채를 해결하는 방안도 검토해볼 수 있다.

은퇴 후 자산 관리가 어려운 이유는 소득이 중단 혹은 감소하는 데 예상치 못한 지출은 많이 늘기 때문이다. 은퇴 후 퇴직연금, 국민연금 등 연금으로 생활하고 있던 G씨는 갑작스레 큰 병을 얻게 돼 의료비 지출이 급증했다. 연금 외의 다른 자산에서는 수익을 내지 못하고 있었기에, 그는 가지고 있던 부동산을 시세보다 싸게 급매할 수밖에 없었다.

이처럼 은퇴 후 생활에서 중요한 것은 기존의 자산을 단순히 유지하는 것이 아니라, 안정적이면서도 수익을 낼 수 있는 관리능력이다. 국민연금, 개인연금으로 고정적인 수입원을 확보하면서도 배당주 투자나 채권형 펀드 등 안전한 투자로 추가적인 현금 흐름을 만들어 놓

필 박사의 부자병법

아야 한다. 이처럼 은퇴 후에는 고수익을 추구하기보다는 안정적이고 예측이 가능한 수익을 목표로 투자해야 한다. 지키기만 하는 게 능사는 아닌 것이다.

③ 은퇴 후 소득 확보 방법

은퇴 후 안정적인 소득 확보를 위해서는 다층적인 연금 체계를 구축하는 것이 중요하다. 첫 번째 층인 국민연금은 최소 10년 이상 가입 시 65세부터 종신까지 받을 수 있으며, 2024년 기준 월평균 수령액은 약 60만 원 수준이다. 국민연금은 매년 물가 상승률을 반영하여 금액이 조정되므로 기본적인 노후 소득원으로서 중요한 역할을 한다.

두 번째 층인 퇴직연금은 근로 기간 동안 적립된 금액을 연금 형태로 수령하는 것으로, 일시금 수령 대신 연금 수령을 선택할 경우 세제 혜택을 받을 수 있다. 개인연금은 연간 납입 한도가 1,800만 원이며, 소득 수준이 4,500만 원 이하일 때는 납입액의 16.5%, 소득 수준이 4,500만 원을 초과할 경우 납입액의 13.2%를 세액공제 받을 수 있다.

주택 연금은 부부 중 1인이 55세 이상이고 부부 기준 공시 가격 등이 12억 원 이하의 주택을 소유한 경우 이용할 수 있으며, 주택을 담보로 매월 일정 금액을 종신토록 받을 수 있다. 예를 들어, 시가 6억 원의 주택을 소유한 65세 가입자의 경우 월 150만 원 정도의 연금을 받을 수 있다.

: 주택 연금제도를 적극적으로 활용하자.

주택 연금제도는 노후에 소득이 부족할 때 소유하고 있는 집을 국가에 담보로 맡기고 일정 기간 연금으로 안정적인 수입을 얻을 수 있도록 하는 연금제도다. 본인의 집을 담보로 맡기고 본인의 집에 살면서 매달 국가가 보증하는 연금을 받을 수 있는 거다.

📑 **주택 연금제도**

가입 요건	부부 중 1명이 55세 이상
주택 보유 수	- 부부 기준 공시 가격 등이 12억 원 이하 - 다주택일 경우 합산 12억 원 이하
대상 주택	공시 가격 12억 원 이하 APT, 주택, 노인 복지 주택, 주거형 오피스텔

주택 연금의 장점은 가입자와 배우자 모두 남은 평생 거주가 보장되며, 부부 중 한 명이 사망해도 연금 감액 없이 100% 동일한 금액이 지급된다는 점이다. 무엇보다도 국가가 연금 지급을 보증하므로 연금 지급 중단 위험이 없다. 연금 지급 방식도 아래와 같이 선택할 수 있다.

종신 방식 : 평생 매월 연금 방식으로 수령

정액형	매월 같은 금액 수령
초기 증액형	가입 초기 일정 기간(3, 5, 7, 10년 중 선택)은 정액형보다 많이, 이후에는 정액형보다 덜 수령
정기 증가형	초기에는 정액형보다 적게 받고, 3년마다 4.5%씩 일정하게 증가한 금액 수령

확정 기간 혼합 방식 : 일정 기간 수령

가입 연령에 따라 10, 15, 20, 25, 30년 중 선택한 일정 기간 매월 동일한 금액을 수령하고 평생 거주하는 방식이다.

추후 부부 모두 사망 후에는 주택을 처분해서 정산하면 되고, 연금 수령액 등이 집값을 초과해도 상속인에게 청구하지 않으며, 반대로 집값이 남으면 상속인에게 돌아간다. 은퇴 후 소득이 불안정하거나 부족한 경우 적극적으로 고려해보자.

④ 적정한 노후 자금 산출 및 관리

노후 자금 산출을 위해서는 월 필요 생활비, 예상 은퇴 기간, 물가 상승률 등을 종합적으로 고려해야 한다. 기본적인 산출방식은 '월 필요 생활비 × 12(개월) × 예상 은퇴 기간(년) × (1+물가 상승률)'이다. 여기에 기내 수명남성 86세, 여성 90세, 물가 상승률연 2~3%, 의료비 지출 증가율연 4~5%, 투자 수익률연 3~4% 등을 반영해야 한다.

그리고 노후 자금을 금융 사기로부터 지키기 위해서는 각별한 주의가 필요하다. 최근에는 보이스피싱, 불법 사금융, 유사 수신, 주식 투자 사기, 암호 화폐 사기 등 다양한 형태의 금융 사기가 발생하고 있다. 이를 예방하기 위해서는 투자 시 해당 금융회사의 인허가 여부를 반드시 확인하고, 거래 내역 실시간 통지 서비스를 이용하며, 전화나 문자를 통한 금융거래는 가능한 피해야 한다.

⑤ 은퇴기 주거 관리 및 건강한 은퇴 생활

은퇴기의 주거 관리는 편안하고 안전한 노후 생활을 위한 핵심 요소이다. 주거 형태는 자가 거주 유지, 소형 주택으로의 이전다운사이징, 노인복지 주택 입주, 실버타운 이용 등 다양한 선택지가 있다. 주거 형태를 선택할 때는 의료 시설 접근성, 대중교통 이용 편의성, 생활 편의시설 구비 여부, 노인 친화적 주거 환경 등을 종합적으로 고려해야 한다.

건강관리 측면에서는 정기적인 건강검진과 만성질환 관리가 매우 중요하다. 연 1회 이상의 종합검진을 통해 건강 상태를 점검하고, 필요한 경우 만성질환 관리 프로그램에 참여하는 것이 좋다. 또한, 치매 조기 검진과 같은 노인성 질환 예방에도 신경 써야 한다. 의료비 관리를 위해서는 실손 의료보험 유지, 노인 장기 요양 보험 활용, 건강보험 본인 부담 상한제 등 다양한 의료보장 제도를 적극적으로 활용하는 것이 바람직하다.

⑥ 금융 공부에는 은퇴가 없다. 끊임없이 공부하라.

우리나라는 세계에서 가장 빠른 속도로 초고령사회로 진입하고 있다. 고령층이 핵심 고객군으로 빠르게 부상하고 있어 이에 대비하기 위해 금융회사들은 고령층 금융 니즈를 반영한 특화 금융 상품이나 서비스에 주력하고 있다.

금융회사의 홈페이지에 접속하면 고령층 대상으로 투자, 부동산, 세무, 매거진 등 많은 자료를 볼 수 있다. 또한, 지점에 직접 방문하지 않고 비대면 전문가가 상담까지 해주는 서비스도 생겨나고 있다. 100세 시대를 맞아 경제적 쪼들림 없이 편안한 장수를 위해서는 끊임없는 금융 공부로 자산을 유지할 필요가 있다. 국내외 경제, 정치 상황의 변화에 빠르게 적응하기 위해서는 정보력이 가장 중요하다. 하루에 일정 시간은 경제 관련 뉴스, 매거진을 꼭 탐독하고 금융회사의 고령층 타깃 서비스에 관심을 가져 보기 바란다.

은퇴기의 성공적인 재무관리를 위해서는 체계적이고 종합적인 계획이 필수적이다. 특히, 우리나라의 경우 급속한 고령화와 높은 노인 빈곤율을 고려할 때 은퇴 전부터 철저한 준비가 필요하다. 자산 관리,

소득 확보, 건강관리, 상속 설계 등 다양한 측면에서 준비를 통해 안정적이고 풍요로운 노후 생활을 영위할 수 있다. 본인의 상황에 맞는 맞춤형 은퇴 설계를 수립하고 실천하여 행복한 노후 생활을 준비하자.

03

부자가 되기 위해서는
투자 상품을 공부하라.

예금과 적금에 대한 개념과 상품 이해하기

금융기관은행은 수신 부문과 여신 부문 두 가지로 크게 나뉜다. 수신 부문에서 가장 대표적이고 여러분이 잘 알고 있는 상품이 바로 예·적금이다. 예·적금은 '예금자보호법'에 따라 원금과 소정의 이자를 합하여 1인당 '최고 5천만 원까지' 보호된다. 이제 가장 손쉽고 이해하기 편한 예금과 적금에 대한 개념을 먼저 정리해 보고, 금융기관에서 실제 판매 중인 상품을 예로 들어 공부해보도록 하겠다.

흔히, 예금과 적금이라고 말하면, 입금과 출금이 가능한 자유 입출식 예금과 사전에 정해진 날짜에 납입하는 정기적금, 그리고 특정한 날짜에 상관없이 납입하는 자유 적금, 마지막으로 일정 기간 한 번에 목돈을 넣어 놓고 만기 때 이자와 함께 원금을 찾아가는 정기예금을 대표적으로 볼 수 있다.

① 자유 입출식 예금

최근 들어 '파킹통장'이라는 이름으로 많이 알려진 게 바로 자유 입출식 예금이다. 파킹통장은 이름에서도 알 수 있듯이 주차장에 차를 주차Parking하듯이 수시 입출금이 가능하면서 높은 금리를 받을 수 있는 통장을 말한다. 일반적으로 공모주 투자 자금, 주식 투자 자금, 부동산 계약 자금, 비상금을 목적으로 단기간 보관하는 용도로 많이 사용한다. 파킹통장의 장점은 크게 세 가지다.

- 첫째, 단순 보통예금보다 금리가 높다.
- 둘째, 수시로 입출금이 가능하다.
- 셋째, 금리가 인상되면 재가입하지 않아도 인상된 금리로 바로 적용된다. 변동 금리 약정일 경우

파킹통장의 단점도 세 가지 정도가 있다.

- 첫째, 보통예금보다 금리가 높지만, 정기예금보다는 금리가 낮다.

266

- 둘째, 입출금 통장처럼 계좌 개설 시 20일 제한에 걸릴 수 있다.일부 상품 한정

- 셋째, 수시 입출금이 가능해 목돈 저축이나 지출 통제가 어려운 편이다.

파킹통장의 이자 계산 방법은 일할 계산으로 00시24시를 기준으로 적용한다. 즉, 밤 11시에 돈을 넣고, 다음날 새벽 1시에 돈을 출금하더라도 00시가 기준이 되므로 하루 치 이자가 계산된다. 이자를 받는 방법은 상품에 따라 일일 지급 또는 매월 지급하는 상품이 있으니 기호에 맞는 상품을 알아보고 가입하면 된다.

파킹통장의 금리는 기본 금리 및 우대금리 조건, 이자 지급 시기, 예금자 보호의 적용 여부 등 은행마다 상품의 조건이 다르므로, 반드시 조건을 모두 확인하고 세부 사항을 검토한 후 가입하는 것을 추천한다. 여기서 잠깐 현재 판매 중인 은행의 파킹통장 상품과 금리에 대해 알아보자.2024년 9월 기준이며, 금리는 변동될 수 있으므로 금융기관 홈페이지 참조

S은행 상품명 Hi통장은 금리를 최저 2.4%에서 최고 4.0%까지 받을 수 있다. 금액은 제한이 없고, 영업점 방문과 모바일뱅킹으로 모두 가입이 가능하고, 1인 1계좌만 가능하다. 이자는 매달 지급되고, 금리는 변동 금리로 기본 3.4%에서 우대금리 포함하여 최대 4%까지 받을 수 있는 상품이다.

J은행은 첫 거래 고객에 한해 1인 1계좌만 가입이 가능하고, 금액은 제한이 없는 파킹통장도 있다. 모바일뱅킹으로만 가입이 가능하고, 기본 금리 2.8%에서 우대금리를 포함해 최대 3.51%까지 받을 수 있다.

파킹통장은 수시로 입출금이 가능한 장점 때문에 다른 정기예금보다는 금리가 낮아 자산을 증식시키기에는 부적합하지만, 일반적인 수시 입출금 통장에 비해서는 높은 금리를 받을 수 있어 이러한 장점을 잘 이용하여 하나쯤은 꼭 가입하면 좋은 상품이다. 단, 가입 상품마다 조건들과 금리가 다른 만큼 충분히 잘 살펴보고 가입하여야 한다.

② 정기적금

정기적금은 정해진 일자에 정해진 금액을 납입하기로 약속하고, 계약한 만기일에 도달하면 원금과 이자를 같이 받는 방식이 일반적이다.

W은행의 대표 정기 적립식 상품인 '○○사랑 정기적금'은 최소 6개월에서 최대 60개월의 계약 기간으로, 기간에 따라 기본 금리가 2.45~3.05%이며 우대금리 0.2%까지 조건에 따라 추가가 가능하다. 월 납입액에 대한 제한은 없고, 영업점과 인터넷으로 모두 가입할 수 있다.

청년의 목돈 마련을 위한 특별 금리 적금 상품도 있다. 만 19세에서 만 34세 이하이면서 총급여 7천500만 원 이하, 종합소득 금액 6천300만 원 이하가 대상이다. 가구 중위 소득 250% 이하의 조건에 맞는 경우라면 월 70만 원까지 5년간 납입이 가능한 W은행의 '○○ 청년도약계좌'가 있는데, 기본 금리 4.5%, 우대금리 포함 최대 6.0%까지 가능하다.

내 집 마련과 함께 적금 금리, 소득공제를 받을 수 있는 적금 상품도 있다. 주택청약 종합 저축은 내 집 마련과 자산 형성을 동시에 이뤄 주는 통장으로 금리도 최대 3.1%까지 가능하다. '청년주택드림' 청약통장은 최대 4.5%까지 받을 수 있다.

또한, 청약통장의 무주택 세대주의 경우, 납입금에 대해 최대 300만 원까지 소득공제를 받을 수 있다. 2025년부터는 무주택 세대주 본인뿐만이 아니라 배우자에게도 소득공제 및 비과세 혜택을 부여할 예정이다.

③ 정기예금

정기예금도 원금과 이자 합산 1인당 5천만 원까지 예금자 보호가 되는 상품으로, 일정 계약 기간 내 원금을 예치하면 계약 만기일에 원금과 이자를 받는 상품이다.

W은행에서 현재 판매 중인 정기예금 상품이 있다. 만기일을 일, 월 단위로 자유롭게 선택할 수 있는 W은행의 '○○SUPER 정기예금'의 경우, 계약 기간은 1개월 이상 36개월 이하로, 가입 금액은 100만 원 이상이다. 예금 금리는 기간에 따라 2.75%에서 최대 3.0%까지 가능하며, 영업점과 인터넷, 모바일로 모두 가입이 가능하다.

또 다른 상품으로는 W은행의 WON뱅킹 대표 상품인 'WON플러스 예금'이 있다. 1만 원 이상 금액으로 1개월에서 최대 36개월까지 가입이 가능하다. 스마트폰 가입 전용 상품으로 기간에 따라 예금 금리는 2.9%에서 최대 3.2%까지 받을 수 있다.

목돈을 만들기 위한 예금 및 적금 상품과 목돈을 굴리기 위한 정기예금을 기간별로 분산 가입하면, 자금의 목적별 유동성과 목돈을 굴릴 수 있는 투자 상품으로서 좋은 대안이 될 수 있다.

주식과 채권 등 투자 상품에 관해 공부하기

대표적인 투자 상품인 주식과 채권에 대해 이해하고 투자 전략에 대해 알아볼 차례다. 주식, 채권 등 투자 상품에 투자하기 위해서는 시장과 상품을 먼저 이해하는 것이 가장 중요하다.

① 경기순환의 이해

먼저, 경기순환을 이해해야 시장분석을 위한 기초 지식을 확보할수 있다. 경기는 일반적으로 주기적 변동성을 가지고 있는데, 이를 경기순환Business Cycle이라 표현한다. 통상 경기순환은 크게 2국면, 혹은 좀 더 세분화하면 4국면으로 구분한다. 국면별로 금융시장 및 경제활동과 연결된 변수들을 드러내는 경험적 패턴이 관찰된다. 경기 상승 국면인 호경기에서 나타나는 회복과 확장, 하강 국면인 불경기에 나타나는 후퇴와 수축으로 나뉜다. 경기 흐름을 나타내는 주요 지표 변화에 대해서 종합적으로 분석할 필요가 있고, 경기 국면별 주요 지표 변화도 놓쳐서는 안 된다. 경제의 현재 상태와 향후 전망 예측, 경기 흐름과 이론적 모델 간 불일치 구간도 존재하므로 변수도 고려해야 한다.

경기의 상승 국면인 호경기에서 나타나는 주요 지표 변화는 실질 GDP, 소비, 투자, 고용은 증가하고, 물가와 금리도 상승한다. 주가는 강세장이 이어진다. 경기의 하강 국면인 불경기에서 나타나는 주요 지표 변화는 실질GDP, 소비, 투자, 고용이 감소하고, 물가와 금리도 하락한다. 주가는 약세장이 이어진다.

경기순환을 이해했으면, 경기의 흐름과 인플레이션에 따른 국면별 투자자산을 선정해야 한다. 일반적으로 경기와 인플레이션은 동행 관계를 보이며, 인플레이션은 경기에 비해 다소 후행하는 특징을 나타낸다.

다음의 경기순환 주기는 경기의 강약과 인플레이션의 고저에 따른 4국면을 도식화한 것으로, 이를 고려한 시장분석은 투자자산군 선정 과정에 필수적이다. 금융시장의 주요 자산군주식, 채권, 외환, 원자재은 경기와 인플레이션의 흐름과 일치하는 경향이 존재한다. 또한, 경기 지표와 인플레이션의 지표에 대한 분석이 필요하고, 경제의 현재 상태와 미래 전망을 파악하는 것도 중요하다.

⇄ 경기순환 주기

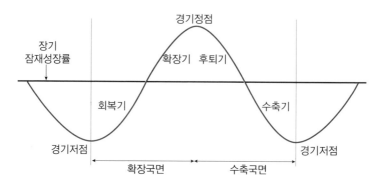

출처 : 현대경제연구원

필 박사의 부자병법

다음으로, 경기의 흐름과 인플레이션에 따른 국면별 투자자산을 선정해야 한다.

: 1국면. 회복기

경기가 개선되기 시작하며 낮은 물가로 인해 기업의 매출은 증가하고 비용은 감소하는 특징을 보인다. 이로 인해 기업의 이익은 증가하고, 주식 투자 수익률 또한 가장 높게 나는 경험적 패턴을 보인다.

경기의 성장이 강하고 인플레이션은 낮은 상황으로 금리 상승, 주식 투자 수익률 상승, 경제성장률 상승실질 GDP 성장률 상승, 산업 활동 증가전 산업 생산 증가, 고용 지표 상승고용률 상승, 실업률 하락의 특징이 나타난다.

: 2국면. 확장기(상승)

경기 개선의 흐름은 여전히 강한 편이며 물가도 높게 나타나는 특징을 보인다. 단, 확장 속도 면에서 점차 둔화하며 높은 물가와 금리 때문에 주식이나 채권의 매력은 상대적으로 낮아지게 된다. 확장기에는 원자재와 같은 대체 투자 상품인플레이션 헤지 목적의 수익률이 높게 나타나는 경험적 패턴을 보이게 된다.

확장기에는 물가는 경기 변동에서 후행적인 특징을 보유하고 경기 회복 또는 확장 국면 시 물가 상승은 다소 지연경기 변동 중반부 이후 물가 상승된다.

또한 금리 상승, 주식 및 채권 투자 하락주가 상승세는 유지, 경제성장률 상승실질 GDP 성장률 상승, 산업 활동 증가전 산업 생산 증가, 고용 지표 상승고용률 상승, 실업률 하락의 특징이 나타난다.

: 3국면. 후퇴기(둔화)

물가는 여전히 높은 상태를 유지하나, 경기 둔화가 나타나기 시작하는 구간이다. 높은 물가와 금리로 인해 금융 투자자산에 대한 매력은 상대적으로 낮아지며, 고금리 예금 또는 현금 보유를 주요 투자 수단으로 고려하게 된다.

후퇴기에는 높은 물가와 금리, 경제 성장 둔화의 상황으로 금리 상승, 주가 하락, 경제성장률 둔화실질GDP 성장률 정체, 산업 활동 둔화전 산업 생산 정체, 고용 지표 상승고용률 상승, 실업률 정체의 특징이 나타난다.

: 4국면. 수축기(하강)

경기의 흐름이 둔화하고 물가도 함께 낮아지는 특징을 보이며, 경기 침체가 본격화하는 시기이다. 수축기에는 금리 하락에 따라 채권이 주요 투자 수단으로 활용되며 비교적 높은 수익률을 제공한다.

수축기에 나타나는 고물가, 고금리는 경제 성장성에 의존하는 특징이 있는데, 경제 성장성이 부재할 경우 고물가, 고금리는 장기간 지속하기가 어렵다.

수축기에는 금리 하락, 주가 하락, 경제성장률 하락실질GDP 성장률 하락, 산업 활동 감소전 산업 생산 하락, 고용 지표 하락고용률 하락, 실업률 상승의 특징이 나타난다.

② 시장 동향과 트렌드의 이해

주식과 채권 등 투자 상품에 대한 최적의 포트폴리오를 위해서는 시장 동향과 트렌드에 대한 이해 과정도 필요하다. 현재 시점의 시장 분석과 트렌드를 반영한 미래 예측은 더 높은 수익률을 제공할 수 있는 상품을 선정하는 데 꼭 필요한 과정이다. 증권사나 금융기관에서 제공하는 '월간 House View', 'Weekly 투자 전략', 'Daily 모닝 브리핑', '이슈 리포트' 등을 참고하여 시장 동향을 적시에 파악해야 한다.

시장 동향 및 트렌드를 파악하기 위한 유익한 웹사이트 정보가 있어서 같이 공유한다.

제공 기관	사이트	내용
인베스팅닷컴	https://kr.investing.com	글로벌 금융시장에 대한 포괄적 데이터 제공
finviz	https://finviz.com	금융시장에 대한 데이터와 시각화 도구 제공
트레이딩이코노믹스	https://tradingeconomics.com	글로벌 경제지표 관련 데이터 및 분석 자료 제공

포트폴리오 비주얼라이저	https://www.portfoliovisulizer.com	포트폴리오 성과 시뮬레이션 제공
FRED	https://fred.stlouisfed.org	국가, 경제, 공공 및 민간 출처의 경제 데이터 제공 (세인트루이스 연준 제공)
한국은행경제통계시스템 (100대 지표)	https://ecos.bok.or.kr	금융 지표 등 100대 통계 지표 제공

앞에서 공부한 내용과 같이 시장을 분석한 이후에는 투자의 목적과 위험 성향 등을 고려해서 최적의 투자 상품을 선정해야 한다. 상품에 대해 전반적인 이해와 전략 수립은 투자자의 니즈에 부합하는 최적의 포트폴리오를 구성하는 데 있어서 매우 중요한 역할을 한다. 그러기 위해서는 투자자 니즈별로 적합한 투자 상품에 대해 공부해야 한다. 부자의 총자산에서 38%를 차지하는 금융자산을 잘 운용하기 위해서는 투자 상품에 대한 이해가 반드시 필요하다.

투자 상품(펀드) 투자 흐름도

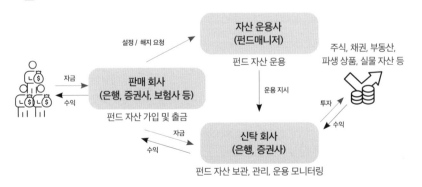

필 박사의 부자병법

📊 주식 및 채권형 펀드 상품의 분류

구분		상품명	투자자의 니즈(Needs)별 키워드
투자 기간	1년 이상 (장기)	ELF	① 주가지수 변동성 감내 가능 투자자 ② 통상 6M주기 조기 상환 기회 有
		주식형펀드	① 높은 투자 수익 선호 투자자 ② 다양한 투자자산 ③ 소액, 분산투자
		TDF	① 자산 배분형 선호 투자자 ② 소액, 분산투자
	1년 이내 (단기)	만기매칭형 채권 펀드	① 확정 수익 선호 투자자 ② 예금 대비 추가 수익 선호 투자자 ③ 중도 해지 可(중도 상환 수익률 적용)
		채권형 펀드	① 안전성 추구 투자자 ② 예금 대비 추가 수익 선호 투자자
		ELB/DLB	① 원금 보존 추구 선호 투자자 ② 구조, 기초 자산, 만기 다양
		초단기채 펀드	① 초단기 채권 투자자 ② 수익성·안정성·유동성 확보
		MMF	① 수시 입출식 투자자 ② 수익성·안정성·유동성 확보

위험 감내 수준: 高 → 低

신탁 상품의 분류

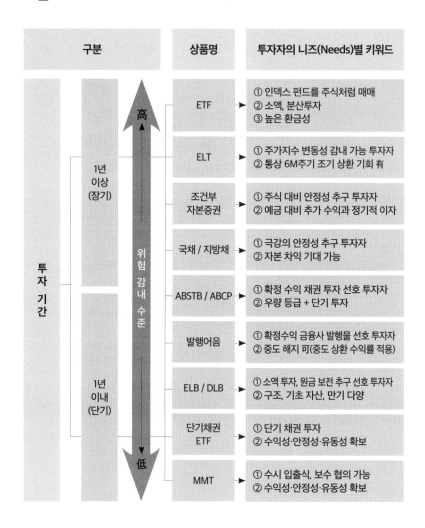

구분			상품명	투자자의 니즈(Needs)별 키워드
투자 기간	1년 이상 (장기)	高	ETF	① 인덱스 펀드를 주식처럼 매매 ② 소액, 분산투자 ③ 높은 환금성
		위험 감내 수준	ELT	① 주가지수 변동성 감내 가능 투자자 ② 통상 6M주기 조기 상환 기회 有
			조건부 자본증권	① 주식 대비 안정성 추구 투자자 ② 예금 대비 추가 수익과 정기적 이자
			국채 / 지방채	① 극강의 안정성 추구 투자자 ② 자본 차익 기대 가능
			ABSTB / ABCP	① 확정 수익 채권 투자 선호 투자자 ② 우량 등급 + 단기 투자
	1년 이내 (단기)		발행어음	① 확정수익 금융사 발행물 선호 투자자 ② 중도 해지 可(중도 상환 수익률 적용)
			ELB / DLB	① 소액 투자, 원금 보전 추구 선호 투자자 ② 구조, 기초 자산, 만기 다양
			단기채권 ETF	① 단기 채권 투자 ② 수익성·안정성·유동성 확보
		低	MMT	① 수시 입출식, 보수 협의 가능 ② 수익성·안정성·유동성 확보

필 박사의 부자병법

③ 주식 투자 시작하기

우리가 주식에 투자할 때는 단기적인 수익에만 집중해서 투자하는 경우가 많다. 하지만, 주식에 투자한다는 것은 내가 어떤 특정 회사에 대한 소유권과 의결권을 구매하는 것에 가깝다. 이는 근본적으로 내가 주식을 보유한 회사가 시간이 지나면서 성장하고 성과를 낼 수 있는 회사여야 한다는 의미가 된다. 주식 투자를 시작하기 위해서는 기본적인 6단계가 있다.

: 1단계

본인의 투자 성향이나 목표, 기간, 생활 습관 등 다양한 요소를 복합적으로 고려하여 스스로 모든 것을 선택하고 결정할지, 또는 전문가에게 위임하거나 일임할지 투자 방식을 선택해야 한다.

: 2단계

주식 투자가 가능한 대표적인 CMA 계좌나 종합 매매 계좌를 개설하면 된다. CMA 계좌는 수시 입출식 계좌로 상대적으로 금리가 높긴 하지만 주로 국내 주식만 가능하다. 종합 매매 계좌는 해외 주식의 거래가 가능한 CMA 계좌로 생각하면 되고, 해외의 주식까지 투자할지 국내 주식만 투자할지에 따라서 계좌를 개설하면 된다.

: 3단계

투자 상품에 대한 이해다. 먼저 소개한 투자 상품에 관한 내용을 참고하여 펀드 또는 ETF, 개별 주식 등을 선정하면 된다.

: 4단계

본인의 투자 예산을 설정하는 투자 예산 설정 단계다. 투자 예산 설정은 본인의 경제적 상황에 따라 달라지며, 처음 투자를 시작하는 분들이면 특히 해당 금액에 손실이 발생하더라도 일상생활에 지장이 없을 정도의 금액을 투자하는 것을 추천한다. 나중에 투자가 익숙해지고 손실에 대한 경험이 생기고 나면 그때부터는 금액을 점차 늘려도 좋다.

: 5단계

투자 기간에 대한 선정이다. 주식 투자를 하는 경우 가능한 장기적인 관점을 가지고 투자를 하는 것을 권장한다.

: 6단계

포트폴리오 관리다. 본인에게 맞는 적정 포트폴리오는 본인의 투자 성향, 투자 방법, 투자 전략에 따라 조금씩 달라질 수 있다. 다만, 포

필 박사의 부자병법

트폴리오 관리를 꾸준히 해 준 경우와 그렇지 않은 경우는 수익률이나 리스크 측면에서도 차이가 있을 수 있다. 따라서, 매일매일의 주가를 보면서 스트레스를 받을 필요는 없지만 월, 분기, 연 단위로 본인의 투자 포트폴리오를 복기하고 관리해 주는 것이 좋다.

④ 주식 투자의 이해와 성공 전략 : 부자가 되기 위한 체계적 접근

많은 사람이 부자가 되는 방법으로 주식 투자를 선택한다. 그러나 주식 투자는 단순한 투기나 도박이 아닌 체계적인 접근과 깊은 이해가 필요한 재테크 방법이다.

주식 투자의 시작은 기업의 가치를 이해하는 것에서 출발한다. 주식은 단순한 숫자나 차트가 아닌 실제 기업의 일부 소유권을 의미한다. 예를 들어, 삼성전자의 주식을 보유하고 있다는 것은 세계적인 전자 기업인 삼성전자의 주주가 되어 그 회사의 성장에 따른 이익을 함께 나눈다는 의미이다. 이러한 관점에서 볼 때, 성공적인 주식 투자는 건실한 기업을 선별하고 그 기업의 가치 상승에 장기적으로 투자하는 것에서 시작된다.

실제로 많은 성공적인 투자 사례들이 이를 증명하고 있다. 2000년 대 초반 네이버당시 NHN에 투자한 사람들의 경우를 살펴보자. 당시 포털 시장은 여러 업체가 경쟁하고 있었지만, 네이버의 독특한 검색 기술과 사업 모델을 믿고 투자한 사람들은 수십 배의 수익을 올릴 수 있었다. 이들은 단순히 주가의 등락만을 보지 않았다. 인터넷 산업의 성장성, 네이버의 기술력, 그리고 경영진의 비전을 종합적으로 판단하여 투자를 결정했고, 이는 결과적으로 큰 성공으로 이어졌다.

하지만 주식 투자에는 반드시 주의해야 할 위험도 존재한다. 2008년 금융 위기 당시의 사례를 보면, 많은 투자자가 대출을 받아 무리하게 투자했다가 큰 손실을 당했다. 당시 주식을 담보로 추가 대출을 받아 투자했던 많은 이들은 주가가 폭락하면서 원금을 모두 잃고, 심지어 빚까지 떠안게 되었다. 이는 과도한 욕심과 레버리지의 위험성을 보여 주는 대표적인 사례다. 또한, 최근의 가상 화폐 관련 주식 투자 사례도 중요한 교훈을 준다. 2021년 가상 화폐 열풍 당시 관련 주식들은 며칠 만에 수백 퍼센트씩 상승했다. 하지만 이러한 급등은 오래가지 못했고, 결국 많은 투자자가 큰 손실을 보았다. 이는 충분한 분석 없이 시장의 유행과 분위기에 휩쓸려 투자했을 때의 위험성을 잘 보여 준다.

성공적인 주식 투자를 위해서는 체계적인 접근이 필요하다. 먼저, 자신의 투자 자금을 적절히 분산해야 한다. 예를 들어, 전체 투자금의 60%는 삼성전자나 현대차와 같은 안정적인 대형 우량주에 투자하고, 30%는 성장 가능성이 많은 중소형 기업에 투자하며, 나머지 10%는 예기치 못한 상황에 대비한 현금성 자산으로 보유하는 것이 좋다. 이러한 분산투자는 위험을 줄이면서도 적정한 수익을 올릴 수 있는 균형 잡힌 전략이다.

투자 과정에서 가장 중요한 것은 감정 관리다. 주식시장은 항상 등락을 반복하며, 때로는 예상치 못한 큰 폭의 하락이 발생하기도 한다.

필 박사의 부자병법

2020년 코로나19 팬데믹 초기, 주식시장은 극심한 공포감으로 인해 크게 하락했다. 이때 감정적으로 대응하여 주식을 팔아 버린 투자자들은 큰 손실을 확정했지만, 침착하게 상황을 분석하고 오히려 매수 기회로 활용한 투자자들은 이후 큰 수익을 올릴 수 있었다.

성공적인 투자자가 되기 위해서는 지속적인 학습도 필수적이다. 경제 신문을 구독하고, 관심 있는 기업의 실적 발표를 주기적으로 확인하며, 산업 트렌드를 분석하는 습관을 들여야 한다. 예를 들어, 매일 아침 30분씩 경제 뉴스를 읽고, 주말에는 관심 기업들의 실적 보고서를 검토하는 등 규칙적인 학습 시간을 가지는 것이 좋다.

또한, 모든 투자 결정과 그 결과를 기록하는 투자 일지를 작성하는 것도 매우 중요하다. 어떤 이유로 특정 주식을 매수했는지, 당시의 시장 상황은 어땠는지, 그리고 결과적으로 어떤 교훈을 얻었는지를 상세히 기록해야 한다. 이러한 기록은 후에 자신의 투자 패턴을 분석하고 실수를 줄이는 데 큰 도움이 된다.

장기적인 관점에서 투자의 성공을 위해서는 복리의 힘을 이해하는 것도 중요하다. 예를 들어, 매월 100만 원씩 투자하여 연평균 10%의 수익률을 달성한다고 가정해보자. 10년 후에는 원금 1,200만 원이 약 2,100만 원으로 불어나게 된다. 이는 시간이 지날수록 수익이 기하급수적으로 증가하는 복리의 놀라운 효과를 보여 준다.

주식시장은 항상 순환적인 특성을 보인다. 2020년 하반기부터 2021년까지의 강세장, 2022년의 조정기, 그리고 2023년의 회복기와 같이 시장은 끊임없이 순환한다. 성공적인 투자자는 이러한 시장의 순환적 특성을 이해하고, 각 국면에 맞는 적절한 전략을 구사할 수 있어야 한다.

주식 투자를 통해 부자가 되기 위해서는 체계적인 접근과 꾸준한 노력이 필요하다. 성급하게 큰 수익을 추구하기보다는 건전한 투자 원칙을 세우고 이를 꾸준히 실천하는 것이 중요하다. 주식 투자는 100m 달리기가 아닌 마라톤과 같다. 장기적인 관점에서 자신만의 투자 원칙을 수립하고, 이를 시장 상황에 상관없이 일관되게 지켜 나가는 투자자만이 진정한 부자가 될 수 있을 것이다.

⑤ 채권에 대한 개념 이해하기와 투자 예시

채권이란 정부, 공공기관, 사적 기업주식회사, 특수법인이 일반 대중 투자자로부터 자금을 조달하기 위해 발행하는 일종의 차용증서다. 개인은 돈이 필요할 때 가족, 동료, 이웃에게 돈을 빌리고 내가 언제까지 얼마를 갚겠다는 내용의 차용증을 쓴다. 개인뿐만 아니라 국가나 기업들도 자금을 빌리기 위해 차용증을 쓰는데 이것을 '채권'이라고 한다.

채권에는 만기일돈을 언제까지 갚겠다, 표면 이율빌린 돈에 대해서는 이자를 얼마만큼 지불하겠다 등이 정해져 있다.

채권의 종류는 발행 주체에 따라 국가가 발행하는 국채, 지방자치단체가 발행하는 지방채, 특별법에 따라 설립된 법인이 발행하는 특수채, 금융기관이 발행하는 금융채, 주식회사가 발행하는 회사채가 있다.

채권의 이자 지급 방식에 따라 일정 기간마다 이자를 지급하는 이표채, 이자를 미리 할인하여 발행하는 할인채, 이자가 재투자되어 만기와 동시에 원금과 이자를 지급하는 복리채가 있다.

원리금 보증 유무에 따라서는 원리금 지급을 제3자가 보증하는 보증채와 보증 없이 발행 회사 신용으로만 발행하는 무보증채가 있다. 지급 이자의 변동 유무에 따라 정해진 이자를 지급하는 고정 금리부 채권과 일정 조건에 따라 지급 이자가 변동되는 변동 금리부 채권이 있다.

기업의 신용 등급에 따라서 신용 등급이 BBB-이상으로 높은 기업이 발행하는 투자 적격 등급 채권과 신용 등급이 BB+이하로 낮은 기업이 발행하는 투기 등급 채권으로 나뉜다.

이번에는 채권을 만기까지 보유했을 때 수익에 대해 알아보자. 채권을 만기까지 보유하면 확정된 이자와 원금을 회수할 수 있다. 채권을 만기 전에 매도하게 되면 시장 금리에 따라 채권의 가격이 변동되기 때문에 손익이 발생한다. 주가가 상승하는 시기에 주식 매수가 유리한 것처럼 채권은 시장 금리가 하락하는 시기가 유리하다. 시장 금리가 하락하면 채권의 가격이 상승하기 때문이다. 산업은행 채권을 예로 들어 설명해 보겠다.

🔁 산업 금융 채권 상품 내용

① 신용 등급 : AAA

② 세전 : 연 4.24%, 세후 3.59%

③ 구매 단가 : 9,974원

④ 표면금리 : 연 1.15%

⑤ 이자 받는 주기 : 3개월마다

⑥ 기간 : 1개월 10일

⑦ 주문 가능 수량 : 4,838,232,000

⑧ 상품 위험도 : 초저위험

채권을 만기까지 보유하면 액면 금액을 준다. 액면 금액은 '이표채'의 경우 보통 1만 원이라고 한다. 산업은행 채권의 구매 단가가 9천974원이라는 것은 액면 금액 1만 원짜리 채권을 9천974원의 할인된 가격에 살 수 있다는 의미다. 예를 들어, 산업은행 채권 10개를 사서 만기까지 보유하면 (액면 금액에서 실제 구매 단가의 차액) × 구매 수량만큼의 수익(260원[1])을 얻을 수 있다. 중요한 사항은 만기 수익은 이자가 아니라서 이자 소득세가 없다는 점이다. 즉, 비과세란 뜻이다.

채권의 이자 수익을 알려면 채권의 표면금리표면 이율을 살펴보아야 한다. 당시 구매하고자 하는 산업은행 채권의 표면금리는 1.15%였다.

---

1. 260원 = (10,000원 - 9,974) × 10

필 박사의 부자병법

이자 수익의 경우, 예금이자 과세와 마찬가지로 이자 소득세 15.4%를 내야 한다. 여기서 채권이 예금과 다른 점은 채권의 이자과세는 채권 보유 일수에 따라 세금이 다르게 계산된다는 점이다.

현재 세법으로 채권 보유 기간에 비례하여 이자 소득세를 계산하는 방법을 살펴보면, 채권을 약 92일^{이자 받는 주기인 3개월} 동안 보유해야 소득세 15.4%를 내게 되는데, 예시와 같이 산업은행 채권처럼 40일 만 보유하였다면, 세금은 40일분만 내면 된다. 한마디로 이자 소득세를 조금 덜 내게 된다는 것이다.

이처럼 앞서 공부한 것과 같이 경기 흐름과 인플레이션을 고려한 시장분석, 시장 동향 및 트렌드를 확인하여 상황에 맞는 투자 상품을 선택해 투자하여야 한다.

🔁 투자 등급

AAA	원리금 지급 확실성이 최고 수준으로 투자 위험도가 극히 낮으며, 현 단계에서 합리적으로 예측이 가능한 장래의 어떠한 환경 변화에도 영향을 받지 않을 만큼 안정적
AA	원리금 지급 확실성이 매우 높아 투자 위험도가 매우 낮지만, AAA등급에 비해 다소 열등한 요소가 있음.
A	원리금 지급 확실성이 높아 투자 위험도는 낮은 수준이지만, 장래 급격한 환경 변화에 따라 다소 영향을 받을 가능성이 있음.
BBB	원리금 지급 확실성은 인정되지만, 장래 환경 변화로 원리금 지급 확실성이 저하될 가능성이 있음.

🔁 투기 등급

BB	원리금 지급 확실성에 당면 문제는 없지만, 장래의 안정성 면에서 투기적 요소가 내포되어 있음.
B	원리금 지급 확실성이 부족하여 투기적이며, 장래의 안정성에 대해서는 현 단계에서 단언할 수 없음.
CCC	채무 불이행이 발생할 가능성을 내포하고 있어 매우 투기적임.
CC	채무 불이행이 발생할 가능성이 높아 상위 등급에 비해 불안 요소가 더욱 많음.

필 박사의 부자병법

부동산 포트폴리오에 대해 알아보고 활용하기

① 부자들의 포트폴리오와 부동산

부자들의 투자 상품에서 빠지지 않고 반드시 들어가 있는 것 가운데 하나가 바로 부동산 투자 전략이다. 앞서 언급한 부자들을 분석한 은행권의 보고서[2]에 따르면, 부자들의 총자산 구성은 부동산 자산 56%, 금융자산 38%, 그 외 회원권과 예술품 등 실물 자산이 6%를 차지하는 것으로 나타났다. 일반 가구의 총자산이 부동산 자산 80%, 금융자산 16%로 구성된 것과 비교하면 부자들의 금융자산 규모는 일반 가구 금융자산의 2배가 훨씬 넘는다.

부자들의 총자산 포트폴리오를 자산 유형별로 살펴보면 가장 큰 비중을 차지하는 자산은 거주용 부동산으로 30%를 차지했으며, 이어서 유동성 금융자산13%, 빌딩·상가11%, 거주용 외 주택10%, 예·적금10%, 주식·리츠·ETF6.5% 순으로 거주용 부동산의 포트폴리오 비중이 가장 높은 것을 알 수 있다.

부동산 투자 수익을 기준으로 '거주용 외 부동산'을 세부 유형별로 살펴보면, 수익 경험 사례가 가장 많은 곳은 아파트17.3%였고, 다음으

2. 신동림·심현정·임재호, 2023, The Rich Seoul. 우리금융경영연구소. 강윤정·김진성·황원경, 2023, 한국 부자 보고서. KB금융경영연구소.

로 상가10.3%, 토지·임야6.3% 순이었다. 반면에 단독·다가구와 연립·빌라·다세대의 경우 손실을 경험한 사례가 수익을 경험한 사례보다 더 많았다.

부동산은 장기적으로 안정적인 수익을 기대할 수 있는 투자 방법 중 하나이다. 먼저, 노후 준비의 중요성과 부동산 투자의 역할에 대해 알아본다.

② 부동산 투자에 앞서 알아야 할 것들

현대사회에서는 노후 준비가 점점 더 중요해지고 있고, 평균수명이 길어지면서 은퇴 후 긴 노후 시간을 보내야 하는 상황에서 부동산 투자는 노후 준비를 위한 좋은 수단 중 하나가 되었다. 부동산은 주식이나 채권 등 타 금융자산에 비교해 상대적으로 안정성이 높고 가격 변동성이 크지 않아 급격한 손실을 당할 가능성이 작다. 또한, 인플레이션에 대한 방어력이 있어 장기적으로 가치가 상승하는 경향이 있다.

다른 장점으로는 현금 흐름을 창출할 수 있다는 점을 꼽을 수 있다. 임대 수익을 올릴 수 있는 부동산에 투자해서 일정하게 수입을 얻고, 이를 통해 노후 생활비와 추가적인 투자 자금을 확보할 수 있다. 부동산은 실물 자산이기 때문에 상속이나 증여가 쉽다. 자녀에게 물려 줄 수 있는 소중한 유산 중의 하나이다. 하지만, 부동산 투자 역시 리스크가 존재하는바, 시장 동향과 지역 특성을 파악하고 본인의 자금 상황

필 박사의 부자병법

과 투자 목적을 명확히 고려하여야 한다.

부동산 투자를 위해서는 첫 번째로 부동산 시장을 이해하여야 한다. 인구 구조 변화, 경제성장률, 금리 등 부동산 시장에 영향을 미치는 요인을 파악하여야 한다. 가장 중요한 요인 중의 하나인 인구 구조 변화는 인구 증가율이 둔화하고 고령화가 진행되면서 더욱더 도시로 집중하는 현상이 심화하고 있다. 이에 따라 인구 밀집 지역도 달라지고 있다. 대표적인 인구 밀집 예상 지역은 서울의 용산구, 마포구, 성동구다. 인구 밀집 지역의 부동산은 수요가 증가하고 가격이 상승하는 경향을 보인다.

경제성장률도 부동산 시장에 큰 영향을 미친다. 경제가 성장하면 소득이 증가하고 부동산 수요를 증가시키는 순환이 일어난다. 반면, 경제가 침체하면 소득이 감소하고 부동산 수요도 감소시킨다. 또한, 금리도 중요한 요소로 금리가 상승하면 대출금리가 높아져 부동산 수요가 감소하고 가격이 하락할 수 있다. 반대로 금리가 하락하면 대출금리가 낮아져 부동산 수요가 증가하고 가격이 상승할 수 있다.

무엇보다 부동산 투자는 장기적인 관점에서 계획을 세우는 것이 중요하다. 단기적인 가격 변동에 일희일비하지 않고, 자신의 목표와 상황에 맞는 전략을 수립하여야 한다. 장기적인 관점의 부동산 투자를 위해서는 아래와 같이 몇 가지 유념할 것이 있다.

첫째, 부동산 투자는 큰 자금이 필요하므로 본인의 예산과 대출 한도 등을 고려하여 적절한 자금 조달 방법을 선택하고, 상환 계획도 함께 수립하여 재정적 안정성을 유지해야 한다.

둘째, 주거용 부동산 구입이 목적인지 임대 수익을 얻는 수익성 부동산 구입이 목적인지, 투자의 목적을 명확히 설정하여야 한다.

셋째, 앞서 언급한 것과 같이 인구 구조, 경제 상황, 교통 인프라, 교육 환경 등을 고려하여 자신에게 맞는 지역을 신중하게 선택하여야 한다.

넷째, 부동산 시장은 예측하기 어렵고 가격 변동이 있을 수 있는 만큼 인내심을 가지고 기다려야 한다. 장기적으로 보면 부동산의 가치는 상승하는 경향이 있으므로 인내심을 갖고 기다리는 것이 중요하다.

다섯째, 전문가의 조언을 경청하여야 한다. 부동산 시장은 복잡하고 빠르게 변하기 때문에 전문가의 조언을 듣는 것이 좋다. 그들의 지식과 경험을 활용하여 자신에게 맞는 투자 전략을 수립하여야 한다.

아울러 부동산 투자로 재테크에 성공하려면 다음의 주의 사항도 기억해야 한다.

첫째, 주변 지역의 부동산 시장 동향을 주기적으로 확인하여야 한다. 둘째, 전문가의 조언과 지식을 활용하여 결정을 내리는 것이 중요하다. 셋째, 부동산 관련 정보를 체계적으로 수집하고 분석하는 습관을 길러야 한다. 넷째, 투자 후에도 지속적인 관리와 현지 방문이 필요하다.

또한, 부동산 투자를 위해서는 세금과 법적인 사항에 관해서도 최

필 박사의 부자병법

소한 아래 네 가지를 점검하여야 한다.

첫째, 세금 문제를 고려하여야 한다. 부동산 투자는 취득세, 재산세, 종합부동산세, 양도소득세 등 다양한 세금이 따른다. 각 세금의 대상과 세율을 파악하고 자신의 상황에 맞게 세금 계획을 세워야 한다.

둘째, 법적 규제를 준수하여야 한다. 부동산 시장은 정부의 정책에 따라 변동성이 크므로 관련 법규와 규정을 숙지하고 있어야 한다. 건축법, 주택법, 도시계획법, 도시정비법 등 다양한 법률이 적용되며, 위반 시 벌금이나 처벌을 받을 수도 있다.

셋째, 계약 체결을 할 때도 주의하여야 한다. 상대방의 신뢰성을 확인하고, 계약서의 내용을 꼼꼼하게 검토하여야 한다. 거래 금액과 기간은 물론 위약금 등 주요 사항을 명확히 기재하고, 분쟁 발생 시의 대처 방안도 미리 마련하여야 한다.

넷째, 보험 가입을 고려하여야 한다. 부동산 투자는 화재, 홍수 등 다양한 위험에 노출되어 있는 만큼, 발생 가능성이 있는 위험에 대비하기 위해 보험에 가입하는 것이 좋다. 보험료와 보장 범위를 비교해 적절한 보험 상품을 선택하여야 한다.

부동산 투자로 돈을 버는 가장 간단한 방법은 너무나 뻔한데, 저평가된 아파트를 사서 오랜 기간 보유하거나, 다른 저평가된 지역을 선별해서 2년마다 비과세로 갈아타는 식으로 투자한다. 부동산으로 안전 마진을 확보할 수 있는 다음의 다섯 가지 방법을 알아 두면 효과적으로 활용할 수 있을 것이다.

첫째, 급매를 노리는 전략이다. 급매는 상승장에서는 시세의 10% 내외, 하락장에서는 시세보다 20~30% 저렴한 수준을 의미한다. 급매를 잘 잡기 위해서는 한 지역만 들여다보는 것은 금물이며, 가능한 많은 지역을 들여다봐야 좋은 기회를 발견할 수 있다.

둘째, 분양가 상한제가 적용된 아파트를 청약으로 매수하는 방법이다. 분양가 상한제 아파트는 인근 시세보다 저렴하게 공급된다.

셋째, 전세가율이 높은 아파트나 오피스텔을 구입하는 방법이다. 전세가율이 높다는 건 그만큼 수요가 많고 상대적으로 저평가되어 있다는 뜻이다.

넷째, 마이너스 프리미엄이 나오는 아파트나 오피스텔을 매입하는 방법이다. 입주 물량이 쌓인 시점에 잔금을 못 치르는 경우 마이너스 프리미엄, 즉 분양가보다 더 낮은 금액으로 물건을 내놓는데 이때 기회를 포착할 수 있다.

다섯째, 임대가 맞춰진 상가에 투자한다. 제1금융권 은행이나 대기업 등 우량한 임차인이 맞춰진 상가인데, 수익률까지 높다면 임대 수익을 받기 위한 투자로 나쁘지 않다. 특히, 영업이 잘되는 곳은 추후 상가의 가치도 크게 올라갈 수 있기에 안전 마진을 확보할 수 있다.

최근 고금리와 경제 불황에 따른 아파트의 거래 증가율이 하락세에 있다. 부동산 투자는 시장 상황을 고려하여 신중히 투자해야 하는 만큼 현 상황의 추이에 대한 분석은 꼼꼼하게 할수록 좋다.

부동산 관련 통계자료 사이트 모음

사이트	자료	비고
한국감정원	인허가 실적	• 공급 - 주택공급 - 주택 인허가 실적
국토교통부	미분양 정보	• 정보 공개 - 미분양
아파트투유	청약 경쟁률	• 아파트투유 - 청약정보 - 분양정보/경쟁률
두인경매	경매통계자료	• 경매 검색 - 낙찰 통계(연도별, 지역별, 법원별)
LH청약센터	토지분양정보	
KOSIS국가통계포털	연도별 자가 점유율	• 임차 수요가 매매 수용에 참여하는지
학교알리미사이트	학군	• 공시 정보 - 공개용 데이터 - 졸업생 전교 현황 - 학교별 상세내역 확인
토지이용규제 정보서비스	개별 공시지가	• 부동산 공시 가격 알리미, 온나라 부동산 정보 통합 포털 → 지번으로 확인
국토교통부 실거래가 공개시스템	실거래가	• 주택, 아파트 과거 연도별 가격 상승 추이 확인이 유용 • 전월세도 확인 가능 / 해당 동에서 거래된 내역이 월별로 나옴
밸류맵 사이트	전국 토지 및 건물의 시세	• 실제 거래된 매물 정보를 지도에 표기해 주는 사이트 → 지번의 정확한 물건 정보를 확인 가능
KB리브온	월세시세 정보	• 맞춤 시세 정보

"부자는 행동합니다.
행동하지 않으면
부자가 될 수 없습니다."

부자 유형별 부의 포트폴리오

01

부자들의 자산 형성과 관리

부자들의 자산 형성과 관리, 그리고 부자 유형별 부의 포트폴리오를 알아보기 위해 참조한 은행권의 보고서[1]를 살펴보면, 부자들은 사업소득, 부동산 투자, 상속·증여 등을 통해 부를 축적하였음을 알 수 있다. 최근에는 근로소득을 통한 부자 진입도 늘어났다. 부자가 현재 자산을 축적하는 데 가장 기여도가 큰 원천은 사업소득이 31%, 상속·증여가 20%, 근로소득이 11%로 나타났다. 부자들이 축적된 자산을 불리는 수단으로는 부동산 투자가 24.5%, 금융 투자는 13.3%로 나타났다. 부자가 되기 위해서는 부동산 투자를 공부하여야 하며, 금융자

1. 신동림·심현정·임재호, 2023, The Rich Seoul. 우리금융경영연구소. 강윤정·김진성·황원경, 2023, 한국 부자 보고서. KB금융경영연구소.

필 박사의 부자병법

🔁 부의 원천

구분	비중(%)
사업소득	31.0
부동산 투자	24.5
상속 · 증여	20.0
금융 투자	13.3
근로소득	11.3

출처 : 신동림·심현정·임재호. 2023. The Rich Seoul. 우리금융경영연구소.

🔁 부자들이 생각하는 종잣돈 규모

(평균 : 8억 원)

구분	비중(%)
20억 원 이상	9.0
10억 원 이상 ~ 20억 원 미만	22.0
7억 원 이상 ~ 10억 원 미만	5.3
5억 원 이상 ~ 7억 원 미만	27.8
3억 원 이상 ~ 5억 원 미만	21.8
3억 원 미만	14.3

출처 : 강윤정·김진성·황원경. 2023. 한국 부자 보고서. KB금융경영연구소.

산을 잘 운용하기 위해서는 금융 상품에 관한 공부를 충분히 하여야 함을 엿볼 수 있다.

부자의 시드머니, 즉 종잣돈은 평균 8억 원 정도이며, 종잣돈 마련에 크게 이바지한 것은 사업소득37%이었다. 또, 부자들이 종잣돈을 모은 시기는 평균 42세로 나타났다. 부자들은 사업소득과 근로소득 등을 원천으로 하여 종잣돈을 마련하고, 이를 토대로 부동산 투자를 더욱 적극적으로 활용하여 부자 대열에 진입하였다.

거주용 주택의 가격 상승으로 자산이 늘어나면 주택 가격이 저렴한 지역으로 이사하거나, 대출을 레버리지로 삼아 투자 용도의 종잣돈으로 활용할 수 있다. 부자들은 부동산 투자에 부채를 적극적으로 활용하고 있다.

부자들의 부채 규모는 총자산이 많을수록 증가하는 경향을 보였다. 총자산 50억 원 미만은 총자산 대비 총부채 비율이 5.7%, 총자산 50~100억 원 미만은 총부채 비율이 8.0%, 100억 원 이상은 총부채 비율이 7.7%로, 자산이 많을수록 적극적으로 부채를 활용하고 있는 것으로 나타났다.

부자는 금융 상품 중에서 주식, 예·적금, 저축성 보험을 자산 증식에 주로 활용하고, 소득이 높을수록 예·적금보다는 주식을 선호한다. 부자들이 자산 증식에 가장 많이 활용한 금융 상품은 주식48.3%이며, 그다음은 예·적금25.3%과 저축성보험11.3%이다. 소득이 낮을수록 예·적금을 많이 활용하고, 소득이 높을수록 예·적금보다는 주식을 주로 활용한다는 결과를 확인할 수 있다. 높은 세율을 적용받는 부자들의

필 박사의 부자병법

경우에는 특성상 장기저축성 보험에 부여되는 비과세 혜택을 활용하는 사례도 많이 엿볼 수 있다.

부자의 대부분약 80% 이상은 자산의 형성과 운용 과정에서 절세, 금융 상품, 부동산 투자, 포트폴리오 조정 등을 위해 자산 관리 상담 서비스를 이용하고 있다. 부자들은 전문가은행 49%, 세무법인 35.3% 등의 상담 서비스를 많이 이용하고 있으며, 그중 가장 많이 이용하는 서비스는 '절세, 세무, 법률 자문50.8%'이며, 그다음은 금융 상품 투자43.8%, 부동산 투자40.%, 자산포트폴리오 설계·조정37.9%순이다.

02

부자 유형별 부의 포트폴리오

앞서 참조한 부자들을 분석한 은행권의 보고서[2]에 따르면, 부자들의 포트폴리오는 평균 총자산 68억 원, 임대 보증금과 금융 부채 7억 원을 제외한 순자산은 61억 원이다. 평균 부동산 자산 보유액은 42억 원, 금융자산은 23억 원, 실물 자산은 3억 원이다. 자산 구성 비중은 부동산 59%, 금융자산 36%, 실물 자산 4.7%로, 대체로 금융자산의 1.65배 수준의 부동산 자산을 보유하고 있다. 총자산이 많을수록, 대출을 보유한 경우일수록 부동산의 비중이 높은 경향을 보이고, 보유 부동산도 많다. 부동산은 건당 가액이 높으므로 자산이 많을수록 부동산 비

---

2. 신동림·심현정·임재호, 2023, The Rich Seoul. 우리금융경영연구소. 강윤정·김진성·황원경, 2023, 한국 부자 보고서. KB금융경영연구소.

필 박사의 부자병법

중도 함께 높아지는 경향을 보인다.

위험 지향 투자 성향이 강한 자수성가형 부자는 증권사 위주의 자산 관리를 하고, 안정 지향 성향이 강한 금수저형은 은행 위주의 자산 관리 비중이 높다. 증권업권에서 운용하는 비중은 자수성가형이 31%, 금수저형 26%로, 금수저형보다 자수성가형의 자산 관리 운용이 높다. 은행업권에서 운용하는 비중은 금수저형이 55%, 자수성가형이 50%로 증권업권과 다르게 금수저형의 비중이 높다.

부자들은 거주 주택을 포함해 평균 3.3건의 부동산을 소유하고 있고, 부동산 자산 중에는 거주 주택이 62%의 비중을 차지한다. 부자의 연평균 소득은 약 3억 3천만 원으로 사업소득의 비중이 가장 높다. 그중 약 80%에 해당하는 2억 6천만 원을 지출하는데, 소비성 지출에 약 38%, 저축성 지출에 약 30%를 사용하고 있다. 소비성 지출의 대부분 약 90% 이상은 여행비 등으로 여가와 운동 및 새로운 수익 루트 발견을 위해 지출하고 있다. 여가 및 운동을 제외한 부가적 소비 활동은 주로 강남 3구의 고급 식당에서 외식하거나 럭셔리한 재화 구입 등에 사용하고 있다.

다음으로 부자들의 몇 가지 유형별 투자 포트폴리오를 분석해 보고 그 특징을 살펴보고자 한다. 내가 은행에 근무하면서 실제 접했던 강남부자 고객들의 실제 사례를 통하여 부자 유형별 투자 포트폴리오와 특징을 분석해본다.

부자들의 유형을 소득 원천과 직업군을 고려하여 비非상속형 부자를 기준으로 유형화하였다. 대표적으로 강남부자들의 유형을 크게 월급쟁이 부자, 법인 CEO 부자, 개인 사업자임대업 부자, 전문직 부자, 슈퍼리치 등의 다섯 가지로 나눠 볼 수 있다.

① 월급쟁이 부자의 포트폴리오

56세 여성 강하나가명 고객은 현재 인력 관리 중견기업의 비상임이사로 재직하고 있다. 논현동에 배우자와 공동소유인 시세 70억 원의 고급 빌라에 거주 중으로, 1남 1녀의 자녀를 두고 있다.

그녀는 거주 중인 부동산 외에 역삼동 소재 시세 10억 원의 수익형 오피스텔도 본인 명의로 보유하고 있고, 월 400만 원의 고정 임대 소득과 재직 중인 회사로부터의 월 500만 원 근로소득이 고정적으로 발생하고 있다. 배우자는 자산 운용사의 대표로 재직하고 있어, 세대 소득을 고려한다면 매우 안정적인 수익 기반을 갖추고 있다.

강하나 고객은 임대 부동산 외에 은행과 증권사에 주식과 펀드를 포함한 투자성 상품 17억 원, 은행 방카슈랑스 상품 6억 원, 원금 보장성 예금 상품 5억 원 등의 유동자금을 보유 중이다.

강하나 고객의 포트폴리오를 분석해보면, 배우자와 공동소유의 부동산을 제외하고 투자 상품 44.7%, 부동산 26.3%, 방카슈랑스 상품 15.7%, 원금 보장성 예금 상품 13.3%로, 부동산과 투자 상품 부분에 투자 비중이 높은 걸 알 수 있다. 강하나 고객의 경우, '공격 투자형 성향이 다소 높은 편으로 판단할 수 있다.

강하나 고객의 나이와 안정된 생활 환경을 고려하면 하이 리스크-하이 리턴High Risk-High Return의 성향도 적절한 투자로 보인다. 다만, 향후 안정적인 노후를 대비하여 개인형 IRP 및 연금 등의 상품에 일정 부분 투자하는 것도 좋은 방법이라는 의견을 들려 주었다.

그녀의 자녀는 1남 1녀로 현재 미국에 거주 중이며, 현재 국내에는 배우자와 둘이 거주하고 있다. 부자들의 특성에서 볼 수 있듯이 가족들과 화목한 생활을 유지 중이고, 1주일에 2회 이상 골프 등 운동을 꾸준히 하면서 자기 관리와 건강을 챙기고 있다. 와인에 조예가 깊고 와인 선물을 받는 것을 좋아해, 강하나 고객과 외부 미팅 시에는 가급적 와인을 같이 즐길 수 있는 장소로 정하여 호감을 이끌고 있다.

해외 대학에 유학 중인 자녀들이 있는 관계로 체재비와 학비 등의 지원을 목적으로 환율 등에 대한 관심이 많고, 꾸준히 경제 일간지와 외환시장을 이해할 수 있는 관련 서적을 즐겨 읽는 다독형 인간이다.

강하나 고객의 사례에서 본 것과 같이 안정적으로 월 고정 수익이 있는 월급쟁이임대 소득 포함 부자의 경우, 나이를 고려해 다소 공격적인 투자 성향의 포트폴리오를 구성하는 경우가 많다.

하지만 향후 소득의 단절을 가정하여 소득의 일정 부분에 대해서는 노후 설계를 위해 노후 자금용으로 배분할 필요가 있다고 판단, 고객에게 투자 배분을 제안하였다. 또한, 현재의 불안정한 국제 정세와 변동성이 강한 경제 상황을 감안해 환율을 고려한 외환 상품과 환헤지에 대해서도 투자할 것을 함께 제안하였다.

월급쟁이 부자의 포트폴리오

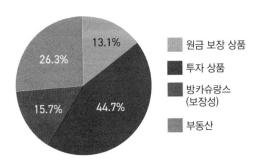

상기 사례의 강하나 고객과 같은 부자들의 특징을 살펴보면, 대표적인 공통점으로 독서를 취미가 아닌 하루의 루틴으로 생활화하고, 철저한 자기 관리와 가족들과 화목을 우선시한다는 것을 발견할 수 있다.

부자들의 자산을 관리하는 금융기관 PB$^{Private Banker}$들의 인터뷰 내용도 부자들의 유형별 특징을 이해할 수 있는 좋은 자료다. 외국계 은행 PB가 실제 고객과 상담한 사례를 참고로 한 인터뷰 내용을 보자.

: 첫 번째 사례

50대 전문직 여성 고객. 아침 6시 50분에 기상해 20분간 스트레칭 및 명상과 아침 식사를 한 후 산책하는 세 가지 루틴은 매일 지키려고 노력한다. 주말에 골프 약속으로 나가야 할 때가 있지만, 책 읽는 것을 좋아해 집에서 시간을 보내려고 노력하는 편이다. 아이들과 데이트는 빼놓지 않으려고 한다.

: 두 번째 사례

60대 전문직 남성 고객. 아침 5시 30분에 기상해 종이 신문을 보고 여러 가지 생각을 정리한다. 아침 시간은 온전히 본인에게 집중하는 시간으로 사용하고 있다. 주스와 건강 보조 식품을 먹고 출근을 준비하며, 운동의 중요성을 크게 느낀다. 주말은 무조건 가족과 함께 보내려고 노력하는 편이다. 가족과 특별한 것을 하기보다는 함께 커피숍도 가고 산책도 하면서 많은 이야기를 나눈다.

: 세 번째 사례

70대 은퇴한 남성 고객. 현직에 있을 때는 무조건 새벽 4시에 일어났지만, 은퇴 후에는 8시 전후로 여유롭게 기상한다. 견과류 위주 식단으로 건강을 챙기고, 테니스와 걷기 등 운동을 즐긴다. 쉬는 날이면 배우자와 전시회나 음악회를 찾기도 하고, 간혹 부부 동반 골프를 하며 배우자와 시간을 보내는 걸 더 소중하게 여긴다. 부부가 건강하게 함께할 수 있는 것만도 행복하다고 생각한다.

이들 세 가지 실제 사례를 포함해 은행의 자산 전문 PB가 자산가 부자들의 특징과 공통점으로 꼽는 것은, 약속을 정확하게 지키며, 운동을 좋아하고, 본인 관리를 철저히 한다는 점이다. 아침 7시 전후에 일어나서 가벼운 스트레칭을 하고, 아침 식사를 간단하게 한다. 출근길은 자전거 혹은 걷기 등의 운동으로 하루를 시작한다. 주말에는 가족들과 함께 시간을 보내고 독서를 즐겨 한다.

② 법인 CEO 부자의 포트폴리오

73세 남성 김국민가명 고객은 반도체 제조업 법인의 CEO로 재직하고 있다.

강남구 압구정동에 소재한 본인 소유 시세 90억 원의 64평형 아파트에서 거주하며, 자녀는 2남 1녀를 두고 있다. 큰아들은 사업체를 운영하고 있고, 작은아들은 임대업을 한다. 사위는 의사로, 모두 압구정동에 모여서 살고 있다.

거주 아파트 외에 본인과 배우자 명의의 용인시 소재 토지를 다수 소유하고 있으나, 매매 사례가 없어 가격은 확인이 불가하다. 이외에도 골프장 회원권 10억 원도 보유 중이다.

금융자산으로는 원금 보장형 상품으로 입출식 예금에 10억 원, 정기예금에 36억 원을 예치하고 있다. 투자 상품은 주식·채권형 펀드 39억 원과 신탁 상품 42억 원, 증권사 주식 및 채권 200억 원을 보유하고 있다. 은행 방카슈랑스 상품에도 25억 원을 보유해 금융자산이 총 352억 원대의 초고자산가다.

김국민 고객은 법인 CEO 급여소득과 월 2천500만 원의 금융 소득으로 안정적인 고정 수익을 누리고 있다. 호탕하고 긍정적인 성격으로 건강에 아주 관심이 많다. 과거에는 활달한 성격으로 은행의 명예 지점장을 다년간 역임하는 등 왕성한 외부 활동도 하였다.

법인 CEO인 김국민 고객은 주 2~3회 회사에 출근하고, 부부 동반 골프 라운딩을 주 2회 이상 즐기는 등 가족과 화목한 관계를 중요시하게 생각한다.

김국민 고객은 73세의 고령으로 과거에 본인 암 수술을 받았고, 배우자가 지병이 있어 건강에 특히 신경을 쓰고 있다. 자녀들에게는 증여를 많이 하였고, 현재는 보유 중인 자산을 지키는 데 집중하고 있다.

김국민 고객의 포트폴리오를 분석하면, 방카슈랑스 보장성 상품 5.7%, 원금 보장성 예금 상품 10.4%, 부동산 20.4%, 투자 상품 63.5%로 배분되어 있다.

고령인 나이와 건강을 우려하는 김국민 고객은 현재 보유한 투자 상품과 부동산의 비중을 확대하지 않고 유지하고자 하는 니즈가 강하다. 그의 니즈를 반영하여 투자 상품 281억 원은 주식과 채권의 비중을 조정하여 원금 보장성 안전형 채권으로 비중을 확대하여 투자할 것을 제안하였다. 정기예금 등 원금 보장형 상품도 가능한 월 이자 지급식으로 변환하여 월 수입금이 발생하는 안정적인 수익 기반을 추가하도록 권유하였다.

부자들의 특징과 유사하게 김국민 고객은 아침 일찍 일어나서 규칙적인 루틴을 갖고 긍정적인 생활을 하고 있었다. 본인과 배우자의 노후 예비 자금 준비와 별도로 자녀들의 사전 증여, 절세 등을 종합적으로 추가 점검해야 할 것으로 판단하여, 해당 고객의 경우 세금까지 고려한 종합 재무 설계의 필요성을 제안하였다.

법인 CEO 부자의 포트폴리오

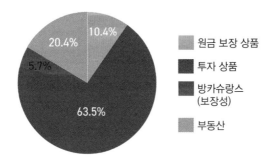

위에 소개한 김국민 고객의 사례와 같이 부자들은 아침 일찍 일어나서 규칙적인 루틴을 통해 생활하고, 긍정적인 사고를 갖는 공통점이 있다.

부자들의 긍정적인 사고와 건강하고 부지런한 생활 습관을 아래의 '오행인간'에서 찾아볼 수 있다. '오행인간'은 '다섯 가지를 실천하는 인간'이라는 뜻으로, 건강하고 행복한 부자가 되고자 한다면 반드시 알고 실천해야 할 지침이다.

: 첫 번째, 새벽형 인간

고故 정주영 현대그룹 회장은 새벽 3시에 기상하여 '왜 아침 해가 빨리 안 뜨냐?'고 불만을 말할 정도로 새벽형 인간이었다. 미국을 비롯한 세계 각국의 최고 경영자들에게 설문 조사를 해보아도 90% 이상이 새벽 5시를 전후해서 기상한다는 사실을 알 수 있다. 일찍 일어나 아무도 방해를 받지 않는 시간에 운동하고, 책을 읽고, 기획·아이디어 내기 등 생산적인 일을 해보자. 오후의 3시간 이상과 맞먹는 가치를 느낄 것이다. 게으른 사람에게는 성공도 돈도 절대 오지 않는다.

: 두 번째, 운동형 인간

운동을 통해서 체내에 축적된 독소를 배출하는 것 자체가 우리 몸에 새로운 에너지를 충전해 주어 피곤하더라도 기분 좋은 피곤함을 느낄 수 있게 한다. 몸을 활기차게 움직이고 행복감을 느끼면서 업무를 수행하는 데 하는 일이 잘 안 될 리가 없다. 돈은 일이 잘되는 곳으로 몰리게 되어 있다. 저녁 시간에 운동할 여건이 안 된다면, 아침잠을 조금 줄여서라도 꼭 운동하는 습관을 들이자.

: 세 번째, 인맥형 인간

성공하고 부자인 사람들은 반드시 좋은 인맥을 가지고 있다. 성공한 사람들의 성공에는 인간관계가 85%, 개인 능력은 15%가 작용한다고 한다. 자신의 인맥 리스트를 정리해보고 등급을 매겨 보자. 중요도에 따라서 A, B, C 또는 1순위, 2순위, 3순위로 분류하고 관리해야 한다. 특히, 주변에 돈 되는 정보를 제공해 주는 사람을 잘 사귀어 둘 필요가 있다. 어떤 방법이 됐든 지인들과 수개월 동안 꾸준히 소통하고 교류한다면, 주변 사람들이 당신을 항상 좋아하고, 고맙게 생각하며, 후원자가 되어 줄 것이다. 자투리 시간에 틈틈이 전화, 메일, 문자 등을 활용하고, 귀찮다고 생각하지 말고 모임과 각종 경조사 등에 열심히 참석해 성공의 씨를 뿌리는 인맥형 인간이 되어야 한다.

: 네 번째, 다독형 인간

부자들은 독서광들이 많다. 다독多讀하면 부자들의 통찰력과 자격 조건을 가질 수 있는 것이다. 일주일에 책 한 권을 읽는 습관을 들여 다독형 인간이 되어 보자.

: 다섯 번째, 경제형 인간

부자들은 세계 경제와 한국 경제의 흐름을 읽어 내고 미래를 예측하여 발 빠르게 행동하는 능력이 탁월하다. 현시대를 살아가면서 경제를 모르고 부자가 되겠다는 생각은 빨리 버려야 한다. 경제형 인간이 되기 위해서는 가장 먼저 경제 정보에 민감하여야 한다. 경제 정보를 꾸준히 보고 듣는 습관은 부자 되기의 기본 중 기본이다. 경제 신문 정기 구독료가 아깝다고 생각한다면 부자와는 거리가 멀어진다고 생각하고, 정보 습득에 과감히 투자하자. 경제 신문, 경제 방송, 인터넷, 책, 세미나 등 정보를 수시로 접하고 필요한 부분은 스크랩도 하는 습관을 기르는 경제형 인간이 되어 보자. 알고 실천한 만큼 많이 버는 법이다.

③ 개인 사업자(임대업) 부자의 포트폴리오

68세 남성 한기업가명 고객은 임대업을 운영하는 개인 사업자다.

서초구 반포동 소재 본인 소유의 시세 40억 원에 상당하는 40평형대 아파트에 배우자와 둘이 거주하고 있다. 사는 아파트 외에 본인 소유의 논현동 소재 150억 원 상당의 상가가 있어, 월 임대 소득 1억 2천만 원의 고정 수익을 거두고 있다.

한기업 고객의 금융자산에는 원금 보장형 예·적금 20억 원, 펀드·ELS 투자성 상품 16억 원, 방카슈랑스 보장성 보험 5억 원이 있다.

투자 포트폴리오는 부동산 82.2%, 원금 보장형 상품 8.7%, 투자성 상품 6.9%, 보장성 상품 2.2%로, 임대 소득 목적의 부동산에 자산 대부분이 편중되어 있다. 부동산에 과도하게 편중된 자산은 향후 노후 자금과 유동성을 위한 자금으로 분산이 필요하다. 부동산 자산에 대한 리밸런싱Rebalancing을 고려할 수 있도록 제안하였다.

한기업 고객은 논현동 소재 상가가 대출을 낀 상황이어서 대출금리에 매우 민감하다. 종합소득 과세에 따른 세금에는 민감하지만, 비과세 혜택이 있는 장기 보장성 보험 등 방카슈랑스에는 부정적이다. 또한, 고수익 투자를 원하지만 펀드 등 투자 상품에서 일부 손실이 발생할 것 같아 불안해하는 투자 심리를 보였다.

그래서 한기업 고객에게는 증시가 하락하여도 투자 상품에서 수익을 기대할 수 있는 리버스 ELT 상품과 안정적인 채권형 펀드로 리밸런싱을 검토할 필요가 있다고 제안하였다.

세금과 금리에 민감한 한기업 고객에게는 고가 부동산의 임대 소득과 금융 소득 등을 전반적으로 판단하여 법인 임대 사업자로 전환도 검토할 필요가 있다고 안내하였다.

한기업 고객은 주변 부동산 시장 상황을 세밀히 관찰해 전략적인 분석을 하는, 용의주도한 전략가 타입인 INTJ 성향이다. 그 역시 배우자와 외부 활동을 늘 같이하고, 가족을 중시한다.

개인 사업자(임대업) 부자의 포트폴리오

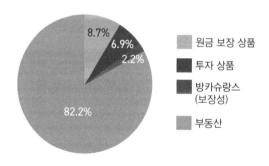

- 원금 보장 상품
- 투자 상품
- 방카슈랑스 (보장성)
- 부동산

8.7%
6.9%
2.2%
82.2%

앞의 한기업 고객에게서는 시장을 세밀하고 정확히 분석하고, 부동산 투자를 위해 금리와 시장 환경까지 공부하면서 사전에 준비하는 치밀한 부자의 특성을 추가로 살펴볼 수 있다.

NH투자증권의 자산 운영 전문가 서재영 상무는 부유층 고객과 인터뷰를 통해 몇 가지 공통점을 찾아냈다.

먼저 부자들은 메모를 잘한다새로운 정보, 트렌드를 알면 메모하고 이를 숙지하려고 노력한다. 부자들은 열정적으로 일한다주말에도 일을 하는 사람이 많다. 부자들은 주관이 확실하고, 자신만의 철학, 신념도 확고하다투자할 때도 결정이 빠른 편이다.

부자들의 특징과 성격유형 지표인 MBTIMyers-Briggs Type Indicator로 분석한 흥미로운 자료도 부자들을 이해할 수 있는 정보다. MBTI는 인간의 내적 과정을 주의 초점, 인식 기능, 판단 기능, 생활양식의 4가지 선호 경향으로 분류하여 16가지의 성격유형을 도출해 낸 성격유형 선호 지표다. 대표적인 분류 8개 지표는 I내향형, E외향형, N직관형, S감각형, F감정형, T사고형, P인식형, J판단형이다.

부자의 MBTI는 TJ이성적, 계획적가 많다. 한국인은 ISTJ관리자형, 청렴결백 논리주의자의 유형이 가장 많고, 금융자산 규모가 클수록 T이성적, J계획적인 사람들의 비율이 높아진다. 슈퍼리치는 ESTJ관리자형, 엄격한 관리자가 압도적이다. 금융자산 관리가 하루아침에 이루어지는 것이 아니라, 시장을 정확하게 판단하고 꾸준히 실행해야 한다는 점에서 T사고형, J판단형가 이에 적합하다.

부자의 직업별 비중을 보면, 의료·법조계 등 전문직의 경우 ISTJ관리자형, 청렴결벽 논리주의자형, 기업 경영자의 경우 ESTJ관리자형, 엄격한 관리자, 부동산 임대업자의 경우 INTJ분석형, 용의주도한 전략가, 자영업자의 경우 ENFP외교형, 재기 발랄한 활동가 유형이 많다.

④ 전문직 부자의 포트폴리오

61세 남성 박신한가명 고객은 전문 법조인판사으로, 중소기업 법인의 비상임 임원을 겸하고 있다.

강남구 청담동 소재 본인 소유인 시세 63억 원의 50평형대 아파트에 배우자와 살고 있으며, 자녀 1명은 미국에 거주 중이다. 박신한 고객의 거주 부동산에는 자녀 거주 목적으로 미국에 33억 원 시세의 해외 부동산도 포함되어 있다. 또한, 경기도 인근에 10억 원가량의 신축주택을 사들여 별장으로 사용하고 있다.

금융자산으로는 원금 보장형 예·적금 50억 원원화 30억 원, 외화 20억 원과 해외 증권 300만 달러원화 39억 원 상당, 보장성 방카슈랑스 달러 보험 20억 원을 보유하고 있다. 또한, 박신한 고객은 근로소득으로 월 2억 원, 해외 증권 배당소득으로 연간 3억 원의 안정적인 고정 수익을 거두고 있다.

투자 포트폴리오 배분 현황을 살펴보면, 부동산 36.6%, 원금 보장형 상품 29.1%, 투자성 상품 22.7%, 보장성 방카슈랑스 상품 11.6%로

되어 있다. 자산 배분 비율로 판단한다면 안정적이고 중립적인 투자 성향으로 적정한 수준으로 보인다.

다만, 해외 증권과 해외 달러 보험 등 환율에 직접적인 영향을 받는 상품들을 보유하고 있는바, 환헤지 등 환율 변동성에 대한 위험을 대비할 필요가 있다고 안내하였다.

박신한 고객은 명문대 법학과 출신으로 스마트하고 젠틀한 성향이다. 경기도 지역에 단독주택을 신축한 후 별장으로 이용하면서 조경을 꾸미는 것을 즐겨하는 편이다. 배우자는 미국 시민권자로 국내 재산 반출과 외환 업무에 관심을 보이고 있으며, 경제 관련 지식도 풍부하고 독서를 취미로 삼고 있다.

박신한 고객은 변동성이 큰 하이 리스크 상품보다는 안정적인 상품을 선호하고 있으며, 현재 고객 성향에 맞는 투자를 하고 있고, 또 고객 스스로 적절하게 투자를 배분하고 있는 상태다. 환리스크 헤지 부분만 고려하면 전반적으로 효율적인 투자 포트폴리오를 구성할 수 있을 것으로 판단된다.

박신한 고객을 부자들의 생활 습관과 비교해서 살펴보면, 그는 새벽형, 인맥형, 다독형, 경제형 인간에 모두 해당한다.

박신한 고객은 항상 아침 일찍 하루를 시작하는 기상 루틴을 유지하고 있으며새벽형, 판사라는 직업을 통하여 여러 부류의 사람들과 활발하게 인맥 관계를 형성하고 있는 것으로 보인다인맥형. 또한, 잔여 시간과 주말에는 가족들과 함께 도서관이나 서점을 방문하는 등 책 읽기에 시간을 많이 할애하고 있다다독형. 환율과 국제 정세, 경제 사회 전반에 관심이 많고 전문가들과의 상담도 왕성하게 하고 있기에 경제형 인간에도 밀접해 보인다.

전문직 부자의 포트폴리오

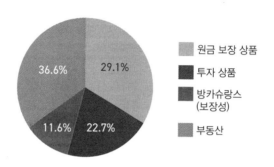

원금 보장 상품 29.1%
투자 상품 22.7%
방카슈랑스 (보장성) 11.6%
부동산 36.6%

상기의 박신한 고객 외에도 유사한 습관과 특징을 가진 부자들을 많이 보았다. 실제 내가 만나 본 부유층 고객 중 60대의 전문직의사 남성의 경우, 박신한 고객과 상당히 유사한 루틴과 생활 습관을 보였다. 그의 루틴과 습관은 다음과 같다.

보통 5시 30분쯤 눈을 뜨고, 일어나서 종이 신문을 보고 여러 가지 생각들을 정리한다. 고요한 아침 시간만이 온전히 본인에게 집중할 수 있는 시간이라 일부러 일찍 일어나 스스로에게 참 좋은 시간을 선물하고 있다고 생각한다.

아내가 만들어 주는 주스와 건강 보조 식품을 먹고 출근 준비를 한다. 자전거를 탄 지는 4~5년이 되었는데, 요새는 운동의 중요성을 더 크게 느껴 가능한 자전거를 타고 출근하려고 한다.

모임은 코로나19 이후 많이 사라졌다가 다시 생겨나고 있는데, 합창부, 동창회, 개업 모임 등 다양하다. 이제는 돈을 내야 하는 위치에 있어 빠지지 않고 나가야 한다. 하지만, 주말은 무조건 가족과 함께 보내려고 노력하는 편이다.

'가족과 함께하기'는 가족과 함께할 시간이 많을 것 같지 않아 개업 후 지금까지 지켜 오는 루틴이 되었다. 가족과 특별한 걸 하기보다 그저 함께 커피숍도 가고 산책도 하면서 많은 이야기를 나눈다.

위에 소개한 박신한 고객과 의사 고객의 루틴과 생활 습관을 보면 상당히 유사한 부분이 많다는 걸 알 수 있다. 부자들의 특징을 살펴보고 그들의 루틴과 생활 습관을 쫓아가다 보면 나도 부자가 될 수 있다.

⑤ 슈퍼리치의 포트폴리오

74세 남성 김우리가명 고객은 중견기업 그룹의 회장으로 재직하고 있는 슈퍼리치다.

강남구 도곡동 소재 본인 소유의 시세 50억 원의 고급 빌라에서 배우자와 거주하고 있다. 거주 부동산을 포함해 강남 빌딩과 해외 부동산 등 8천억 원대의 부동산을 가지고 있다. 금융자산으로는 원금 보장 안정형 자산인 정기예금 3억 원과 입출식 예금 20억 원을 보유하고 있다.

김우리 고객은 그룹 회장으로 다수의 주식회사를 통해 보유하고 있는 주식 등을 고려한다면 1조 원 이상을 지닌 재력가이므로 슈퍼리치가 분명하다.

김우리 고객의 투자 포트폴리오는 법인 명의 부동산 및 금융자산과 주식을 제외하고, 개인 소유로 파악된 금융자산과 부동산에 한정하여 분석했는데, 원금 보장 안전형 자산 0.3%, 부동산 99.7%의 투자 포트폴리오로 되어 있다.

김우리 고객은 왕성하게 외부 활동 중이고, 화통한 성격의 소유자다. 골프, 술, 게임을 즐겨하며 인간관계를 중시한다. 1주일에 3회 이상 골프를 즐기며 건강도 충실히 챙기고 있다. 한번 인연을 맺은 사람들과는 신뢰를 유지하며 끝까지 인연을 이어간다는 신념을 갖고 있다.

2005년 중소 벤처회사를 나스닥에 상장한 후 일본 상장사에 한화약 4천억 원에 매각하는 등 넓은 세계관과 경제에 대한 통찰력을 지니고 있다. 개발자 출신의 CEO이자 게임 업계의 살아있는 전설, 우리나라 벤처산업을 키운 1세대라는 수식어가 붙을 만큼 열정적이었다.

전기 자동차 기업 테슬라의 회장인 일론 머스크가 삶에서 가장 중요하게 생각하는 여섯 가지 내용과 유사하다. 열정적으로 생활하고, 목표를 크게 가지는 것을 두려워하지 않는다. 모험을 즐기기 위해 항상 준비하고, 일과 나 자신을 사랑한다. 김우리 고객도 모험심이 강하고 목표 지향적인 면이 강한 타입으로, 일론 머스크와 일맥상통하는 점이 있다.

필 박사의 부자병법

슈퍼리치의 포트폴리오

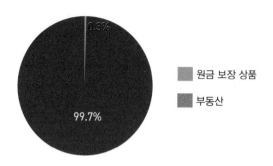

슈퍼리치 김우리 고객이 테슬라의 일론 머스크와 일맥상통하는 면이 있다고 앞서 지적하였다. 미국의 유명 지면에 실렸던 일론 머스크의 인터뷰를 추가로 살펴보고, 세계 최고 부자의 생각과 가치관에 대해 같이 생각해보자.

일론 머스크가 평상시 가장 중요하게 생각한 여섯 가지가 있다.

첫째, 돈이 중요한 것이 아니다.

둘째, 열정을 좇아라.

셋째, 목표를 크게 가지는 것을 두려워하지 말아라.

넷째, 모험할 준비를 하라.

다섯째, 비판을 무시하라.

여섯째, 일과 나 자신을 즐겨라.

일론 머스크 역시 모험심이 강하고 목표지향적인 면이 강한 타입의 부자다.

추가로 KAIST 출신의 창업 인간형 부자인 이한별의 인터뷰 내용도 함께 살펴보자.

"먼저, 실행력이 중요하다. 나를 제3자의 입장에서 객관적으로 바라보는 '메타인지' 능력이 있어야 한다. 그리고 정체성 또한 중요한 요소다. 어떤 이슈에 대해서 정리가 되어 있고, 바로 말할 수 있어야 한다. 또한, 세계관을 넓히는 것도 중요한 요소 중 하나다. 세계관이 좁으면, 작은 사건도 크게 느끼고, 너무 많은 감정과 시간을 허비하게 된다. 세계관이 넓어지면 사소한 일에는 신경을 덜 쓰게 되고, 나의 모든 자원들을 아낄 수 있게 된다. 세계관을 넓히려면 내 세계관을 넓혀 줄 수 있는 다양한 사람들을 많이 만나야 한다.

마지막으로 통찰력이다. 성공한 사람들을 대할 때나 경제관념에 대한 새로운 통찰력을 가져야 한다. 예를 들어, 레버리지를 바라보는 시선은 완전히 다르다. 빚이란 지지 않는 게 좋은 것이고 위험하다고 일반적으로 생각하지만, 재투자의 성공자들은 레버리지를 매우 잘 이용하고 있다. 사업 초기 비용이 많이 들고 리스크가 많아 실패할 경우, 바닥 인생을 살 것으로 두려워하지만, 최근 성공한 부자들은 레버리지를 활용하여 리스크를 줄이는 사업을 하고, 무자본 창업에 나서고 있다."

일론 머스크의 사례와 이한별의 인터뷰 내용을 살펴보면 부자가 되기 위해서는 모험적이고 도전적이어야 하며, 직관적이고, 폭넓은 사고를 지니고 적극적인 실행력이 필요하다는 것을 알 수 있다.

⑥ 유형별 부자의 포트폴리오 분석

다시 내가 경험했던 강남부자들에게로 돌아가 보자. 내가 만난 강남부자들의 투자 포트폴리오에서도 몇 가지 유의미한 공통점과 특징이 드러난다. 이를 분석하면 시사점을 찾아볼 수 있다.

부자들의 포트폴리오를 살펴보면 다섯 가지 유형별 차이점은 있지만, 대체로 투자 상품들 가운데 부동산 비중이 상대적으로 높아 여전히 부동산 투자에 관심이 많다는 걸 알 수 있다. 이는 부동산 취득 현황에서도 나타난다. 거주용 목적의 부동산도 있지만, 대부분은 수익형 부동산이 많다. 연 5% 이상을 목표로 투자하는 수익형 부동산의 임대수익은 강남부자들에게는 여전히 매력적인 투자처다.

앞서 언급한 부자들에 대한 투자 포트폴리오 비중을 정리하면 다음과 같다.

: 월급쟁이 부자의 경우

투자 상품 44.7%, 부동산 26.3%**수익형 오피스텔**, 보장성 방카슈랑스 상품 15.7%, 원금 보장형 예금 상품 13.3%로 배분되어 있으며, 하이 리스크-하이 리턴의 위험 선호형 공격 투자 성향이다. 월급쟁이 부자의 대부분은 은행의 예·적금 상품 및 외환 상품 등에 지속적이고 꾸준히 투자하여 먼저 목돈을 형성하고, 형성된 이 목돈을 주식의 경우에는 대장주인 우량주에 투자하고, 부동산에서는 거주용보다는 안정적 수익 창출이 가능하고 환금성이 좋은 수익형 오피스텔에 투자하는 특징을 보인다.

: 법인 CEO 부자의 경우

투자 상품 63.5%, 부동산 20.4%거주용, 보장성 방카슈랑스 상품 5.7%, 원금 보장성 예금 상품 10.4%로 배분되어 있으며, 월급쟁이 부자와 유사하게 주식과 채권 투자를 선호하는 하이 리스크-하이 리턴의 위험 선호형 공격 투자 성향을 띤다. 또한, 법인의 재무 운영에 대한 투자 철학과 수입Income과 손실Risk 개념을 정립하고 있어서 월급쟁이 부자 대비 투자 상품에 대한 비중이 높은 것이 특징이다. 이들의 투자 금액은 월급쟁이 부자들보다 훨씬 거액이며, 수익에 대한 목표 지향성이 좀 더 강하다.

: 개인 임대 사업자 부자의 경우

부동산 82.2%임대 사업 목적, 원금 보장형 예금 상품 8.7%, 투자성 상

필 박사의 부자병법

품 6.9%, 보장성 방카슈랑스 상품 2.2%의 비중으로 배분되어 주요 소득원인 임대 수입 목적의 임대 부동산에 투자가 편중되어, 유동성 자산의 보완이 필요한 위험 중립형 투자 성향을 보여 준다. 해당 부자들의 경우, 대부분이 임대 목적으로 부동산을 사들일 때 차입금을 통한 레버리지 효과를 극대화하여 투자 수익률을 높이는 투자가 특징이다. 그런 까닭에 차입금에 따르는 이자 비용에 대한 금리 민감도가 다른 유형의 부자들보다 더 크게 나타나며, 금리가 1%p라도 저렴하다면 금융 비용을 절약하기 위해 언제든지 거래 금융기관을 바꾸기도 한다.

: 전문직 부자의 경우

부동산 36.6%^{거주용}, 원금 보장형 예금 상품 29.1%, 투자성 상품 22.7%, 보장성 방카슈랑스 상품 11.6%의 비중으로 배분되어 상품별 배분이 안정적인 위험 중립형 투자 성향을 보여 주고 있다. 이들은 대부분 경제 및 사회 전반에 관심이 많은 엘리트 집단으로, 자산 관리 전문가와 투자 전문가들과 인맥 관계도 다른 유형의 부자들보다는 다소 넓은 것으로 보인다. 이에 따라, 각각의 전문가들의 조언과 본인의 투자 의지에 따라 안정적으로 수익을 추구하는 위험 중립형 투자 형태가 주를 이루고 있다. 해당 부류의 부자들에게는 전문적인 지식과 근거 자료를 통하여 논리적이고 객관적인 투자 권유가 필요할 것으로 보인다. 전문직 부자들에게는 '비용편익분석표Cost & Benefit Analysis'를 통하여 비용 대비 수익에 대한 분기별, 반기별, 연도별 실적을 확인하는 등 지속적인 피드백과 현황 파악이 중요하다.

: 슈퍼리치의 경우

부동산 및 주식 99.7%, 원금 보장 안전형 자산 0.3%의 비중으로 위험 선호형 투자 성향을 드러내고 있다. 슈퍼리치의 경우 확인된 재산의 투자 규모 및 자산군별 비중이 실제 보유하고 있는 자산 규모와 큰 차이가 나는 경우가 많아서, 내가 은행 근무 시절에 거래했던 고객을 특정하여 살펴보았다. 슈퍼리치의 경우 대부분 거액의 부동산이나, 상장 또는 비상장 주식이 대부분으로 파악된다. 이외에 예·적금 등 일부 유동성 대기 자금도 있다. 앞에서 설명한 슈퍼리치도 강남에 거액의 빌딩 여러 채와 상장 및 비상장 주식, 해외 골프장 등 부동산을 현가화한다면 1조 원대 규모에 이를 것으로 보인다. 상기 슈퍼리치 고객의 사례를 보면, 우리가 잘 알고 있는 테슬라의 일론 머스크와 유사한 가치관과 투자 습관을 갖고 있다는 것도 알 수 있다. 열정을 좇아서 생활하고, 목표를 크게 갖고, 모험에 대한 두려움이 없는 목표 지향성이 강한 특징을 보여 준다.

앞의 몇 가지 유형의 부자들 포트폴리오 사례를 통해서 살펴본 결과 다음의 특징들을 엿볼 수 있다.

대부분 사람은 부자들이 다소 보수적이라고 생각할 수 있지만 부자들은 투자 성과에 따른 투자 수익이 기대될 때는 리스크보다는 수익을 먼저 생각해서 과감하게 투자하는 경우가 많다. 특히, 부자들의 특징을 개인별로 살펴보면 앞서 언급한 국내외 부자들 인터뷰 내용과 특징, 습관들과 매우 유사한 부분이 많다.

결국, 부자는 그저 기다리면 오는 것이 아니고, 경제관념을 키우고 투자에 대한 넓은 안목을 갖추며, 목표 지향적인 삶을 추구할 때 부의 기회를 포착할 수 있는 것이다.

모두가 '부자富者'라는 명칭을 얻기 위해서는 더 높은 목표를 갖고 열정적으로 도전해야 한다. 부자가 되는 방법, 그건 따로 공부해야 하는 것이다.

에필로그

부자의 길, 배움의 여정

30년간 은행에 근무하면서 강남의 수많은 부자들 자산을 관리해 온 내가 마지막으로 독자 여러분께 전하고 싶은 이야기가 있다. 지난 2023년, 내가 은행의 강남 영업본부장으로 일할 때의 일이다. 한 젊은 고객이 찾아와 이런 질문을 했다. "본부장님, 어떻게 하면 부자가 될 수 있을까요?" 그 순간 나는 깊은 통찰을 얻었다. 30년이라는 시간 동안 만난 수백 명의 부자들, 그들의 성공과 실패 사례들, 그리고 그들의 공통된 특징들이 한순간에 떠올랐기 때문이다.

우리는 학교에서 수학, 과학, 역사를 배운다. 하지만 '어떻게 부자가 될 수 있는가?'에 대해서는 단 한 시간도 배우지 못했다. 부자가 되는 방법, 그것은 따로 공부해야 하는 특별한 학문이다. 내가 만난 대부분의 성공한 부자들은 이 진리를 일찍 깨달았다.

예를 들어, 내가 관리하던 한 고객은 30대 초반에 전자 제품 수리점을 운영하다가, 현재는 연 매출 500억 원의 전자 제품 유통 기업을 운영하고 있다. 그에게 성공 비결을 물었을 때, 그는 이렇게 답했다. "매일 아침 5시에 일어나 2시간 동안 경영, 재테크, 투자 관련 책을 읽었습니다. 10년 동안 단 하루도 거르지 않았죠."

또 다른 성공 사례는 40대 후반의 한 여성 고객이다. 그녀는 작은 피부 관리실로 시작해 현재 강남에만 10개의 지점을 운영하고 있다. 그녀의 성공 비결은 철저한 메모 습관이었다. 고객의 피부 상태부터 선호도, 대화 내용에 이르기까지 모든 것을 꼼꼼히 기록했고, 이는 그녀만의 차별화된 서비스로 이어졌다.

이러한 사례들을 통해 우리는 한 가지 공통점을 발견할 수 있다. 바로 '평범한 진리의 실천'이다. 창의력을 키우고, 아침 루틴을 만들고, 독서하고, 메모하는 것. 이 모든 것이 평범해 보이지만, 이를 꾸준히 실천한 사람만이 진정한 부자가 될 수 있었다.

특히 주목할 만한 것은 '리치네트워킹 기술'의 중요성이다. 내가 강남 영업본부장으로 재직하면서 가장 크게 깨달은 점은, 부자들은 결코 혼자 성공하지 않는다는 것이다. 그들은 항상 좋은 인맥을 구축하고, 그 네트워크를 통해 새로운 기회를 창출했다.

한 예로, 내가 관리하던 50대 초반의 부동산 개발 업자는 매주 금요일 저녁 '부동산 스터디 모임'을 운영했다. 처음에는 5명으로 시작한 모임이 현재는 100명이 넘는 네트워크로 성장했고, 이를 통해 수많은 성공적인 부동산 프로젝트를 진행할 수 있었다.

더불어, 생애 주기별 맞춤형 리치테크 전략의 중요성도 강조하고 싶다. 20대 후반의 신입 직장인 시절부터 은퇴 이후까지, 각 시기별로 적절한 투자 전략이 필요하다. 내가 본 많은 실패 사례들은 대부분 이 원칙을 간과했기 때문이었다.

한 젊은 부부의 사례가 떠오른다. 그들은 결혼 초기에 무리한 대출로 강남 아파트를 구입했다가 큰 어려움을 겪었다. 하지만 내가 제안한 '신혼부부 전략적 리치테크' 프로그램을 따라 5년간 철저히 실천한 결과, 현재는 안정적인 자산을 보유한 중산층으로 성장했다.

마지막으로, 투자 상품에 대한 깊이 있는 이해의 중요성은 아무리 강조해도 지나치지 않을 것 같다. 예금, 적금부터 시작해서 ELF, 주식, 채권, 부동산까지. 각 상품의 특성과 리스크를 정확히 이해하고 있어야 한다. 내가 만난 성공한 투자자들은 모두 이러한 기본기가 탄탄했다.

부자가 되는 것은 결코 쉽지 않다. 하지만 불가능한 것도 아니다. 이 책에서 다룬 모든 내용들은 내가 30년간 현장에서 직접 보고 경험한 것들이다. 여러분도 이 책에서 제시하는 원칙들을 하나하나 실천한다면, 반드시 한층 더 큰 경제적 자유를 얻을 수 있을 것이다.

부자가 되는 길은 멀고도 험난하다. 하지만 그 여정의 끝에는 분명 여러분이 꿈꾸는 풍요로운 삶이 기다리고 있을 것이다. 이 책이 여러분의 그 여정에 작은 이정표가 되기를 진심으로 바란다.

참고문헌

국내문헌

· 강윤정·김진성·황원경, 2023, 한국 부자 보고서. KB금융경영연구소.
· 김수형·윤선영·이동철·황선경, 2024, 대한민국 웰스 리포트, 하나금융경영연구소.
· 김용학, 2011, 사회 연결망 이론, 박영사.
· 김용학, 2011, 사회 연결망 분석, 박영사.
· 김종길·김준수, 1998, 한국의 유즈넷 뉴스그룹 형성과 발전 가능성, 〈한국사회학〉, 32.
· 김중태, 2010, 소셜네트워크가 만드는 비즈니스 미래지도, 한스미디어.
· 도준호·박지희·이승아·조동기·황상재, 2000, 인터넷의 사회·문화적 영향 연구, 정보통신 정책연구원 연구보고서.
· 미야타 가쿠코, 2010, 사회관계자본과 인터넷, 김상미 옮김, 커뮤니케이션북스.
· 박찬웅, 2000, 사회적 자본과 사회적 신뢰, 〈비교사회〉, 3.
· 배영, 2003, 사이버 커뮤니티의 경험적 분석을 이용한 사회자본의 유형화. 〈한국사회학〉, 37(5).
· 송경재, 2002, 사이버 커뮤니티와 사회적 자본, 〈고황논집〉, 경희대학교 대학원, 31.
· 송경재, 2004, 사회적 자본과 네트워크: 조직구조를 중심으로, 〈사회이론〉, 25.
· 송경재, 2005, 사이버공동체의 사회적 자본과 네트워크 정치참여, 〈한국정치학회보〉, 39(2).
· 신동림·심현정·임재호, 2023, The Rich Seoul. 우리금융경영연구소.
· 우메다 모치오, 2006, 웹 진화론, 이우광 옮김. 재인.
· 이명식, 2001, 신뢰와 기회주의가 사이버공동체에 미치는 영향, 〈사회과학연구〉, 14.
· 이호규, 2002, 상공동체 개념 정립: 공간, 장소, 그리고 신뢰를 중심으로, 〈언론과 사회〉, 10.
· 장용호, 2002, 사이버 공동체 형성의 역동적 모형, 집문당.
· 최재필, 2012, 온-오프라인 사회적 네트워크가 업무성과와 경력 성공에 미치는 영향, 국민대학교 박사학위 청구논문.

국외문헌

- Barabasi, A. L. 2003. Linked: How everything is connected to everything else and what it means for business, science, and everyday Life. Plume Books.
- Baym, N. K. 1998. The emergence of on-line community. In S. Jones(Ed.), Cybersociety 2.0: Revisiting Computer-Mediated Communication and Community: 35-68. Thousand Oaks, CA: Sage.
- Burt, R. S. 1983. Range. In R. S. Burt, & M. J. Miner(Eds), Applied network analysis: A methodological introduction: 176-194. Beverly Hills, CA: Sage.
- Burt, R. S. 1992. Structural holes: The social structure of competition. Cambridge, MA: Harvard Press.
- Burt, R. S. 1997. The contingent value of social capital. Administrative Science Quarterly, 42(2): 339-365.
- Burt, R. S. 2000. The network structure of social capital. In B. M. Staw, & R. L. Sutton(Eds.), Research in organizational behavior, 22: 345-423. JAI Press.
- Coleman, J. S. 1988. Social capital in the creation of human capital. American Journal of Sociology, 94: 94-121.
- Coleman, J. S. 1990. Foundation of social theory. Cambridge, MA: Harvard University Press.
- Constant, D., Sproull L., & Kiesler. 1996. The Kindness of strangers: The usefulness of electronic weak ties for technical advice. Organization Science. 7(2): 119-135.
- Ferris, G. R, Davidson S. R & Perrewe P. L. 2005. Political Skill at work. : Davies-Black Publishing, a division of CPP, Inc.
- Granovetter, M. 1973. The strength of weak tie. American Journal of Sociology, 78: 1360-1380.
- Granovetter, M. 1974. Getting a job: A study of contacts and careers. Chicago: The University of Chicago Press.
- Granovetter, M. 1982. The strength of weak tie: A network theory revisited. In P. V. Marsden, & N. Lin(Eds.), Social structure and network analysis: 105-130. Berverly Hills, CA: Sage.
- Granovetter, M. 1985. Economic action and social structure: The problem of

embeddedness. American Journal of Sociology, 91: 481-510.

- Granovetter, M. 1992. Problem of explanation in economic sociology. In N. Nohrial, & R. G. Eccles(Eds.), Network and Organization. Boston, MA: Harvard University Press.
- Granovetter, M. 2005. The impact of social structure on economic outcomes. Journal of Economic Perspectives, 19: 33-50.
- Haythornthwaite, C. & Wellman, B. 1998. Work, friendship and media use for information exchange in a networked organization. Journal of the American Society for Information Science, 49(12): 1101-1114.
- Hiltz, S. R. & Turoff, M. 1993. The Network Nation. 2nd ed. Cambridge, MA: MIT Press.
- Horrigan, J. B. 2002. Online communities: Networks that nuture long-distance relationship and local ties. Washington, DC: Pew Internet and American Life Study.
- Howard, P., Rainie, L. & Jones, S. 2002. Days and nights on the internet: The Impact of a diffusing technology. In B. Wellman, & C. Haythornthwaite(Eds.), The Internet in Everyday Life. Oxford: Blackwell.
- Jones, S. 1998. Cybersociety 2.0: Revisiting computer-mediated communication and community. Thousand Oaks, CA: Sage Publications Inc.
- Jones, Q. 1997. Virtual-communities, virtual settlements, and cyber-archeology: A Theoretical Outline. Journal of Computer-Mediated Communication, 3(3): http://www.ascusc.org/jcmc/vol3/issue3/jones.html.
- Jones, G. R., & George, J. M. 1998. The experience and evolution of trust: Implications for cooperation and teamwork. Academy of Management Review, 23(3): 531-546.
- Katz, J. E. & Rice, R. E. 2002. Social Consequences of Internet Use: Access, Involvement and Interaction, Cambridge, MA: MIT Press.
- Kiesler, S., Siegel, J., & McGuire. T. W. 1984. Social psychological aspects of computer-mediated communication, American Psychologist, 39(10): 1123-1134.
- Kraut, R. E., Kiesler, S., Boneva, B., Cummings, J., Helgeson, V., & Crawford, A. 2002. Internet paradox revisited. Journal of social Issue. 58(1): 49-74.
- LaRose, R., Eastin, M. S., & Gregg, J. 2001. Reformulating the internet paradox: Social cognitive explanations of internet use and depression. Journal of Online Behavio, 1(2) (http://www.behavior.net/JOB/v1n2/ paradox.html).
- Lin, N. 1982. Social resources and instrumental action. In P. V. Marsden, & L. Lin(Eds.),

Social structure and network analysis: 131-145. Beverly Hills.

- Lin, N. 1999a. Social network and status attaintment, Annual Review of Sociology, 25: 467-488.
- Lin, N. 1999b. Building a network theory of social capital. Annual Review of Sociology, 25: 467-488.
- Lin, N. 2001. Social capital: A theory of social structure and action. NY: Cambridge University Press.
- Lin, N., Ensel, W. M., & Vaughn. J. C. 1981. Social resources and strength of ties. Structural factors in occupational status attainment. American Sociological Review, 46: 393-405.
- McKenna, K. Y. A., Green, A. S., & Gleason, M. E. J. 2002. Relationship formation on the internet: What's the big attraction? Journal of the eview of Social Issue, 58(1): 9-31.
- Naisbitt, J. 1994. Global paradox: The bigger the world economy, the more powerful its smallest players. NY: William Morrow & Company
- Nie, N. H. 2001. Sociability, interpersonal relations and the internet: Reconciling conflicting finding. American Behavioral Scientist, 45(3): 426-437.
- Nie, N. H., Hillygus, D. S., & Erbring, L. 2002. Internet use, interpersonal relations and sociability: A time diary study. In B. Wellman, & C. Haythornthwaite(Eds.), Internet in Everyday Life. Oxford: Blackwell.
- Parks, M. R. & Floyd. K. 1995. "Making Friends in Cyberspace," JCMC vol 1. No. 4, http://www.ascusc.org/jcmc/voll/issue4/parks.html.
- Putnam, R. D. 1993. The prosperous community: Social capital and public life. American Prospects, 4(13): 35-42
- Putnam, R. D. 1995. Bowling alone: America's declining social capital. Journal of Democracy, 6(1): 65-78.
- Quan-Hasse, A. & Wellman, B. 2002. Capitalizing on the net. In B. Wellman, & C Haythornthwaite(Eds.), The Internet in Everyday Life. Blackwell Publishing.
- Quan-Hasse, A. & Wellman, B. 2004. How does the internet affect social capital. In M. Huysman, & V. Wulf(Eds.), Social Capital and Information Technology. The MIT Press.
- Rheingold, H. 1992. A slice of life in my virtual community. (http://www.interact. uoregon.edu/MediaLit/mlr/readings/articles/aslice.html).

• Rheingold, H. 1993. The virtual community: Homesteading on the electronic frontier, Reading, MA: Addison-Wesley.

• Rheingold, H. 2000. The virtual community. http://www.rheingold.com/vc/ book/ intro.html.

• Rheingold, H. 2002. SMART MOBS-The next social revolution. Borckman, Inc

• Rice, R. E. 1987. New patterns of social structure in an information society. In Schment, J. & Lievrouw, L.(Eds.), Competing Vision, Complex Realities: Social Aspects of the Information Society: 107-120. Norwood, NJ: Ablex.

• Sander, T. 2005. E-association? Using technology to connect citizen: The case of meetup.com. Annual meeting of the American Political Science Association: 1-46.

• Schultz, T. 1961. Investment in human capital. American Economic Review, 51: 1-17.

• Sproull, L. S. & Kiesler, S. B. 1991. Connections: New ways of working in the networked organization. Cambridge, MA: MIT Press.

• Thomsen, S. R., Joseph D. S., & Drew M. B. 1998. Ethnomethodo-logy and the Study of Online Communities: Exploring the Cyber Streets, Information Research, Vol. 4 No. 1, http://www.shef.ac.uk/is/publications/infres/ paper50.html.

• Wallace, P. 1999. The psychology of the internet. Cambridge, MA: Cambridge University Press.

• Walther, J. B. & Burgoon, J. K. 1992. Relational communication in computer-mediated interaction. Human Communication Research, 19: 50-88.

• Wellman, B. 2001a. Physical place and cyber place: The rise of personalized networking. International Journal of Urban and Regional Research, 25(2): 227-252.

• Wellman, B. 2001b. Computer networks as social networks. Science, 293(14): 2031-2034.

• Wellman, B. & Gulia. M. 1999. Net surfer don't ride alone: Virtual community as community. In B. Wellman(Eds.), Networks in the Global Village: 331-366. Boulder, CO: Westview Press